駿台受験シリーズ

短期攻略
大学入学共通テスト
英語リーディング

問題編

【問題編】もくじ

第1回　実戦問題 ………………………………… 3

第2回　実戦問題 ………………………………… 35

第3回　実戦問題 ………………………………… 65

第4回　実戦問題 ………………………………… 97

◆【問題編】の構成について◆

　各問題に付けられた難易度表示で，自分の学力の到達度を判断することができます。
問題の難易度は次のように表示してあります。

　　　★　　……比較的易しい問題　　［CEFR A1 程度］

　　　★★　　……標準的な問題　　　　［CEFR A2 程度］

　　　★★★　……やや難しい問題　　　［CEFR B1 ～］

　また，試験では制限時間内（80分）で解答することが求められます。各大問の最後に
時間を記入する欄がありますので，解答にかかった時間の記録を付けて意識するようにし
てみましょう（第2分冊《共通テスト 英語リーディング試験㊙攻略法》p.33 参照）。

第1回　実戦問題

外国語〔英　語(筆記[リーディング])〕 $\binom{100\,点}{80\,分}$

第1回

I　注　意　事　項

1　解答用紙に，正しく記入・マークされていない場合は，採点できないことがあります。

2　試験中に問題冊子の印刷不鮮明，ページの落丁・乱丁及び解答用紙の汚れ等に気付いた場合は，手を高く挙げて監督者に知らせなさい。

3　解答は，解答用紙の解答欄にマークしなさい。例えば，| 10 |と表示のある問いに対して③と解答する場合は，次の（例）のように**解答番号 10 の解答欄の③**にマークしなさい。

（例）

解答番号	解　答　欄
1 0	① ② ③ ④ ⑤ ⑥ ⑦ ⑧ ⑨

4　問題冊子の余白等は適宜利用してよいが，どのページも切り離してはいけません。

5　試験終了後，問題冊子は持ち帰りなさい。

II　解　答　上　の　注　意

各大問の英文や図表を読み，| 1 |～| 43 |にあてはまるものとして最も適当な選択肢を選びなさい。波線付きの（＿＿＿）によって特別な指示がない場合は，選択肢から一つ選ぶこととする。

(2018 年度試行調査より引用)

英　　語（筆記［リーディング］）

（解答番号　1 ～ 43 ）

第1問　（配点　10）

A★ You play the violin and your friend Amy plays the piano. Both you and
Amy participated in the annual music concert of your town last year. You
have received an e-mail about the concert for this year from her.

Dear Yumi,

　Hi, how are you doing?

　I have just found the poster of the annual music concert
that will be held in October 7th this year. Participants will be
recruited in two weeks. Are you interested in playing in the
concert again? I enjoyed playing the piano with your violin last
year. I think we will be able to give better performance this
year because we have practiced hard since the last concert.

　By the way, I've heard about Rachel. You are a good
friend of hers, aren't you? I hear that she is good at playing
the flute. I hope she will join the concert, too. Why don't
you ask her to play in the concert? Please get in touch with
her and could you tell her about it?

Best wishes,
Amy

第 1 回　実戦問題　*5*

問 1　Amy wants you to ⬚1⬚ .

　　① make the poster of the annual music concert

　　② meet Rachel and become friends

　　③ perform at the concert this year again

　　④ play the flute instead of the violin

問 2　Amy asks you to tell Rachel about the concert because ⬚2⬚ .

　　① Amy can't take part in the concert this year

　　② Amy wants Rachel to listen to the concert

　　③ Rachel can play both the violin and the piano

　　④ Rachel can play the flute well

解答
時間　　　　　分

B** When you were looking for a volunteer opportunity, you found an interesting web page.

We Need Volunteer Guides in English

One of the most popular sightseeing places in our city is the Old Town area. As there are many photogenic buildings and nice pictures of them are posted on Social Networking Service (SNS), the number of the visitors, especially those from overseas, is growing recently. Now we need volunteer guides who can speak English so that the foreign visitors can enjoy our city.

To apply to be a volunteer guide, one must;
- be over 16 years old;
- have basic English skill (intermediate level);
- be available to work as a guide at least four days a month.

We will conduct interviews from June 6 to 9 in the City Hall. During the interviews, some questions will be asked in English. Please attend the meeting on June 20 in order to learn about the Old Town and the work of a volunteer guide.

If you want to learn more about the Old Town, you can attend a free lecture. Prof. Hayashi, an expert in local history at the City University, will give a lecture to help guides understand local history and the Old Town. The lecture will be on July 4.

If interested, please complete the application form <u>here</u> and send it online.

問 1 The purpose of this web page is to find people who can 3 .

① give the visitors a lecture in Japanese
② guide foreign visitors around the Old Town in English
③ help foreigners living in the Old Town
④ take nice pictures and post them on SNS

問 2 According to the information on the web page, people who want to be volunteer guides must 4 .

① be an expert in the local history
② be high school or university graduates
③ understand everyday conversation in English
④ work more than four days a week in the Old Town

問 3 When people apply to become the volunteer guides, they have to 5 .

① call Prof. Hayashi at the University
② fill in the application and send it online
③ fill in the application and take it to Prof. Hayashi
④ write about the city and post it on SNS

第2問 (配点 20)

A★ You are planning to go hiking on next weekend and are looking for a place to go. On a website, you find nice hiking trails near the town you live in.

Come and Enjoy the Nature on Mt. White!

Mt. White offers wonderful hiking trails. Every year, a lot of people enjoy hiking here. You can choose one of the two different hiking trails: Trail A or Trail B.

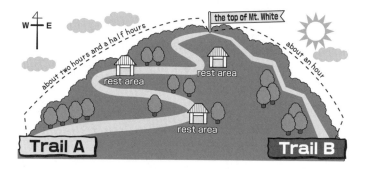

Trail A
- about two hours and a half hours to the summit
- west side of the mountain
- gentle slopes
- many rest areas along the trail

Trail B
- about an hour to the summit
- east side of the mountain
- some steep slopes
- some narrow trails

Both trails end at the top of Mt. White. One can enjoy a stunning view, weather permitting.

CAUTION:

In order to protect the environment of Mt. White, do not feed the wild animals, do not take anything away from the mountain, or do not use any products causing fire.

In addition, pack out your garbage with you.

COMMENTS:

worldwidehiker *May 10, at 9:33*

I have hiked here many times. When it is sunny, the view from the top is amazing. If you haven't been there, I really recommend that you go!

hikingfan *June 21, at 20:12*

I am a beginner but I tried Trail B for my fifth hike. To be honest, it was too hard for me. If you are a beginner, I think you should choose Trail A. I want to try Trail A next time.

問1　When you go hiking for the first time, you should take 　6　 .

① Trail A, which has gentle slopes

② Trail A, which is located in the east side

③ Trail B, which has more rest areas

④ Trail B, which needs less time to the top

問2　If you decide to go to Mt. White and take Trail B, you will 　7　 .

① go through narrow paths

② not see wild animals

③ take more than two hours

④ walk in the west side

10

問3 While you enjoy hiking on Mt. White, you should 　8　 .

① cook with fire yourself
② give some food to animals
③ pack out your garbage
④ pick up some flowers

問4 According to the website, one **fact** (not an opinion) about these hiking trails is that Mt. White is 　9　 .

① highly recommended
② the best trail in this area
③ very popular among hikers
④ visited by many people

問5 According to the website, one **opinion** (not a fact) about these hiking trails is that 　10　 .

① narrow trails in Trail B are easy to walk
② the nature of Trail A is good
③ Trail A is better for everyone
④ Trail B is too tough for beginners

| 解答
時間 | | 分 |

B★★ You are a member of the English club. You are going to have a debate about media. You found the article and the comment below while preparing for the debate.

News on Social Media

by Daniel Smith, New York

14 FEBRUARY 2019 · 10:25AM

According to recent research, the number of the people who get news from social media is increasing. This is more outstanding in the younger generation.

Here is how to read news on social media. Your friends share the news articles they are interested in. When you see the titles of articles and want to know the details, click on some keywords to read more. The computer knows which articles you have read and puts similar articles on the top of your screen. Peter Davidson, a university student, said, "Social media is quite convenient and efficient because I don't have to spend time looking for articles I want to read."

On the other hand, some people get news from newspapers and television. On TV, the news which is more important for the majority of viewers is shown first. In a newspaper, every detail is written. Lucy Miller, a banker, said "I like to read the newspaper every day. I can get a lot of knowledge in various fields from a newspaper."

12

---

18 Comments

Sophie Harris 15 FEBRUARY 2019 · 9:10PM

I think reading news on social media is not good. It narrows points of view because people only read the news they are interested in. People should read all kinds of news to know exactly what is happening in the world.

問1 According to the article, the recent research shows that more and more people prefer to ☐ 11 ☐ .

① check old news on the Internet
② read articles of newspapers online
③ read news on social media
④ write ideas about news

問2 Your team will support the debate topic, "Social Media is Suitable to Get News." In the article, one **opinion** (not a fact) helpful for your team is that ☐ 12 ☐ .

① it takes less time to find the news you want to read by using social media
② more elderly people read articles on social media these days
③ the newspaper helps you to choose the news you like
④ the number of people having computers is growing

問3 The other team will oppose the debate topic. In the article, one **opinion** (not a fact) helpful for that team is that ☐ 13 ☐ .

① the details of the news are shown only on TV
② the newspaper enables one to know many different kinds of news
③ the newspaper is important for people who work for banks
④ you can get the most important news on the Internet first

第1回　実戦問題　**13**

問4　In the second paragraph of the article, "it is quite convenient and efficient" means that 　14　 .

① the computer chooses the news you might like

② the computer has a big screen for a lot of news

③ there are many similar articles on TV, on newspaper, and so on

④ your friends tell you how to get the news

問5　According to her comment, Sophie Harris 　15　 reading news on social media.

① has no particular opinion about

② partly agrees with

③ strongly agrees with

④ strongly disagrees with

第3問 (配点 10)

A★ While using the Internet, you found a blog written by a friend who now lives in Singapore.

International Day
Saturday, April 24

　Once a year, International Day takes place at my high school. The purpose of this day is to understand about various cultures in the world. This year, I had an opportunity to talk about my home country, Japan, in English.

　My presentation about Japanese culture started at 10:00 AM. I had spent a lot of time preparing my presentation, but I got very nervous. Just before my presentation, I found some of my friends smiling at me in the audience. I could finally feel relaxed. I think I could do my best at my presentation.

　At noon, my English teacher came to see me and said, "Your presentation was so great!" I was glad to hear that. Later, we had lunch together.

　In the afternoon, there were more presentations by other international students. I loved the one by a student from Germany. I found it very impressive because it was my first time to know about European culture.

　I enjoyed the International Day so much and I can't wait for International Day next year.

第 1 回　実戦問題　*15*

問 1　International Day is held to 　16　 .

① ask friends to make a presentation about what they like

② eat various foods of the world for lunch at school

③ explain Japanese culture in another country

④ know different cultures in the world and understand them

問 2　You learned that the writer of this blog 　17　 .

① explained the differences between German culture and Singaporean culture

② gave a presentation before listening to one by a German student

③ talked about Japan after other students talked about Europe

④ was nervous all the day and couldn't enjoy the International Day

第 1 回

解答
時間　　　　　分

16

B** You found the following article in a magazine for English learners.

Smiling at Strangers
Eita Hasegawa (office worker)

How often do you smile at someone? Some might always smile at other people when they see them. Others might seldom smile because they are too shy.

I have a colleague who is from the United States. His name is David and he is very friendly. He often smiles at me whenever he sees me. He smiles at other colleagues, too. I thought he is that kind of person by nature.

One day, David and I went out for lunch to the restaurant where a lot of foreign people eat lunch. As all the seats were occupied when we arrived, we had to wait at the entrance. Then a few people came out of the restaurant and looked at us with smiles, but I didn't do anything. I even felt shy because I didn't know them at all, but I noticed David smiling at them. I asked, "Do you know them?", "No," he answered. I would never smile at strangers, so I was quite surprised. I asked why he smiled at the people he didn't even know.

"In American culture, it is common to smile at strangers when people catch their eyes", David said. "Oh, I didn't know that," I replied. "I would never be able to smile at strangers because I am too shy." Then he said, "I know you would not smile at strangers in your culture. Even so, I keep smiling in Japan. Do you know why? Because I think that smiling makes people happy. I feel happy if the people I am smiling at feel happy."

I think the way he thinks about smiling is great. America is a wonderful culture that is different from Japan. Now I feel like copying what David does. Though I am Japanese living in Japan and I often feel shy, I am going to try to smile at strangers when I catch their eye.

第 1 回　実戦問題　*17*

問1　According to the story, Eita's feelings about smiling changed in the following order: ☐18☐ .

① shy → curious → agreed → surprised → impressed
② shy → curious → impressed → surprised → agreed
③ shy → impressed → curious → agreed → surprised
④ shy → impressed → surprised → agreed → curious
⑤ shy → surprised → agreed → curious → impressed
⑥ shy → surprised → curious → impressed → agreed

問2　When David and Eita were at the entrance of the restaurant, David smiled at people he ☐19☐ .

① had never met before
② knows very well
③ wants to talk to
④ works together with

問3　From this story, you learned that Eita ☐20☐ .

① asked David to have lunch together because he wanted to know more about American culture
② liked to talk about the difference between American and Japanese culture because it is interesting
③ was too shy and didn't want to smile at strangers even after understanding what David said
④ went to a restaurant with David and noticed a very good point about the culture of the United States

| 解答 | |
| 時間 | 分 |

18

第4問*** （配点 16)

You are doing research on using mobile phones while walking. You found two articles.

Apparently Texting While Walking Is a Real Concern

by Steve Annear

6/11/2013, 11:14 a.m.

A survey shows that most pedestrians admit to stepping into traffic while sending messages, even though they know it's dangerous.

Pedestrians admit to dangerous crossing behavior despite knowing risk	Drivers admit to behavior endangering pedestrians despite knowing risk

	PEDESTRIANS THAT ENGAGE IN ACTIVITY	PEDESTRIANS THAT FIND THE ACTIVITY DANGEROUS		DRIVERS THAT ENGAGE IN ACTIVITY	DRIVERS THAT FIND THE ACTIVITY DANGEROUS
Talk on the phone while crossing the street	51%	26%	Talk on a cell phone while driving	70%	59%
Text or email while crossing the street	26%	55%	 Read or send text messages while driving	38%	90%
Listen to music while crossing the street	34%	25%	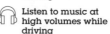 Listen to music at high volumes while driving	64%	33%
	60% of pedestrians use smartphones when crossing the street		Pedestrian deaths in traffic crashes rose 4% from the previous year to 4,280 in 2010 according to the latest data from the National Highway Traffic Safety Administration.		

 As most people put a focus on distracted driving, trying to keep motorists from texting while behind the wheel, there is a group of people out there putting their lives at risk simply by walking across the street while on the phone.

 Boston-based Liberty Mutual Insurance released findings this week that showed a majority of pedestrians think it's more important to send a text when they are strolling through the city streets than it is protecting themselves from getting hit by a vehicle.

 According to the survey, which asked 1,000 peoples' opinions about their texting and walking habits, 55% of those who answered the questionnaire said they consider the action dangerous, but three out of five of them engage in some sort of smartphone activity anyway, "placing smartphones above safety," the report said. "So much attention has been paid, and rightly so, to distracted driving that we have ignored the fact that distracted walking and street crossing can be just as risky," said David Melton, a driving safety expert with Liberty Mutual Insurance and managing director of Global Safety. "The fact that drivers and pedestrians continue to engage in dangerous habits, despite claiming to recognize the risk, suggests that the majority of Americans are taking a careless, 'it won't happen to me' attitude."

Above is a chart, put together by Liberty Mutual of Boston, based on their survey, that shows texting while walking habits. Based on the findings, most pedestrians don't mind taking a risk when traveling across the street.

Texting While Walking

Reading or writing text messages while you are walking is dangerous. A new study says it is more dangerous than texting while driving. The study is from the University of Buffalo in the USA. Researchers found that there are more injuries per kilometer to texting pedestrians than there are to texting motorists. Their report says walking is not as easy as we think it is. We need to focus on many things at the same time to walk safely in a straight line. The research team said that people forget how to walk properly, so dangerous things happen to them. They bump into walls and other people, walk into cars, fall over things in the street, and even fall into holes or down stairs.

A University of Buffalo professor said walking is a complex action. He said there are several reasons why texting stops people from walking properly. One reason is that they cannot see the path ahead of them. Another is that they are focused on their fingers on their mobile phone keyboard instead of their feet on the street. A final reason is that their minds are somewhere else and not on thinking about walking from A to B safely. The professor said over 6,000 people visited his hospital last year because they were injured while texting. He said the worst cases are head injuries. When a pedestrian is tossed into the air after being hit by a car, he/she has nothing to protect the head, and the damage can be serious.

問1　Neither of the articles mentions ☐21☐ .

① the danger of texting while driving
② the difficulty of walking
③ the function of a smartphone
④ the results of the questionnaire

問2　The first article shows that ☐22☐ of drivers regard the activity of talking on a cell phone while driving as dangerous.

① 26%
② 33%
③ 59%
④ 90%

第1回　実戦問題　*21*

問3　According to the articles, texting while walking is dangerous 23 .
(Choose the best combination (① ~ ⑥) from the list below.)

A.　because walking is a complex behavior
B.　but people engage in it
C.　if drivers are not aware of pedestrians
D.　so it must be banned

① A and B　　② A and C　　③ A and D
④ B and C　　⑤ B and D　　⑥ C and D

問4　The first article states that some pedestrians who use smartphones while walking 24 and the second article states that some people who were injured while texting 25 . (Choose a different option for each box.)

① also use them while driving
② know how to walk properly
③ notice other pedestrians crossing streets
④ think they would not get involved in accidents
⑤ were taken to the hospital

問5　Based on the information from both articles, you are going to write a report for homework. The best title for your report would be " 26 ."

① About the Number of the Traffic Accidents in Boston
② Advantages and Disadvantages of Texting while Walking
③ Don't Drive with a Smartphone in Your Hand
④ Texting while Walking is More Dangerous than You Think

解答
時間　　　　　　　分

第 5 問*** （配点 20）

Your group is preparing a poster presentation entitled "The History of Sports for People with Disabilities," using information from the webpage below.

Sport for athletes with disabilities has existed for more than 100 years, and the first sport clubs for the deaf were already in existence in 1888 in Berlin.

It was not until after World War II, however, that it was widely introduced. The purpose at that time was to assist the large number of war veterans and civilians who had been injured during wartime.

In 1944, at the request of the British Government, Dr. Ludwig Guttmann opened a spinal injuries center at the Stoke Mandeville Hospital in Great Britain, and in time, rehabilitation sport evolved to recreational sport and then to competitive sport.

On 29 July 1948, the day of the Opening Ceremony of the London 1948 Olympic Games, Dr. Guttmann organized the first competition for wheelchair athletes which he named the Stoke Mandeville Games, a milestone in Paralympic history. The games involved sixteen injured military men and women who took part in archery. In 1952, former Dutch military men joined the Movement and the International Stoke Mandeville Games were founded.

These Games later became the Paralympic Games which first took place in Rome, Italy in 1960 featuring 400 athletes from 23 countries. Since then the games have taken place every four years. In 1976 the first Winter Games in Paralympic history were held in Sweden, and as with the Summer Games, have taken place every four years, and include a Paralympic Opening Ceremony and Paralympic Closing Ceremony.

In 1978 there were four disability-oriented international sports organizations, and some of them held their own games because they could not participate in the Paralympic Games. They experienced the need to coordinate the games, and on 22 September 1989, the International

Paralympic Committee (IPC) was founded as an international non-profit organization in Dusseldorf, Germany to act as the global governing body of the Paralympic Movement.

Since the Summer Games of Seoul, Korea in 1988 and the Winter Games in Albertville, France in 1992 the games have also taken place in the same cities and venues as the Olympics due to an agreement between the IPC and International Olympic Committee (IOC).

The word *Paralympic* derives from the Greek preposition *para* (beside or alongside) and the word *Olympic*. It means that Paralympics are the parallel games to the Olympics and illustrates how the two movements exist side by side.

The History of Sports for People with a Disability

■ How Sport for Athletes with Disabilities has Evolved

Year	Events
1888	The sport clubs for deaf people were in existence
1948	27
1960 and beyond	28 ↓ 29 ↓ 30 ↓ 31

■ About Dr. Ludwig Guttmann
▶ Dr. Guttmann established a spinal injuries center at the Stoke Mandeville Hospital.
▶ Dr. Guttmann contributed to the evolution of the sports in a number of ways: 32

24

■ About the word *Paralympic*

▶ ☐ 33

■ About International Paralympic Committee (IPC)

▶ ☐ 34

問1　Members of your group listed important events in the history of sports for athletes with disabilities. Put the events into the boxes ☐ 27 ☐ ~ ☐ 31 ☐ in the order that they happened.

① Albertville hosted both the Winter Olympic Games and the Winter Paralympic Games
② The first Paralympic Games were held in Italy
③ The first Stoke Mandeville Games took place in Great Britain
④ The first Winter Paralympic Games were held in Sweden
⑤ The Olympic Games and the Paralympic Games were held in the same city, Seoul

問2　Choose the statements to complete the poster. (Choose the best combination (① ~ ⑨) from the list below.) ☐ 32

A. Dr. Guttmann combined several organizations into one organization.
B. Dr. Guttmann involved the Dutch and made the Stoke Mandeville Games international.
C. Dr. Guttmann opened the first competition for wheelchair athletes.
D. Dr. Guttmann supported athletes with disabilities financially.
E. Dr. Guttmann tried hard to make an agreement with the IOC.
F. Recreational sports for the injured changed into competitive sports.

① A and C
② C and D
③ C and E
④ D and F
⑤ A, C, and D
⑥ B, C, and F
⑦ B, D and E
⑧ C, D, and F
⑨ D, E, and F

第 1 回　実戦問題　*25*

問3　Which of the following is the best to put in box ⟨ 33 ⟩ ?

① The word derives from Latin.

② The word implies there is an agreement between the IPC and IOC.

③ The word means it has existed side by side with Olympic since ancient Greece.

④ The word shows the Paralympics are held side by side with the Olympic Games.

問4　Choose the statements to complete the poster. (Choose the best combination (① ~ ⑨) from the list below.) ⟨ 34 ⟩

A. All the organizations for people with disabilities agreed with Dr. Guttmann.

B. At first not all the people with disabilities could take part in the Paralympic Games.

C. It was not until 1989 that IPC was created.

D. Some international organizations of athletes with disabilities had their own games.

E. Some athletes with disabilities did not want to join the Paralympic Games.

F. Some organizations opposed to taking part in the Paralympic Games.

① A and B ② A and C ③ B and D
④ E and F ⑤ A, B and C ⑥ A, C, and D
⑦ B, C, and D ⑧ B, D, and F ⑨ C, D, and F

解答時間		分

26

第6問 (配点 24)

A★★★ You are preparing for a group presentation on audiobooks and paper books for your class. You have found the article below.

Audiobooks versus Paper Books

[1] Though some might argue that audiobooks do more harm than good to literature, there is no denying that in this day and age audiobooks are increasingly used and incredibly useful to many. Reading a book and listening to an audiobook are not the same, and, although the content might be identical, the experience is different.

[2] Both paper books and audiobooks have advantages and disadvantages, so let's have a look at the differences and analyze the discussion for and against.

[3] For starters, let's look at all the good parts of paper books. Are you the type of person who likes to sniff new books and get high on the smell of bound paper? Well, only paper books can match your taste.

[4] For the people who like to write down notes on the margins of books, audiobooks are of no use. They would need a separate notebook to write their thoughts, and it would be difficult to connect them with the part of the book that led to that thought. Meanwhile, a pen would be enough in a paper book.

[5] Paper books are also great for those who are not good at remembering what they hear and have better visual memory.

[6] However, now that there are alternatives to paper books, we can also see some disadvantages to the traditional way of enjoying books. These disadvantages are linked to storage and transportation, as books usually take up a lot of space, especially if you are a passionate reader and own a lot of them.

[7] On the other hand, audiobooks have changed the way people experience reading. Many say that audiobooks have made the stories

more alive, more visual, and this is due to the fact that the text is read by professional actors with experience in interpreting text. They usually narrate the books with enthusiasm and this improves the listening experience a great deal.

[8] Audiobooks are also great for saving time and multitasking. People can listen to their favorite authors while commuting to work, doing chores around the house, exercising or cooking.

[9] Another advantage of audiobooks is that you can pace the information to your liking. You can increase the speed at which you listen without affecting your comprehension, and this is especially effective for students, for instance, or other people who want to go through a lot of content in a short period of time.

[10] Additionally, audiobooks are flexible and convenient. With paper books, you have to carry them with you, find a quiet place to sit down and read, and be fully present in order to understand what you are reading. With audiobooks, you can carry them in your pocket, on your phone or iPod, which means they are accessible wherever you are. You can plug in your earphones, pick up where you left off, and enjoy the story regardless of the time of day or your location.

[11] Last but not least, audiobooks are environment-friendly and comfortable, as they give your eyes a break from all the digital devices you normally use.

[12] As for the disadvantages of audiobooks, we will name just two: you need technology to enjoy them and you can easily get distracted and miss parts of the narration.

28

問 1　According to the article, the author states that paper books are suitable for those who ⬚35⬚ .

① don't have enough space to put away books in their houses
② have more enthusiasm in understanding the contents of books they read
③ tend to remember what they see better than what they hear
④ want to read books while they are cleaning their rooms or cooking their meals

問2　According to the article, one of the advantages of audiobooks is that ⬚36⬚ .

① you can enjoy audiobooks easily wherever you are
② you can sniff the smell of the machine
③ you don't need any knowledge about technology
④ you rarely miss parts of narration

問3　In paragraph [7], the author most likely mentions the professional actors in order to say that ⬚37⬚ .

① audiobooks make the listeners feel like they are actors
② the actors and the listeners have different perceptions on books
③ the narration by them make the listeners more enthusiastic
④ the stories in audiobooks are made alive by them

第 1 回　実戦問題　*29*

問4　Which of the following statements is the purpose of this article?　38

① To encourage people to shift all paper books to audiobooks for the next generations.

② To let people know the discussion for and against of paper books and audiobooks before choosing.

③ To let people understand the advantages and the disadvantages of paper books.

④ To show some good points of audiobooks and recommend them.

| 解答 時間 | 分 |

B*** You are studying about the world population. You are going to read the following article to understand how the world population has grown.

Modern humans evolved in Africa about 200,000 years ago and began migrating to other parts of the globe about 100,000 years ago. Our earliest ancestors relied on hunting and gathering their food to survive. Only a finite number of people could be supported on the wildlife in an area for a limited amount of time.

Then just 12,000 years ago, several cultures shifted from hunting and gathering to farming. Humans became the first and only species ever to control its own food supply. Civilizations grew and so did the human population. About 2,000 years ago, the estimated world population was 170 million people. The largest civilizations at this point in history were the Roman Empire and the Han Dynasty in China. The next 1,700 years were marked by the growth and conquest of empires, global navigation and exploration. People had yet to understand the science behind life and death, or how to prevent and treat most diseases. As a result, many children died young. Our global population grew, but slowly, reaching about 500 million around 1500 and 1 billion by 1804.

By the late 1700s, the world was embarking on the Industrial Revolution, a period of history in Europe and North America, where there were significant advances in science and technology. The Industrial Revolution brought the invention of the steam engine and the use of electricity. During this period, there were also many inventions that promoted longer life. These included improvements in farming, nutrition, medicine and sanitation. Now, people were able to fight once-deadly germs, produce more and different kinds of food, and cure more illnesses. Before long, these new discoveries and inventions spread throughout the world, lowering death rates, especially among children, and improving people's quality of life.

Now you might be wondering what happened to the birth rates while the death rates were coming down. In Europe and North America, the Industrial Revolution eventually led to people having fewer children because more people were now moving to the cities. New farm machinery, such as the cotton gin and wheat thresher, allowed more crops to be harvested in less time with fewer laborers. At the same time, industrialization created more jobs for people in factories and offices in the growing cities. But because most of the world was not yet industrialized and large families were still needed to farm the land, birth rates stayed higher than death rates.

The human population started growing rapidly. By 1927, the world population had doubled to two billion (in just 123 years). It doubled again to four billion by 1974 (in just 48 years). In more recent years, the rate of population growth has been decreasing, but our population is still growing steadily, adding a billion people every about 12-13 years.

問1 Humans living about 12,000 years ago could increase the population because 　39　 .

① enough wildlife to feed all the humans could be supplied in Africa

② humans in Africa began to move to other places on the earth such as Europe and China

③ humans started to rely on farming in addition to hunting and gathering and control their food supply

④ the Roman Empire was strong enough to keep spreading throughout Europe and China

英語（筆記［リーディング］）第６問Ｂの問題は次に続く。

問2 Out of the following four graphs, which illustrates the situation the best?
　　40

①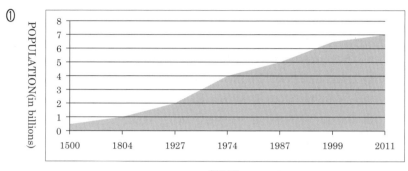

②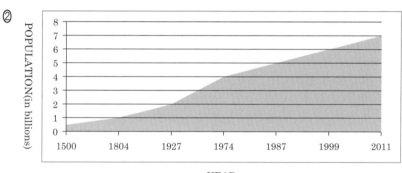

③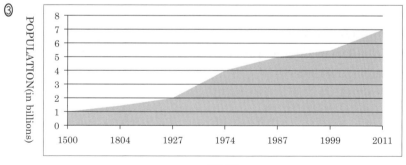

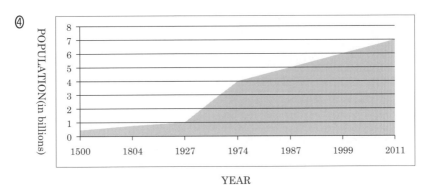

問3 According to the article, which two of the following tell us about the influence of the Industrial Revolution? (**Choose two options.** The order does not matter.) 41 · 42

① Families had fewer children and the birth rate lowered around the world.
② Fewer children were born in Europe and North America.
③ Many things were invented that promoted long life.
④ The birth rate got higher thanks to many inventions.
⑤ The population in Europe was increased by the use of electricity.

問4 The best title for this article is 43 .

① A History of Civilization
② The Increase in Population
③ The Industrial Revolution
④ The Reason of Population Decline

第2回　実戦問題

外国語〔英　語（筆記［リーディング］）〕 $\left(\begin{smallmatrix}100\,点\\80\,分\end{smallmatrix}\right)$

I　注　意　事　項

1　解答用紙に，正しく記入・マークされていない場合は，採点できないことがあります。

2　試験中に問題冊子の印刷不鮮明，ページの落丁・乱丁及び解答用紙の汚れ等に気付いた場合は，手を高く挙げて監督者に知らせなさい。

3　解答は，解答用紙の解答欄にマークしなさい。例えば， 10 と表示のある問いに対して③と解答する場合は，次の（例）のように**解答番号 10 の解答欄の③**にマークしなさい。

（例）

解答番号	解　答　欄
10	① ② ③ ④ ⑤ ⑥ ⑦ ⑧ ⑨

4　問題冊子の余白等は適宜利用してよいが，どのページも切り離してはいけません。

5　試験終了後，問題冊子は持ち帰りなさい。

II　解　答　上　の　注　意

　　各大問の英文や図表を読み， 1 ～ 43 にあてはまるものとして最も適当な選択肢を選びなさい。波線付きの（＿＿＿）によって特別な指示がない場合は，選択肢から一つ選ぶこととする。

（2018 年度試行調査より引用）

36

英　語(筆記[リーディング])

$\left(\text{解答番号}\boxed{1}\sim\boxed{43}\right)$

第1問　(配点　10)

A* You have found the following information on a website of a city in the U.K.

Protect your children against Flu

Flu is a common infectious illness spread by coughs and sneezes. If you are a healthy adult, you'll usually begin to feel better within about a week. However, flu can be dangerous for little children.

The best way to protect your kids is to get the flu vaccination. If you live in our city, it's free! We are encouraging parents of children aged two to twelve to have their kids vaccinated. The flu vaccine for children is a quick and easy spray to the nose.

For children aged two to six, a nose spray vaccine is available through your family doctor. School children will get their spray through school. The flu vaccination is the best protection we have against flu viruses.

問1　It is recommended on this website that $\boxed{1}$ get flu vaccination.

① all adults

② children under two years old

③ parents of small children

④ small children

問2　To get vaccination, school children living in the city ［　2　］ .

① do not need to pay money

② have to go and see their family doctor

③ must be over twelve years old

④ must be under six years old

38

B** You visited City Museum's website and found the following notice.

Saturday Workshop

Each Saturday, Minamizawa City Museum offers a special workshop for visitors.

• Making Stone Tools

Learn how ancient people made tools from stones. Try making your own knife by hand!

Duration: 15-30 minutes

Fee: Free

• Origami

Make different objects from a piece of paper! Do you want to make flowers, animals, or dinosaurs? Experienced instructors will help you make whatever you like.

Duration: 10-60 minutes

Fee: Free

• Cooking

Each month, you can learn how to make different types of food. This month, Ms. Lee, the chef of Korean restaurant 'Pusan' will teach you how to make *bibimbap*. Advance booking is required. The class begins at 11:00 a.m.

Duration: 2 hours

Fee: 1,000 yen

• Making *Uchiwa*

Prepare for the hot summer by making your own *uchiwa* (traditional Japanese fan) from paper and bamboo!

Duration: 20-30 minutes

Fee: 500 yen

Schedule

June 1	Making Stone Tools
June 8	Origami
June 15	Cooking Korean Food
June 22	Making *Uchiwa*
June 29	Origami

● Advance bookings are not required unless otherwise stated.

問1　The purpose of this notice is to ☐ 3 ☐ .

① announce the opening hours of a museum

② find instructors for a workshop

③ invite people to join some events

④ tell people how to make Korean food

問2　To join the cooking workshop, you have to ☐ 4 ☐ .

① bring your own knife, spoon, and chopsticks

② come to the museum by noon

③ make a reservation in advance

④ pay the fee of 500 yen

問3　Which of the following is true? ☐ 5 ☐

① A professional cook is coming to one of the programs.

② All programs but one are free.

③ No event is scheduled for the last week of June.

④ You can participate in two different programs in one day.

40

第2問 （配点 20）

A★ You are going to a city in the east of the United States and trying to find a place to visit. The following are reviews of some museums written by people who have visited them.

City History Museum

★★★★☆ by Cathy (3 weeks ago)
If you are interested in the time of the Civil War, this is a must-see. The audio-visual exhibits of battles are really fantastic. My only complaint is the high entrance fee. ($15) To save money, you can come on Thursday after 5 pm: It's free! (Closes at 8 pm)

City Art Museum

★★★★★ by Carol (2 weeks ago)
Excellent collection of paintings by 18th and 19th century American artists. I'm glad I came all the way from Seattle! I also liked the gallery talk by two curators. I'd like to come again in a few years.

★★☆☆☆ by Ken (2 months ago)
Except for the *Ukiyo-e* collection, there's not so much to see. The main focus seems to be on the paintings by local artists, but I knew none of them. Not worth a visit, unless you are a fan of Japanese art like me.

City Museum of Natural Science

★★★★★ by Jeff (5 days ago)
This is my fifth visit to this museum. I'm always impressed with the wit and knowledge of the curators here. I strongly recommend joining the guided tour that starts at 1 p.m. each day. You'll love it, whatever the theme of the day is.

第2回 実戦問題 **41**

問1　Carol's opinion is ☐6☐ .

① not very positive

② similar to Ken's

③ somewhat negative

④ very favorable

問2　Curators are praised by ☐7☐ .

① Carol and Jeff

② Cathy and Carol

③ Cathy and Ken

④ Ken and Jeff

問3　You would most likely visit City Art Museum if you ☐8☐ .

① are from Seattle

② are willing to pay $15

③ know little about *ukiyo-e*

④ like 19th century American painters

問4　Based on the reviews, which of the following is a **fact** (not an opinion)?
☐9☐

① At City Museum of Natural Science, a guided tour begins at 1 p.m.

② City Art Museum is not worth a visit.

③ City Art Museum is worth a visit.

④ The entrance fee to City History Museum is high.

42

問5 Based on the reviews, which of the following is an **opinion** (not a fact)?
10

① At City Art Museum, Ken saw more than one *ukiyo-e*.

② At City History Museum, you don't need to pay entrance fee after 5 p.m. on Thursday.

③ You can see audio-visual exhibits at City History Museum.

④ You will love the guided tour of City Museum of Natural Science.

B★★ Your English teacher gave you an article to help you prepare for the debate in the next class. A part of this article with one of the comments is shown below.

High Schools Should Start at 10 a.m.

By James Hull, London
11 DECEMBER 2018 · 8:07PM

According to Prof. Paul Kelley, a sleep specialist at the University of Oxford, young people in Britain are losing ten hours' sleep per week on average. To correct this problem, he insists that an early start at high schools be stopped. Kelley says 16-year-olds should start at 10 a.m. Most students will love this arrangement.

We have something called "circadian rhythm" in our body, and ignoring this natural rhythm may lead to <u>serious</u> results. We may feel exhausted. We may feel anxiety. We may even get fat. For high school students, it is natural to start two or three hours later in the morning, Kelley says.

Having health problems can lead to lower academic performance. Kelley insists that if schools all over the UK adopted new start times, General Certificate of Secondary Education (GCSE) test scores would rise by about ten percent.

If students become healthier and wiser, we should seriously consider the change. In fact, Kelley and his colleagues are planning a trial. Kelly says it is going to be the largest study of its kind, with participation of 100 schools.

10 Comments

Newest

Megumi Ohsugi 28 December 2018 · 5:14PM

Professor Kelley's argument is very convincing to me. I'm a high school student and I feel sleepy at school, especially in the morning. However, this 10 a.m. start time may not work well in Japan. Many Japanese are engaged in after-school club activities and leave school at around 6 p.m. If schools started at 10, the time for club activities would become very short. I don't think such arrangement would be very popular.

問1 What is **NOT** mentioned as a result of ignoring circadian rhythm? ☐ 11 ☐

① anxiety

② drop in academic performance

③ exhaustion

④ weight loss

問2 Your team will support the debate topic, "Japanese High Schools Should Start at 10 in the Morning." In the article, one **opinion** (not a fact) helpful for your team is that ☐ 12 ☐ .

① ignoring circadian rhythm may lead to serious results

② lack of sleep can have bad effects on students' academic performance

③ most students will love this arrangement

④ we have circadian rhythm in our body

問3 The other team will oppose the debate topic. In the article, one **opinion** (not a fact) helpful for that team is that $\boxed{13}$.

① many high school students are engaged in club activities
② Prof. Kelley and his colleagues are planning a trial
③ such arrangement would not be very popular
④ young people in Britain are losing sleep

問4 The word serious in the second paragraph is closest in meaning to $\boxed{14}$.

① important
② not joking
③ not silly
④ very bad

問5 According to her comment, Megumi $\boxed{15}$.

① doesn't feel sleepy in the afternoon
② doubts if a late start time is practical in Japan
③ thinks Prof. Kelley's argument is wrong
④ usually leaves for home at around 6 p.m.

第 3 問 (配点 10)

A★ You found the following story in a blog written by a female student in your school.

Picnic with my Little Brother
Sunday, May 12

   I went to Mt. Kodaka with my brother Takumi. We were supposed to go with our mother in her car, but she didn't feel well in the morning. Takumi and I decided to leave her at home and go by bus.

   We left our house at nine a.m. and the bus took us to the foot of the mountain at ten minutes before ten. Mt. Kodaka is not so high. We didn't hurry, but reached the summit in an hour and twenty minutes. It was cloudy but we could still enjoy the beautiful scenery. We had rice balls that I had made this morning. Takumi said they were delicious.

   At noon, we started to go down. On the way back, we took another route because we didn't have to go back to the car park. After 60 minutes, we arrived at the Kodaka-Kita bus stop.

   When we came home at around 2:30 p.m., our mother was sleeping. Our father made coffee for us. Soon, our mother got up and said she felt better. It was a shame that she couldn't come, but I'm glad she's fine now.

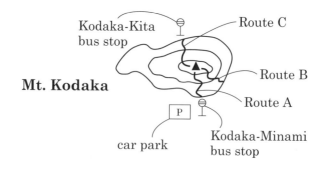

問1　The writer and her brother took ☐16☐ .

① Route A to go up and Route B to come down
② Route A to go up and Route C to come down
③ Route B to go up and Route A to come down
④ Route B to go up and Route C to come down
⑤ Route C to go up and Route A to come down
⑥ Route C to go up and Route B to come down

問2　They reached the summit at ☐17☐ a.m.

① 11:00
② 11:10
③ 11:20
④ 11:30

解答
時間　　　　　　分

48

B** You found the following story in a magazine.

Hemingway and I

Ryoko Yamanaka (Novelist)

I was a child who really liked reading novels. When I entered elementary school, my future ambition was to be a novelist. When I was twelve, our family moved to Chicago, Illinois for my parents' job, leaving our hometown of Fukuoka. I learned that Ernest Hemingway's birthplace was in a suburb, and I came to be interested in him. I thought I wanted to be like him in the future. Soon I started to write short stories.

After six years, I moved to Key West, Florida. I chose the city because that was where Hemingway spent his last eight years. I majored in American literature at the university there. My future ambition was still to be a novelist. Of course, getting a degree in literature does not mean you can be a novelist. After graduation, I started to work in Tokyo as a journalist for an American newspaper company. Hemingway was a journalist, before he became a novelist. He wrote about his experiences in Europe and became a best-selling author. I thought, "well, why can't I?"

For the next twenty years, I worked as a journalist. It was a busy job. I could not afford time to write a novel. I almost gave up my childhood dream. Then, I was in a car accident. On a bed in hospital, I remembered Hemingway was heavily injured in the First World War and was sent back to America. He became a novelist after that … . Fortunately, I could move my hands. I started to write novels again.

At the age of 45, my first novel was published. So far, I have written five novels, all of which have been favorably accepted, luckily. I should never be a literary master like Hemingway, but at least, my ambition since childhood was fulfilled.

問1　The author moved from place to place in the following order: ⬚18⬚ .

① Chicago → Fukuoka → Key West → Tokyo

② Chicago → Fukuoka → Tokyo → Key West

③ Fukuoka → Chicago → Key West → Tokyo

④ Fukuoka → Chicago → Tokyo → Key West

問2　The author started to write stories when she was in ⬚19⬚ .

① Florida

② Fukuoka

③ Illinois

④ Tokyo

問3　The author nearly gave up her dream because she ⬚20⬚ .

① could not get a degree in literature

② realized she would not be like Hemingway

③ was involved in an accident

④ was too busy being a journalist

第4問*** （配点 16）

You are doing research on people's sleeping habits. You found two articles.

How Long Do People in the World Sleep?　　　　by Kim

July, 2018

　　Around the globe, the amount of sleep that people get every night has been steadily decreasing since the 1970s. Many believe that the rise in technology has contributed to that decline, since it frequently disrupts our sleep. The graph below shows the average sleep time for men and women in five countries.

　　One noticeable point about the graph is the length of sleep for Chinese people. No one around me sleeps more than nine hours a day, except for small children. How can they sleep so long? One possible explanation could be that the ratio of people working in the primary industry in China is very high (27.0%). Those of the other countries are between 1.4% (USA) and 3.4% (Japan), according to the International Labour Organization (ILO) statistics. People doing physical labor might need more sleep.

　　Japan shows a marked contrast to China. Japanese men sleep one hour and eight minutes shorter than Chinese men and Japanese women sleep one hour and 28 minutes shorter than Chinese women. It may not be a big deal if all Japanese women slept more than seven hours and 36 minutes. But this "seven hours and 36 minutes" is the average, which means a lot of Japanese women sleep less than 7 hours each day. For some people, that might be enough, but for many others, it could cause some problems in the long run. Japanese people, especially women, would need more sleep.

　　It looks like people in my country are doing fine. Both men and women sleep a little more than eight hours and a half on average, which seems quite appropriate to me.

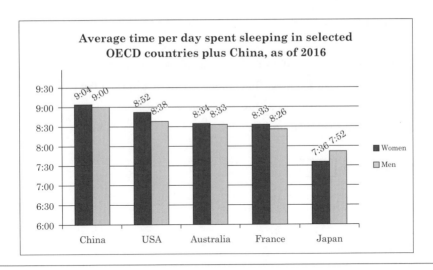

Opinion on "How Long Do People in the World Sleep?"

by Yoshimi Ito

August, 2018

As Kim mentioned, Japan has to deal with the problem of short sleep. However, that is not all. As the graph shows, women in our country sleep sixteen minutes less than men. We should address the issue of gender gap, too.

One thing I would like to point out here is that Japanese men spend much less time on housework than women. In 2011, women spent three hours and 45 minutes a day on housework (care for household members plus routine housework) while men spent just 31 minutes, according to OECD data. It is common to see wives who work full-time do most of the housework as well. The sad truth is that there are still many men who seriously believe that housework must be done by women. We might have to start by making them change this kind of mentality.

In my opinion, two things are certain. First, many Japanese are not getting enough sleep. Second, many women in my country are forced to cut down on their sleep due to a heavy burden. What we need to do now is to deal with these problems right away.

52

問1 Kim (the author of the first article) thinks [21] .

① how long a person should sleep depends on his or her job
② if people sleep too long, they may become sick in the long run
③ people in her country should sleep more
④ the gender gap is a problem in Japan

問2 Kim is from [22] .

① Australia
② China
③ France
④ USA

問3 According to Yoshimi Ito, [23] . (Choose the best combination (① ~ ⑥) from the list below.)

A. Chinese people have a good reason to sleep longer than Japanese people
B. in 2011, Japanese men spent about half an hour on housework a day on average
C. Japanese women work more than three hours outside their home each day on average
D. many Japanese men think it is women who should do housework

① A and B   ② A and C   ③ A and D
④ B and C   ⑤ B and D   ⑥ C and D

第2回　実戦問題　*53*

問4　Kim talks about ⬚24⬚ , and Yoshimi Ito refers to ⬚25⬚ . (Choose a different option for each box.)

① people working in the secondary industry
② problems that her country has
③ the average annual income in China
④ the gender gap in the USA
⑤ the large gap between two countries

問5　Based on the information from both articles, you are going to write a report for homework. The best title for your report would be " ⬚26⬚ ."

① Cut Down on Your Sleep to Be Healthy
② Japanese Women Need More Sleep
③ The Relationship between Lack of Sleep and Accidents
④ Why Do Women Sleep Longer?

| 解答 時間 | | 分 |

54

第5問*** （配点 20）

Your group is preparing a poster presentation entitled "The Greatest Baroque Composer," using information from the magazine article below.

The two greatest composers of the Baroque era would be George Frideric Handel and Johann Sebastian Bach. Handel was born in Halle, Brandenburg-Prussia (now Germany), in 1685. Unlike Bach, who was born into a great musical family, Handel's father was a surgeon.

Handel showed an exceptional talent in playing instruments from a very early age. He learned harpsichord, violin, and organ from the organist at the Halle parish church, Friedrich Wilhelm Zachow. Zachow recognized Handel's extraordinary talent and systematically introduced him to a variety of styles of music. He also taught Handel composition. It is said that Handel started to compose at the age of nine.

In 1702, Handel became the organist at the Calvinist Cathedral in Halle. The wage was good, but the contract was just for one year. The next year, he moved to Hamburg. He was hired by the orchestra of the Hamburg Oper am Gänsemarkt as a violinist and harpsichordist. In 1705, his first opera *Almira* was produced. In Hamburg, he made three more operas. He was recognized as a brilliant opera composer.

Handel was invited to Italy in 1706 by Gian Gastone de' Medici, who had a keen interest in opera. *Rodrigo*, Handel's first all-Italian opera, was produced in Florence in 1707. In 1709, he produced another opera, *Agrippina* in Venice. It turned out to be a huge success and ran for 27 nights successively. In Italy, he also composed oratorios like *La Resurrezione* and *Il Trionfo del Tempo e del Disinganno*. The oratorio is a narrative musical work for singers and an orchestra, based on a story from the Bible.

Handel moved to England in 1712 and decided to live there permanently. (He changed his nationality in 1727.) In 1713, he composed *Utrecht Te Deum* and *Jubilate* for Queen Anne, and was granted a yearly income of

£200. In 1717, an orchestral suite *Water Music*, was performed on the River Thames for King George I. The king was so impressed that he commanded three repetitions.

In 1720, the Royal Academy of Music was founded. Handel wrote outstanding operas like *Giulio Cesare, Tamerlano* and *Rodelinda*. In 1728, the academy ceased to function, but soon, Handel started a new company, for which he wrote several successful operas. In 1737, Handel suffered a stroke and four fingers on his right hand were disabled. No one expected him to be able to perform again, but miraculously, he started to play and compose again within a year.

Handel composed his first oratorio in English, *Athaliah*, in 1733. In 1741, he was invited by the Third Duke of Devonshire to Dublin, the capital of Ireland to give charity concerts for local hospitals. His oratorio, *Messiah*, was first performed in Dublin next year. He gave up the opera business in 1741, but enjoyed great success in oratorio. Even today, Handel's *Messiah* is performed and loved by people all around the world.

In 1752, Handel completely lost his eyesight and stopped composing. Still, he continued to play music. He died in 1759 at the age of 74. More than three thousand people attended his funeral.

The Greatest Baroque Composer

■ The Life of George Frideric Handel

Period	Events
1680s	Handel spent his childhood in Halle
1690s	27
1700s and beyond	28 ↓ 29 ↓ 30 ↓ 31

■ After Leaving Germany

▶ In Italy, Handel enjoyed great success as 32 .

▶ In England, Handel 33 .

■ Little Known Facts

Here are some trivial facts about Handel: 34

問1　Members of your group listed important events in Handel's life. Put the events into the boxes 27 ～ 31 in the order that they happened.

① Handel gave the first performance of *Messiah* in Dublin

② Handel performed *Water Music* for King George I

③ Handel produced his first all-Italian opera

④ Handel started to write tunes

⑤ Handel was hired by the Calvinist Cathedral

第2回　実戦問題　*57*

問2　Choose the best alternative for ⬚32⬚ .

  ① a violinist

  ② an opera composer

  ③ an oratorio composer

  ④ an organist

問3　Choose the best alternative for ⬚33⬚ .

  ① continued to write operas till the end of his life

  ② mainly wrote orchestra suites

  ③ shifted his focus from opera to oratorio

  ④ succeeded as an organist rather than as a composer

問4　Choose the best statements to complete the poster.　(Choose the best combination (① ~ ⑨) from the list below.)　⬚34⬚

  A.　Handel stopped composing after he lost his eyesight.

  B.　Handel was not hired as a composer by the Hamburg Oper am Gänsemarkt in 1703.

  C.　Handel wrote his first oratorio in England.

  D.　Handel's father was not a musician.

  E.　The Third Duke of Devonshire invited Handel to England.

  F.　*Water Music* was first composed for Queen Anne.

  ① A and B　　　② B and D　　　③ E and F

  ④ A, B and D　　⑤ A, C and D　　⑥ B, C, and F

  ⑦ B, D, and E　　⑧ C, D, and F　　⑨ D, E, and F

解答時間　　　　　分

第6問 (配点 24)

A*** You are preparing for a group presentation on fish farming for your class. You have found the article below.

Saitama firm seeks to carry out salmon-farming revolution

[1]   Japan may be an island nation surrounded by the richness of the sea, but businessman Tetsuro Sogo is looking inland to raise one of the country's most loved sushi fish: salmon. In a mountainous area near Tokyo, gray salmon in a tank make quick movements, fighting for food. They are part of an experiment that Sogo, chief operating officer at FRD Japan, hopes will one day allow cost-effective inland farming of salmon and enable Japanese to buy the homegrown fish for their sushi. "We'll be able to easily get high quality salmon wherever we are," Sogo said.

[2]   The majority of the salmon consumed worldwide is farmed, not wild, and the aquaculture market is dominated by Norway, which produces 1.3 million tons a year. Farming at sea, the most common way to raise the fish, is complicated. The sea must be the right temperature, colder than 20 degrees Celsius, and only areas without strong waves and currents are suitable — normally inlets or bays. Inland farming of salmon is often an impractical, expensive venture requiring lots of water and electricity to keep tanks clean.

[3]   That hasn't stopped demand from exploding since the 1980s, with the United States, Russia, Europe, and Japan all fussing about the fish's rich pink flesh, according to the World Wildlife Fund. "Supply is not catching up with the growing demand," said Sogo, speaking at his test facility in Saitama, 50 km (31 miles) from the sea. Dressed in a suit like a typical "salaryman" — except for a pair of white rubber boots — Sogo carefully monitors the fish as though he is watching his own children. "We thought we needed a new way to produce more salmon," he explained.

[4]   The company's process has two stages. First, tap water is converted

into seawater by adding artificial sea salt, which allows the farming process to be set up anywhere tap water is available. Second, a patented technology involving bacteria cleans the water, consuming the ammonia produced by the fish, meaning that energy-consuming cleaning systems are not necessary. "We'll be the world's first successful case for this type of land-based salmon farming if we can turn a profit," Sogo said.

[5]　The process was born out of technology developed by Sogo's company for sewage disposal systems. In 2008, it developed a breakthrough bacteria technology, which by the following year was being used at an aquarium in Tokyo. That was when Sogo realized it could be used for salmon farming.

[6]　Sogo hopes Japan can one day overtake Norway's production, and export the technology to other consumers in Asia. "Asian markets are likely to grow bigger than the Japanese market," said Sogo. "We're looking at the possibility of delivering fresh salmon there (through technology exports)."

[7]　A test run last year (2017) produced one ton of salmon that was sold to a major supermarket in Tokyo. Sogo now plans to have a larger pilot facility up and running by July in Chiba, producing 30 tons a year. By 2020, the firm is aiming for a commercial plant capable of producing 1,500 tons of sushi-ready salmon.

問1　According to the article, what is **NOT** true about salmon farming? 　35

① It is not easy to make profit by inland farming.
② More than half of the salmon consumed in the world comes from farming.
③ Norway is leading the world market.
④ Strong waves are necessary to keep the water clean.

60

問2 According to the article, what is special about Sogo's farm? ☐ 36

   ① Hot spring water is used instead of tap water.

   ② It has commercially succeeded in some Asian countries.

   ③ Less electricity is used than conventional inland farms.

   ④ Salt water is brought from the Pacific Ocean.

問3 According to the article, what is **NOT** true about the firm's bacteria technology? ☐ 37

   ① An aquarium in Tokyo started to use it by 2009.

   ② It is employed for removing bacteria from water.

   ③ It may be exported to other countries in the future.

   ④ It was first developed for sewage treatment.

問4 Which of the following statements best summarizes the article? ☐ 38

   ① Salmon farming at sea is complicated, but inland salmon farming is more difficult.

   ② The demand for salmon in the world has been growing very rapidly.

   ③ The new farm in Chiba will be much bigger than the one in Saitama.

   ④ The new Japanese technology could revolutionize the way salmon are farmed.

解答 時間		分

B*** You are studying about media advertising. You are going to read the following article to understand what is going on in Japan.

The importance of Internet advertising has been growing very rapidly. In 2018, as much as 1 trillion 758.9 billion yen was spent on this media. It is expected that the Internet will surpass television as media for advertising in the near future.

In 2008, Internet advertising sales were much smaller at 698.3 billion yen. In the same year the sales of newspaper ads were 827.6 billion yen. Until 2008, the newspaper had held the second position following TV. However, the sales went down to 673.9 billion yen the next year, mainly because of the economic crisis triggered by the bankruptcy of Lehman Brothers, while the figure for the Internet went up slightly to 706.9 billion yen. Newspaper advertising has been losing ground ever since. In 2018, the sum shrunk to 478.4 billion yen.

To compensate for this decline, newspaper companies are getting into the Internet. They have their own websites, where we can read a limited number of articles for free. They are earning some money by placing advertisements there. To read all of the articles on those sites, we usually need to pay a monthly fee, and this too, is to be a new source of revenue.

For a long time, television has been the most powerful media in advertising. Its advertising revenue was 1 trillion 912.3 billion yen in 2018. It once dropped from 1 trillion 909.2 billion in 2008 to 1 trillion 713.9 billion yen in 2009, but has come back to the present level. TV did not lose its revenue from advertisement like newspapers. Yet, as the importance of Internet advertising has been growing, the relative importance of advertising has been declining. So, like newspaper companies, TV stations are getting into the Internet.

TV stations are doing many things on their websites. Of course, they place information on their programs. But that is not all. We can watch some programs for free. We can watch more programs by paying a fee. Some stations are even producing programs that are not to be broadcast on TV. They are also selling DVDs of their programs and other related goods. Now, the Internet is something indispensable for television.

As I mentioned earlier, the importance of the Internet as media for advertising will continue to grow, and the relative importance of other media like television and newspapers will decline. However, both TV stations and newspaper companies will probably survive. By getting into the realm of the Internet, they are finding new sources of revenue. For them, the Internet is not something they have to fight against, but it is something they need in order to grow. As the saying goes, "If you can't beat them, join them."

問1 According to the author, newspaper companies are getting into the Internet to ☐39☐ .

① cover the decline in revenue
② fight against TV stations
③ sell DVDs and other related goods
④ sell more copies of their newspaper

問2 Out of the following four graphs, which illustrates the situation the best?
☐40☐

①

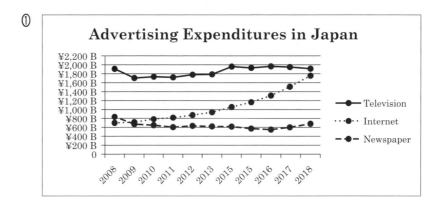

②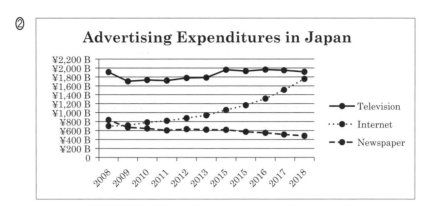

③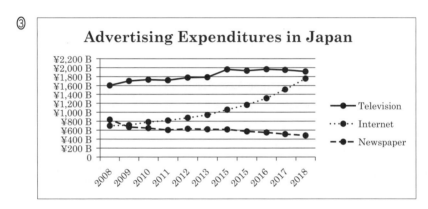

④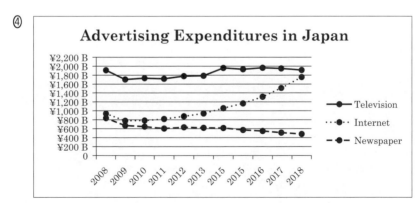

64

問3 According to the article, which two of the following are true? (**Choose two options.** The order does not matter.) ☐41☐ · ☐42☐

① The author is very pessimistic about the future of newspaper companies.
② The importance of Internet advertising will decline in the near future.
③ The sales of Internet advertising went down in 2009, due to the economic crisis.
④ The sales of TV advertising were lower in 2008 than in 2018.
⑤ To read some newspaper articles on the Internet, you may have to pay money.

問4 The best title for this article is ☐43☐ .

① The Decline of Newspaper Advertisement
② The Future Outlook for Media Advertising
③ The Impact of the Economic Crisis
④ TV Stations and the Internet

| 解答 時間 | 分 |

第3回　実戦問題

外国語〔英　語(筆記[リーディング])〕 $\binom{100\,点}{80\,分}$

Ⅰ　注 意 事 項

1　解答用紙に，正しく記入・マークされていない場合は，採点できないことが
あります。

2　試験中に問題冊子の印刷不鮮明，ページの落丁・乱丁及び解答用紙の汚れ等
に気付いた場合は，手を高く挙げて監督者に知らせなさい。

3　解答は，解答用紙の解答欄にマークしなさい。例えば， 10 　と表示のあ
る問いに対して③と解答する場合は，次の（例）のように**解答番号 10 の解答**
欄の③にマークしなさい。

（例）

解答番号	解　答　欄
1 0	① ② ③ ④ ⑤ ⑥ ⑦ ⑧ ⑨

4　問題冊子の余白等は適宜利用してよいが，どのページも切り離してはいけま
せん。

5　試験終了後，問題冊子は持ち帰りなさい。

Ⅱ　解 答 上 の 注 意

各大問の英文や図表を読み， 1 　～ 42 　にあてはまるものとし
て最も適当な選択肢を選びなさい。波線付きの（＿＿＿）によって特別な
指示がない場合は，選択肢から一つ選ぶこととする。

（2018 年度試行調査より引用）

66

英　　語(筆記［リーディング］)

$\left(\text{解答番号}\boxed{1}\sim\boxed{42}\right)$

第 1 問　(配点　10)

A★　Sandy is an exchange student from Australia. She is living at your house during her studies. One day, while you were away at a summer camp for your school's volleyball team, Sandy heard about a haiku event from your mother. You have just received an e-mail from Sandy about it.

Hi,

　　How's the training camp? I'm writing to ask you a favor. Your mother suggested that I participate in a haiku event in September with her, and she has been explaining to me how to write a good haiku. As you know, she is a very good haiku poet, but her Japanese is very hard for me to understand, especially when she is talking about haiku. Could you help me after you come back? I know you'll be busy with club activities and volleyball games, but I hope you can find some time. I would just like you to explain what your mother is saying. The event will take place on September 23. Cindy, one of my school friends in Australia, will visit Japan from August 17 to 26. She would love to learn about haiku, too. Do you think you can help me while Cindy is here?

Thanks!

Sandy

第3回 実戦問題 **67**

問1　Sandy most wants you to ⬚1⬚ .

　① interpret what your mother is teaching her

　② invite Cindy in order to make her feel welcome

　③ learn the basic rules of haiku together with her

　④ tell her the rules of haiku and how to write a good one

問2　You should first ⬚2⬚ before you respond to Sandy's request.

　① check to see if you will have time on September 23

　② confirm your team's schedule during Cindy's visit to Japan

　③ learn how to use Japanese in order to write a good haiku

　④ plan a welcome party for Cindy with your mother and teammates

第3回

解答
時間　　　　分

B[★★] You noticed an exciting class on your culture center's website when you were searching for some classes to take.

Rodoku (Reading Aloud) in English
Improve your reading, speaking, and listening!

You understand what you hear better after you speak a lot in English. So why not improve your listening ability by speaking a lot — by reading aloud? This class is for those who have no experience of English *rodoku*. During five days of training between March 22 and 27 (the building will be closed on the 26th for maintenance), you will learn the basic skills needed for reading passages aloud in order to make yourself easily understood by listeners. At the same time, you will also develop your ability to understand what you are reading.

You will read various types of passages: opinions, stories, essays, articles, etc. A dictionary will be needed to check the pronunciation of words. You don't have to speak fluent English, as reading aloud is very different from speaking English fluently.

SCHEDULE

First Day	Fundamentals of *rodoku* in English (You will learn the essential skills and practice using them.)
Second and Third Day	Reading of various types of passages with help from the teacher (You will develop your skills further by reading different passages aloud.)
Fourth Day	Preparation for class reading (You will choose a passage for reading, and practice in groups.)

Fifth Day	Class reading and discussion (Each reading will be recorded and then discussed while listening to the recording.)

- You can *only* record your own reading. Recording the lectures, or any activities of other class members, is NOT *allowed*.
- The lectures and the discussion will mainly be in Japanese.

For further information, click **here**.
(DEADLINE: 11:00 a.m. March 20)

問1　The purpose of this page is to explain to people looking for information on the website ☐ 3 ☐ .

① how to read articles written in English better

② how to register for and take the *rodoku* class

③ how useful reading aloud is for understanding English

④ what *rodoku* is and the aims of the class

問2　During this class, the students will ☐ 4 ☐ .

① be required to pronounce words and phrases easily and correctly

② become able to read various types of passages better and more quickly

③ give a presentation on how to read and talk better in English

④ read many passages and listen to others' readings

問3　According to the website, ☐ 5 ☐ .

① both English and Japanese will be used

② classes will be held on six days

③ students are allowed to record lectures

④ the center will be closed on Sunday for maintenance

第2問 (配点 20)

A* You are inviting some colleagues from your company over for the weekend and you are trying to find some salad recipes on the Internet. Below are reviews of some recipes written by people who have made them.

Yummy Thai-Style Salad   ★★★★☆ by Bird (2 days ago)

The most delicious fat-burning salad ever! This includes many ingredients like tomato, peanuts, lettuce, cucumber, celery, red pepper, and so on. It may be too spicy for kids to eat. This time, I chose to use shrimp as the main source of protein but chicken or fried squid would also go well. Why don't you try it at home?

Healthy Garden Salad   ★★☆☆☆ by Lisa Mama (3 weeks ago)

A very classic plain style and easy salad with no meat, fish, or spice, but it ended up seeming really boring to me. I'm not sure why it has so many good reviews. This time I used olive oil but I'll try grapeseed oil next time. I'm not a vegan or a vegetarian but I think it's good for those who are.

★★★★☆ by Lee (12 hours ago)
This recipe is one of my favorites! Whenever I need something light, this is the best one. I change the dressing if I get bored with the plain taste.

The Best Potato Salad

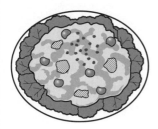

★★★★★ by Kitty Lover (5 days ago)
Like many other reviewers, I love this low-cost recipe! This was my third time to use this recipe. The taste is different depending on how we cut the potatoes and what kind of mayonnaise we use. This time I mashed all the potatoes. What I like about this recipe is that it recommends us to use sausage instead of ham. Next time, I'll try using salmon.

問1　You would most likely choose Yummy Thai-Style Salad if you ☐ 6 ☐ .

① needed something spicy
② wanted a recipe for vegetarians
③ wanted a recipe you've used a couple of times
④ were looking for something light

問2　You would most likely choose The Best Potato Salad if you ☐ 7 ☐ .

① didn't have much time to cook
② felt like eating more vegetables
③ had lots of vegetables in the refrigerator
④ wanted to have a cheap and delicious recipe

問3　The opinions about Healthy Garden Salad are ☐ 8 ☐ .

① different
② negative
③ neutral
④ positive

問4 Based on the reviews, which of the following is **fact**, not personal opinion?
9

① Healthy Garden Salad has many good reviews.
② Kitty Lover has already made The Best Potato Salad twice.
③ The Best Potato Salad suggests using a certain brand of mayonnaise.
④ Yummy Thai-Style Salad is so spicy that kids cannot eat it.

問5 Based on the reviews, which of the following is **opinion**, not fact? 10

① Healthy Garden Salad is less spicy than Yummy Thai-Style Salad.
② Healthy Garden Salad is very boring to make.
③ The Best Potato Salad is loved by many reviewers.
④ Yummy Thai-Style Salad contains many types of vegetables.

| 解答時間 | 分 |

B★★ You are going to have a debate about men taking parental leave. In order to prepare for the debate, your group is reading the article below.

According to a recent survey, about 5.14% of new fathers in Japan have taken parental leave. Over the years, the number of men who take parental leave has grown, but it is still a big challenge for men to take it in male-oriented-Japanese society. So, here is my question: Do you think more Japanese men should take parental leave or not?

Taking parental leave has one great benefit. If men take it for even a couple of weeks after the baby arrives, it is a great help to their wives. Most families are now nuclear families, so it is more difficult for couples with a new child to get support from their parents. Husbands can provide not only physical support but also mental support to their wives. Since new mothers face many unexpected situations every day, they can feel a lot of stress. Getting help is the key to reducing it. Another benefit is that parental leave is usually refreshing for men, allowing them to work more efficiently after they return to their jobs.

On the other hand, there are reasons men should not take it. First, during parental leave, they get no salary. This can put a lot of pressure on family finances. Second, many people are still against men taking it, which places psychological pressure on the men who do.

What do you think about this issue? I believe that when men take parental leave, it helps them understand how hard caring for a baby is. Knowing more about the hard work of their wives surely strengthens their relationship. Furthermore, when men eagerly raise their children, family bonds become stronger. Nobody could argue that such things should be not be encouraged.

74

問1　In the survey mentioned in the article, people were asked, " [11] "

① Have you ever taken parental leave?
② How long have you taken parental leave?
③ How often do you take parental leave?
④ When did you start your parental leave?

問2　Your group wants to think of reasons to **support** men taking parental leave.
One reason given in the article is that men who take parental leave [12] .

① can decide how long they'll take it
② can help their wives both physically and mentally
③ don't have support from their parents
④ might cause problems for their companies

問3　Your group wants to think of reasons to **oppose** men taking parental leave.
One reason given in the article is that men who take parental leave [13] .

① could develop a mental illness
② don't receive any income while they are taking it
③ might get no financial support from their parents
④ might perform poorly at the office

問4　A benefit to men who have taken parental leave is mentioned in the
article. Which of the following is it? [14]

① They are more productive in less time.
② They can go home as early as possible.
③ They find work to be more refreshing.
④ They have more time to spend with their families.

第3回　実戦問題　**75**

問5　The writer of this article ⬚15⬚ that more men should take parental leave.

① does not encourage anyone to think

② partly agrees

③ strongly agrees

④ strongly disagrees

76

第 3 問 (配点 10)

A★ You found the following in a blog written by a female Japanese writer.

World Market

Sunday, October 15

The other day I went to an event called the World-Ichi. "Ichi" means both "market" and "one" in Japanese. It was held in the Hamamatsu-cho area and there were a lot of countries participating.

I was very much interested in Lithuanian products as I didn't have a clue what Lithuania was famous for. At their booth they had herbal tea, honey, beeswax candles, and amber accessories. Lithuania is called a "Baltic State" because it is on the Baltic Sea. Amber often washes up on the beaches of the sea, and they call this amber "Baltic amber." It was my first time to see it. I bought a beautiful bracelet which was made of small pieces of it.

Next, I went to the Madagascar booth. They were selling bags woven with beautiful colored straw, jars of jam, and baobab bread. Baobab bread is made of flour that has powdered baobab fruit in it, and it's baked in the shape of a baobab tree. They said the fruit is used in traditional food, and sometimes they also put it into other dishes and drinks. I bought some of the bread and a small straw bag there.

At the New Zealand booth, they let the people taste gold and green kiwi juice. I tasted both of them and, as I liked both, bought one of each. They were selling wine and other drinks, too, and I saw lots of people buying bottles of different things.

While shopping, I had conversations with the people from the different countries who were running the booths. That was enjoyable. I saw lots of things I had never seen before and got to know a little about their cultures and products.

第3回 実戦問題 **77**

問1 At the World-Ichi, | 16 | .

① each country was selling products related to Japanese culture

② Japanese people were selling the products without any knowledge of them

③ people could see and buy the unique products of different countries

④ there were no shops to buy anything, but there were restaurants where people could eat and drink

問2 You learned that this blogger | 17 | .

① became interested in Lithuania's booth and bought a bracelet and some baobab bread there

② enjoyed shopping and bought a bracelet, a small bag, some bread, and two bottles of juice

③ had conversations at each booth and bought honey, beeswax candles, a bracelet, and a small bag

④ tasted some bread and two kinds of kiwi juice at the Madagascar booth

78

B★★ You read the story below in a magazine.

Amazing Communication in the Natural World

Humans are the most intelligent animals on our planet, but dolphins are a close second. They teach each other to walk on their tails and help each other when they are in trouble. Did you know that unlike most creatures, which eat what they catch immediately, dolphins spend time preparing their food? And new research shows that dolphins use unique sounds for each other that are similar in purpose to human names. It seems there is a different sound for each dolphin!

We have studied chimpanzees much longer than dolphins. We've known for several decades that they warn other chimpanzees of danger, for example by making a certain low noise when they see a snake. Some have also been taught to use simple sign language.

Twenty years ago, Katy Payne began studying the sounds of African elephants. She is working on an elephant dictionary, but it will take many more years because most of the sounds they make cannot be heard by humans, so special technology is needed to record it.

Of course, humans have long been fascinated by the sounds made by birds. Since the beginning of mankind, people have been familiar with the songs that different birds sing in order to communicate. Birds also communicate in other ways. Many do special dances, or change the color of their feathers to attract other birds.

The big difference that scientists have discovered about dolphins that makes them so special, however, is that they use different sounds for individuals, and not just to communicate messages. They start making their own sounds when they are young, but as they grow up and socialize, they add sounds to call to other dolphins. These friendly, complicated animals will certainly be studied more in the future.

問1 　According to the story, people have learned about how different animals communicate in what order? ┃ 18 ┃

① 　Birds → Chimpanzees → Elephants → Dolphins
② 　Birds → Chimpanzees → Snakes → Dolphins
③ 　Birds → Elephants → Chimpanzees → Dolphins
④ 　Chimpanzees → Birds → Elephants → Dolphins
⑤ 　Chimpanzees → Elephants → Birds → Dolphins
⑥ 　Dolphins → Chimpanzees → Elephants → Birds

問2 　Scientists have discovered that ┃ 19 ┃ .

① 　birds can ask and answer questions through music
② 　chimpanzees can learn to talk with their hands
③ 　dolphins eat many different kinds of food
④ 　elephants are probably the loudest animals in the world

問3 　Dolphins' communication differs from that of other animals in that they ┃ 20 ┃ .

① 　discuss things through touch
② 　sing and make noise to communicate
③ 　use complex codes to warn of danger
④ 　use specific sounds for specific individuals

第4問*** （配点 16）

In class, high school students looked at the graphs below, and wrote a report. Please take a look at those written by Cao and Jin.

ABC Academy Language School in Japan showed their foreign language students' home countries, and 100 senior managers in the USA were asked what benefits studying abroad brings to a company.

Graph 1: What countries do foreign language students in Japan come from? (%)

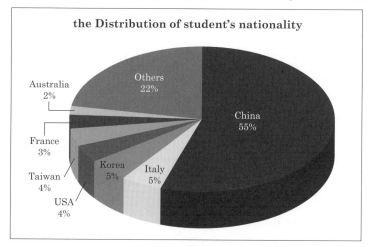

Graph 2: What skills do employers think students gain from study abroad? (%)

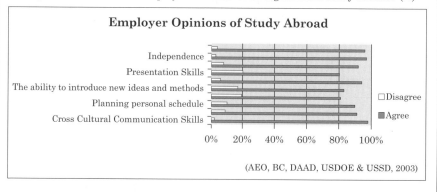

(AEO, BC, DAAD, USDOE & USSD, 2003)

第3回　実戦問題　*81*

Cao Cao

I came to Japan last year to study Japanese. It was impossible ten years ago for most Chinese teens, but now our economy is booming. There are three Australians in my class, and apparently studying Japanese in high school is common there.

Today's organizations are global, and I thought that being internationally minded would be an advantage when job-searching. However, according to the survey of US managers, knowledge of other countries and good communication skills with people from different cultures are important. Perhaps younger managers want staff with such experience. Japanese students should do more group work, and introduce other customs and ideas to their classmates.

Fewer Japanese students study abroad nowadays. I believe that cost is a factor, but also it is easy to make friends with foreigners and practice languages online these days. I'd like to suggest a Skype program at my school to allow me to be able to connect to foreign high school students when they're free, and even do group assignments with them.

Jin Matsumoto

China and Korea are Japan's neighbors, so it's clear why people from there study here. However, I wonder why as many Italians as Koreans are studying Japanese!

It seems that the ability to give presentations is really valued by Americans, and Japanese students aren't skilled at or used to making them. In traditional Japanese education, students are generally required to just memorize information, though this is changing these days, which is good. It looks like managers don't respect the ability to work alone so much. Recently our school got "smart boards," and it's fun to present topics I have researched using technology.

It's interesting that American bosses admire workers who are innovative: good at coming up with new ideas and not afraid to suggest

82

changes. I'd like to ask my teachers to give students more opportunities to contact and talk to people overseas and create class activities to share what we learned so we can think for ourselves instead of listening to the teacher and taking notes individually.

問1 [21] expressed surprise about where foreign language students in Japan come from.

① Both Cao and Jin
② Cao
③ Jin
④ Neither Cao nor Jin

問2 In the reports of these two high school students, [22]. (Choose the best combination (① ~ ⑥) from the list below.)

A. Cao thinks bosses who are not so old value interaction between foreigners.
B. Cao would like extra support from companies to raise money to study abroad
C. Jin believes technology is useful for students to be able to store facts in their heads
D. Jin wants to have more opportunities to talk to people overseas and learn actively.

① A and B   ② A and C   ③ A and D
④ B and C   ⑤ B and D   ⑥ C and D

問3 Neither Cao nor Jin mentioned " 23 " in their reports.

① Cross cultural communication skills

② Planning personal schedule

③ Presentation skills

④ The ability to introduce new ideas and methods

問4 In their reports, Cao says she wants to 24 and Jin says he wants to 25 . (Choose a different option for each box.)

① create class activities

② get some work experience

③ learn more languages

④ Skype students abroad

⑤ use smart phones in class

問5 You found four articles in a book about career advice. Regarding the titles below, the most helpful title for both Cao's and Jin's plans would be " 26 ".

① Growing with Communication across Cultures

② How to Plan your Own Perfect Schedule

③ Independence can Build Strong Ideas

④ Innovation: Change is the Key to Success

84

第5問*** （配点 20）

You are preparing for a presentation about Naomi Osaka using information from the news article below, which was written on January 28, 2019.

Naomi Osaka became the world's No. 1 women's singles tennis player on Monday in the wake of her victory in the Australian Open final on Saturday. The 21 year old from Japan, who has won the last two Grand Slams, is the first singles player from Asia to top the tennis rankings on either the men's or women's tour.

Osaka, who earned her first Grand Slam title at the U.S. Open in 2018, went into the season-opening Grand Slam in Melbourne as world No. 4. She moved up to top the rankings after beating Petra Kvitova of the Czech Republic in the final. Osaka was quoted as saying on the Women's Tennis Association (WTA) website, "I've always dreamt of being in this position and I am honored to be part of the elite group of players who have reached the No. 1 ranking."

Osaka is the 26th woman to hold the top ranking and the youngest to become No. 1 since Caroline Wozniacki, who reached the top spot in 2010 at the age of 20 years and 92 days, according to the WTA. The previously highest-ranked female player from Asia was former Chinese great Li Na, who reached No. 2 in February 2014.

Born in Osaka and raised in the United States by her Japanese mother and Haitian father, Osaka, along with her older sister Mari, who is also a tennis player, has been playing tennis since a young age. In September 2018 she became the first Japanese player, male or female, to win a singles Grand Slam title after defeating her childhood idol Serena Williams in the U.S. Open final.

The news of Osaka's moving up to world No. 1 brought another wave of celebration in Nemuro, Hokkaido, the northern Japan city where her mother Tamaki grew up. The city hall has several pieces of Osaka memorabilia on display, including the tennis racket she gifted her grandfather Tetsuo, and on Sunday morning, the day after Osaka's Australian Open triumph, the city hung a banner on the building saying "Congratulations on Your Win".

While many other players approach tennis with a hyper-competitive attitude, Osaka is popular with fans and the media because of her cheerfulness and sense of humor, using her post-match interviews to profess her love for video games and Japanese food, including the fried pork dish *katsudon.*

Osaka's victory made her the first woman to win successive majors since Williams in 2015, and the youngest since Martina Hingis in 1998. Williams went on to complete her second "Serena Slam" — holding all four majors within the same twelve-month period — and Osaka was excited about the prospect of claiming the French Open and Wimbledon crowns for a "Naomi Slam." "I'm not going to lie and say that thought hasn't crossed my mind. But I don't know. For me, I just have to take it one tournament at a time, especially Indian Wells is coming up and I won that tournament last year. I feel like I have to think about that," Osaka said.

Naomi Osaka

A great tennis player who became the world's No. 1 women's singles player in January, 2019

■ **Background**

Age : 21 (as of January, 2019)

Place of birth : Osaka, Japan

Father : Haitian

Tamaki : | 27 |

Mari : | 28 |

■ **Personal information about Naomi**

▶ | 29 |

▶ She is well liked because of her great sense of humor.

▶ She likes Japanese food very much.

■ **Naomi's accomplishments**

September 2018 : | 30 |

January 2019 : She won the final game of the Australian Open, reaching the No. 1 ranking.

▶ She is the | 31 | .

▶ She is the | 32 | .

▶ She is the | 33 | .

問1 Which of the followings goes in 27 and 28 as part of Naomi's background? (Choose a different option for each box.)

① Her mother, Haitian, who lives in Hokkaido.
② Her mother, Japanese, who has grown up in Hokkaido.
③ Her mother, Japanese, who comes from Osaka.
④ Her older sister, who no longer plays tennis.
⑤ Her older sister, who still plays tennis.
⑥ Her younger sister, who admires Naomi.

問2 Choose the best statement to fill in 29 , based on the article.

① She has never been interested in video games.
② She has never cared about winning big games.
③ She is very serious even during her interviews.
④ She long dreamt of becoming the world No. 1 tennis player.

問3 Which of the following would be correct in 30 ?

① She got her first Grand Slam title with her win of the U.S. Open.
② She moved up to the No. 1 ranking after beating Serena Williams.
③ She played as the world No. 4 player in the U.S. Open.
④ She went into the Grand Slam in the U.S. as the world No. 1.

問4 Choose the best statements to fill in the boxes 31 ~ 33 , based on the article. (**Choose three options**. The order does not matter.)

① first Asian singles player to reach No. 1
② first woman to win two majors in a row
③ second Asian player to be the world's No. 1 after Li Na
④ second youngest woman to win successive majors
⑤ 26th woman to hold the top ranking

88

第6問 （配点 24）

A*** You are preparing for a group presentation on plastic pollution for your class. You have found the article below.

Starbucks, citing ocean threat, is getting rid of plastic straws

By Candice Choi, July 10, 2018

[1] Starbucks will stop using plastic straws in all of its locations within two years, the coffee chain announced Monday, becoming the largest food and beverage company to do so as calls for businesses and cities to cut waste grow louder. While the straws account for a small percentage of the pollution that ends up in the ocean, they've become a flashpoint because they're seen as an easy way to reduce waste.

[2] A week after its hometown of Seattle banned plastic drinking straws and utensils, Starbucks said Monday that by 2020, it will use straws made from biodegradable materials such as paper, and specially designed lids. The company already offers alternative straws in Seattle. Straws often become trash because their small size makes them difficult to recycle. Other cities, like Fort Myers Beach in Florida, have banned plastic straws, and similar proposals are being considered in New York and San Francisco. The push to ban the straws received public attention after a video on the Internet in 2015 showed in graphic detail rescuers removing a straw from a sea turtle's nose.

[3] The issue of waste is coming up in company boardrooms. In February, Dunkin' Donuts said it would eliminate polystyrene foam cups from its stores by 2020. McDonald's said it would switch to paper straws in the United Kingdom and Ireland by next year and test alternatives to plastic straws in some U.S. locations. The burger chain also said this year it would use only recycled or other environmentally friendly materials for its soda cups, Happy Meal boxes and other packaging by 2025.

[4] Plastic drinking straws make up only about four percent of plastic

trash by number of pieces, and far less by weight. Straws add up to about 2,000 tons of the nearly nine million tons of plastic waste that ends up in waters around the globe each year. Still, one active supporting group notes that the top five biggest sources of single-use plastic are plastic bags, water bottles, to-go containers, to-go cups and straws. Not only straws but other plastic items have also been targeted in recent years. Several local governments have enacted bans and fees on plastic bags. Reusable water bottles have also gained popularity as a way to reduce the use of plastic water bottles, with refilling water stations popping up on college campuses and elsewhere.

[5] One reason big chains say it will take time to change practices may be the difficulty in securing adequate supplies. Imperial Dade, a food service and cleaning supplies distributor based in New Jersey, says it's seen a huge increase in demand for alternative straws in recent months. "Our biggest challenge is trying to locate alternative sources so we can satisfy the demand," said Laura Craven, the company's director of marketing. Craven also said she's starting to see more awareness of the need for special permission for straws that bend, which people with disabilities and others may need. Starbucks says it is working on an alternative that will meet that need.

[6] Strawless lids will begin to appear in Seattle and Vancouver Starbucks this fall, with gradual spread within the U.S. and Canada next year. A global introduction of strawless lids will follow, beginning in Europe, where they will be used in some stores in France and the Netherlands, as well as in the United Kingdom.

問1　According to the article, Starbucks made a decision to 　34　 .

① invent straws made from biodegradable materials within two years

② make a video showing rescuers removing a straw from a sea turtle's nose

③ offer recycled straws to other companies in cities across the U.S.

④ stop using plastic straws in all its stores within two years

問2　McDonald's is planning to   35   .

① eliminate alternative straws and environmentally friendly packages
② eliminate polystyrene foam cups from all its stores
③ make cups and packages recyclable or environmentally friendly
④ replace straws, cups, and other packages with recyclable ones

問3　Paragraph [4] mentions one of the following facts about plastic issues: 36   .

① In some countries, the use of plastic bags, straws and bottles is banned and users are fined
② Plastic bags and bottles are also regarded as problems and both are being addressed in some areas
③ The top source of single-use plastic is plastic straws, which add up to nine million tons
④ To reduce plastic water bottles, students are volunteering at refilling water stations

問4　Which of the following statements best summarizes the article?   37

① Companies like Starbucks, which are focusing on straws, are eliminating plastic products.
② Eliminating plastic straws means nothing because there is too much other waste.
③ Paper straws and strawless lids will start being used in all Starbucks shops at the same time.
④ Starbucks says it can eliminate all plastic straws including straws that bend.

第3回　実戦問題　*91*

B*** You are learning about social trends. You are going to read the following article to understand what is happening to urbanization around the world.

Throughout history, the majority of the world's population has lived in the countryside, but recently this trend has changed. Cities are growing, and some 'cities' have been reclassified as 'megacities' because of their huge populations of more than 10 million people. Currently, about 3.9 billion people worldwide live in urban areas, but by 2050 that number is expected to reach 6.34 billion, or around 70% of the world's population. How you design our cities is vital. People are turning fields into concrete, and if you don't act, you will take away valuable food supplies.

The largest increase in migration to cities is predicted in Asia and Africa. Indeed 37% of this movement will be concentrated in China, India and Nigeria. In Africa, 62% of those living in cities are extremely poor, and reside in slums — widespread areas of cheap, substandard housing, often created using trash, or cheap materials, and these towns of low-rise homes are growing outwards into the countryside. Though already increasing, the number of city dwellers in Africa is likely to escalate between 2020 and 2050 to triple today's number.

China and Ethiopia have tackled the problem of urban spread eating up food sources by developing upwards. The capital city of Ethiopia now looks like a huge construction site. To avoid destroying precious countryside and its resources, the government is building affordable apartment tower blocks, for its citizens. In addition, it has funded a train network linking city centers to other regions, making access to them more convenient. In Asia, where the population in urban areas is set to increase steadily for another fifteen years and then become stable, the Korean capital's eight-lane highway through the city was recently closed. This has encouraged the use of trains, and made the city's air cleaner.

While China has also focused on building into the skies, it made a critical planning error. Imagine a typical European city, where buildings are typically six floors high, accessed by narrow streets lined with trees and leading to wide squares surrounded by restaurants and shops, with excellent public transport facilities. Despite the number of people living in Europe's cities falling in recent years, the quality of living is high. In China, massive tower blocks of apartments were built among busy roads jammed with pollution-producing vehicles, with no entertainment nearby. The Chinese government realized its mistake, and is trying to fix it, modeling development on towns in Europe where, incidentally, urban populations are likely to grow again soon due to immigration. The worldwide challenge remains to ensure cities are stress free but have little impact on our natural environment.

問 1　The reason for expanding African cities into the surrounding countryside is ☐ 38 ☐ .

①　that most vegetables in Africa are imported and agriculture isn't necessary

②　that public transport is available for people to move quickly and efficiently

③　the building of homes with cheap materials constructed side-by-side

④　the lack of knowledge its citizens have about environmental issues

問2 Out of the following four graphs, which illustrates the situation the best?
39

①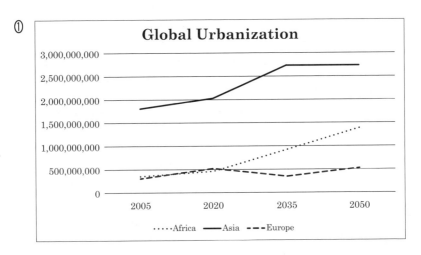

②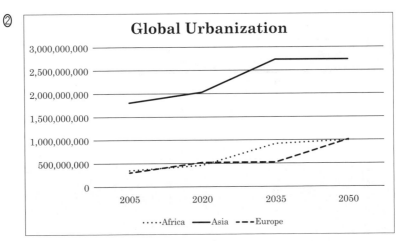

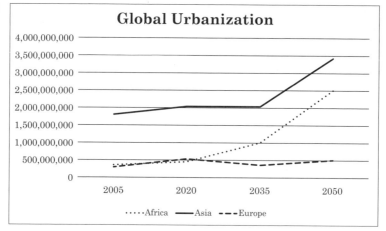

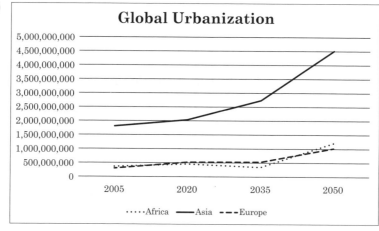

第3回 実戦問題 **95**

問3 According to the article, which two of the following correctly describe the current situation in the world? (**Choose two options.** The order does not matter.) | 40 | · | 41 |

① In China cities are being redesigned to make life more comfortable.

② Most cities in Africa today have more than ten million citizens.

③ No vehicles are allowed in the middle of Seoul, Korea's main city.

④ Probably more than a third of flow to urban areas will happen in three countries.

⑤ These days more food is being grown and produced in city centers.

問4 The best title for this article is | 42 | .

① Challenges of a Shifting Population Trend

② Keeping the Earth Clean for the Next Generation

③ Reasons for Leaving the Countryside

④ The Best Places to Live Now and in the Future

第3回

解答
時間　　　　　　　分

第4回　実戦問題

外国語〔英　語(筆記[リーディング])〕 (100点 80分)

Ⅰ　注　意　事　項

1　解答用紙に，正しく記入・マークされていない場合は，採点できないことがあります。

2　試験中に問題冊子の印刷不鮮明，ページの落丁・乱丁及び解答用紙の汚れ等に気付いた場合は，手を高く挙げて監督者に知らせなさい。

3　解答は，解答用紙の解答欄にマークしなさい。例えば， 10 と表示のある問いに対して③と解答する場合は，次の（例）のように**解答番号10の解答欄**の③にマークしなさい。

（例）

解答番号	解　答　欄
10	① ② ③ ④ ⑤ ⑥ ⑦ ⑧ ⑨

4　問題冊子の余白等は適宜利用してよいが，どのページも切り離してはいけません。

5　試験終了後，問題冊子は持ち帰りなさい。

Ⅱ　解　答　上　の　注　意

各大問の英文や図表を読み， 1 ～ 43 にあてはまるものとして最も適当な選択肢を選びなさい。波線付きの（＿＿＿）によって特別な指示がない場合は，選択肢から一つ選ぶこととする。

(2018年度試行調査より引用)

英　　語（筆記［リーディング］）

（解答番号 $\boxed{1}$ ～ $\boxed{43}$ ）

第 1 問　（配点　10）

A* You are a member of the International Friendship Club. You are going to have a welcome party for two new students: Lin from Taiwan and Andy from Australia. You have received a note from Tomoya, a resident assistant and club president.

Dear members of the International Friendship Club,

　Spring is here and we are welcoming two new students from abroad. Lin and Andy arrive on March 18. I think it would be nice to make them feel at home as soon as possible, so let's have a party on the following Wednesday or Friday. Also, we need to decide whether to reserve a restaurant or use the campus recreation room. We'll work out the details at our meeting this Thursday. If you can't attend the meeting but want to help, send me an email. Once we decide the date and the location, I will send invitations to teachers and other students.

Regards,
Tomoya

問1　The president wants to have a party 　1　 .

① before they go home

② by the end of March before school starts

③ to make the new students feel welcome

④ with only the club members

問2　The president would also like to decide 　2　 .

① what food to serve at the party

② when to send the invitations

③ where to have the party

④ who will give the welcome speech

B** You visited the community center's English website and found an interesting notice.

Senior Citizen and High School Student Summer Roommate Program

We believe the young and the elderly should have more opportunities to get to know each other. The Community Center is hosting a program for high school students to spend a week this summer living with senior citizens in their retirement home.

We are looking for 30 enthusiastic students, aged 15 to 18, who are interested in spending their time talking, eating, and having fun with people of a different generation.

Program Schedule

July 15	Orientation. Welcome party
July 16	Field trip: A visit to the city park
July 17	Talent show: Show each other your abilities in music, dance, etc.
July 18	Bingo night: Play bingo together and win prizes
July 19	Storytelling time: You and your senior roommates share your life experiences
July 20	Cooking dinner together: Prepare a meal together
July 21	Field trip 2: Visit the City Museum to see the "Our Town" exhibit
July 22	Farewell party

- Students will have their own rooms but will be assigned a senior "buddy" to spend time with.
- Time spent in the program may count toward a grade for certain high school classes. Please check with your school's administrative office.

To join the program, click **here** before 5 p.m. May 30.

Community Center Division of Citizen Affairs

問1 The purpose of this notice is to find teenagers from local high schools to
　　 3 .

　 ① cook meals for senior citizens
　 ② help the elderly with daily chores
　 ③ live with the elderly for a period
　 ④ write a school report about older people

問2 During the program students will 4 .

　 ① have a "buddy" to spend time with
　 ② organize activities for the residents
　 ③ share a room with a resident
　 ④ spend most of their time on field trips

問3 The program will be a good opportunity for young students because they
　　 will 5 .

　 ① appreciate their health and youth
　 ② be paid for their time in the program
　 ③ learn the history of their town
　 ④ share experiences with people much older

102

第 2 問 （配点 20）

A* You are a member of the drama club at school, and the club is having a Christmas party. Online, you found a recipe for a seasonal beverage that you would like to make for the party.

HOLIDAY DRINK RECIPES
Here is one of the top ten rated recipes for drinks and desserts on our website. This holiday beverage is sure to brighten everyone's spirits.

Eggnog for the Whole Family
Ingredients (12-16 servings)
- 6 large eggs
- 2 egg yolks
- 1/2 cup sugar (plus 2 tablespoons)
- 1/4 teaspoon salt
- 4 cups whole milk
- 1/4 tablespoon vanilla essence
- 1/2 teaspoon grated nutmeg
- 1/4 cup heavy cream (whipped)

Instructions

Step 1

1. Gather the ingredients.
2. Combine eggs, egg yolks, sugar, and salt in a pan, stir well.
3. Continue stirring while pouring milk in slowly until completely mixed together.

Step 2

1. Turn on the burner to the lowest heat setting.
2. Place a pan on the burner and stir the mixture to 70 degrees Celsius and until thick enough to coat the back of a spoon. This should take about 45 to 60 minutes.

Step 3

1. Strain the mixture into a large bowl to remove cooked bits of egg.

2. Add vanilla essence and nutmeg. Stir.

3. Pour into a glass pitcher. Refrigerate at least 4 hours or up to 3 days before serving.

4. To serve, pour heavy cream into a bowl and whip until it forms soft peaks. Fold whipped cream into the cold mixture.

5. Serve eggnog in chilled cups and sprinkle with nutmeg.

REVIEW & COMMENTS

foodie@cookweb *December 22, 2018 at 16:15*

Made this and took it to a party. Really got us into the holiday spirit. Everyone from adults to children enjoyed it.

Delicious Delight *January 4, 2019 at 11:07*

When I was a child my family would have eggnog every Christmas. This recipe brought back good memories.

問1 This recipe would be good if you want to ⬚6⬚ .

① enjoy something warm on a cold day

② feel the seasonal spirit

③ have something that is quick to prepare

④ teach a drink for children to make

104

問2　If you follow the instructions, the drink should be ready to drink in at least
　　　 7 　.

① 45 minutes

② 60 minutes

③ 4 hours

④ 3 days

問3　Someone who is going to a family Christmas party may bring this drink
　　　because 　8　.

① it can be enjoyed by people of all ages

② it can be kept in the refrigerator for many days

③ it is an unusual drink that will surprise people

④ it uses only three or four ingredients

問4　According to the website, one **fact** (not an opinion) about this recipe is that
　　　it is 　9　.

① both delicious and healthy

② easy to make

③ made for children

④ made with 8 eggs

問5　According to the website, one **opinion** (not a fact) about this recipe is that
　　　 10 　.

① it is fun to make with children

② it is the best eggnog recipe

③ it will make everyone feel better

④ the ingredients are easy to find

解答		
時間		分

B★★ Your English teacher gave you an article to help you prepare for the debate in the next class. A part of this article with one of the comments is shown below.

Peanuts Banned from Some American Schools

By Donna Chang, Boston
5 SEPTEMBER 2018 · 3:12PM

Across the country, some school districts have decided to ban peanuts and peanut products as the number of children who are allergic to peanuts has doubled in the past few years. Allergies cause reactions such as itchiness, red skin, and tightness in the chest. Moreover, some reactions can harm health or even cause death. Although incidents resulting in death are rare, they have caused concern amongst teachers and parents.

Michael Sampson, a Virginia state school board member, stated, "Some people may feel that banning all peanuts is going too far. However, we believe it is our responsibility to provide a safe environment for all children. Until we can figure out a better way to protect our children, it is better to be safe rather than sorry."

However, not everyone agrees with banning peanuts. Some parents and educators have argued that a ban is not fair to children without allergies and that other solutions such as peanut-free lunch tables are more reasonable. Many are also concerned that banning peanuts is a slippery slope and that soon everything will be banned. Some parents have questioned whether children who have cats at home will be allowed to attend school since their clothes might have cat fur.

21 Comments

Newest

Grace Morgan 35 September 7 · 7:28PM

Banning all peanuts is silly. My son is allergic. I make sure he goes to school with medicine in case he has a reaction. Also, his school knows about his condition. Parents and schools should work together to take the proper steps.

問1 According to the article, some schools in the US have banned peanuts in schools because $\boxed{11}$.

① deaths by allergy have doubled in the past few years

② people are concerned about the risks of allergies

③ the new crop of peanuts is much more harmful

④ the US government has ordered schools to do so

問2 Your team will support the debate topic, "Peanuts and Peanut Products should be Banned from Schools." In the article, one **opinion** (not a fact) helpful to your team is that $\boxed{12}$.

① it is better to have no peanuts than to take a risk

② many parents are angry that not all schools have a ban

③ schools are considering creating peanut-free tables

④ the Virginia school board is leading the ban

問3　The other team will oppose the debate topic.　In the article, one **opinion** (not a fact) helpful for that team is that 　13　.

① a ban is not fair to children who like peanut butter
② children with allergies should study at home
③ parents and teachers are overreacting
④ there are other solutions such as peanut-free lunch tables

問4　In the third paragraph of the article, "banning peanuts is a slippery slope" means that 　14　.

① every year incidents involving peanuts are increasing
② more and more things will not be allowed at school
③ more schools are joining the ban on peanuts
④ the problem of peanuts in schools is difficult

問5　According to her comment, Grace Morgan 　15　 the peanut ban.

① has no particular opinion about
② partly agrees with
③ strongly agrees with
④ strongly disagrees with

第3問 （配点 10）

A* You found the following story in a blog written by a male exchange student in your school.

Sports Day
Sunday, May 25

My friend Yuki's little brother Kotaro is in elementary school. Last Sunday, I went to his school's sports day with Yuki's family. We have sports day in America too. I was interested in seeing how it compares.

First, the Japanese kids wore white T-shirts and blue shorts. They also had colored hats that were different depending on class. The first event was the three-legged race. Kotaro and his partner got second place. After a few more activities we ate lunch. Yuki's mom had made some delicious rice balls.

In the afternoon, the classes from each grade ran a relay race to see which class was the fastest in their grade. It was exciting for Yuki and me because Kotaro was the final runner for his team, and they won. We cheered him on and gave him a big hug when he crossed the finish line. The last event was tug-of-war with everyone including family and friends. Our side lost but I had a great time.

I learned that sports day in Japan is maybe a little more organized than in America, but most importantly, I learned that it is a lot of fun.

第4回　実戦問題　　*109*

問1　At the school sports day, ☐16☐ .

① family is not allowed to participate

② only the lower grade kids wear hats

③ the school provides lunch for everyone

④ the tug-of-war took place at the end

問2　You learned that the writer of this blog ☐17☐ .

① made and brought rice balls for lunch

② thinks American sports day is more fun

③ was excited because his friend's brother won a race

④ won the tug-of-war competition

第4回

解答 時間	分

B★★ You found the following story in a study-abroad magazine.

Experiencing Japanese Customs Through a Bowl of Noodles
Jennifer Martinez (English Language Instructor)

I love ramen noodles, so I was looking forward to my chance to eat ramen in Japan for the first time. Of course, the noodles were delicious. However, more importantly, through just one meal I learned several things about Japanese culture.

During the first week teaching at my high school, my mentor Mr. Maeda took me to his favorite ramen restaurant nearby the school for lunch. I was excited with anticipation when we opened the sliding door and entered the restaurant. I was confused to find a machine at the entrance. I learned that it was a ticket machine. In Japan, many affordable restaurants have these machines and you pay before you eat. I was impressed with how technology is used to make things more convenient.

I immediately went for the noodles with my chopsticks when Mr. Maeda stopped me. He told me in Japan it is polite to say *itadakimasu* before eating. I think this is a nice custom that we should have in my country. The next surprise was the loud noise Mr. Maeda made as he slurped the soup and noodles into his mouth. He explained that slurping helps to cool the soup and noodles down while giving more flavor. In America, it is rude to make noise with your mouth as you eat, so I felt uncomfortable.

At the end of the meal, as we left the restaurant, we said *gochisousama*. Saying this expression made me feel more gratitude for the meal I had just eaten. My first visit to a noodle restaurant was more than just a delicious meal, it was a great learning experience.

問1　According to the story, Jennifer's emotions concerning the visit to the restaurant changed in the following order: ☐18☐ .

① excited → confused → impressed → nice → uncomfortable → grateful
② excited → confused → uncomfortable → grateful → nice → impressed
③ excited → uncomfortable → grateful → impressed → nice → confused
④ excited → uncomfortable → nice → impressed → confused → grateful
⑤ excited → grateful → confused → nice → impressed → uncomfortable
⑥ excited → grateful → nice → uncomfortable → impressed → confused

問2　Mr. Maeda stopped Jennifer from eating because ☐19☐ .

① making noise is rude
② she hadn't said the words to begin the meal
③ she was holding her chopsticks incorrectly
④ the soup was hot

問3　From this story, you learned that Jennifer ☐20☐ .

① is interested in teaching others about the customs and manner surrounding Japanese food
② knew a lot about Japanese eating customs but there were still a few things she didn't know
③ loved Japanese food but was new to many of the customs and rules about eating in Japan
④ was taken to a restaurant by Mr. Maeda to learn about Japanese food.

112

第 4 問*** （配点 16）

You are doing research on housework and young people. You found two articles.

Helping at Home   **by Kashmira Tata**

September, 2017

Having children help with the housework not only benefits them now, but can lead to them being better adults in the future. Research has found that children who take part in daily chores feel that they are part of the family team, and learn important long-term life skills too. Studies showed that when children do jobs at home, they develop confidence in their ability to perform tasks. Furthermore, doing chores with parents or siblings helps a child learn to work with others, another very useful skill in adult life. However, balance is essential. Childhood is brief, so our youth must have opportunities to play with their peers and enjoy sports and leisure time as well.

Results from an international study in 2017 show the amount of time spent each day doing housework for children aged 13-17 in five countries. The time varied greatly depending on the country and certain countries showed a major gender gap.

Overall, housework time has decreased since the last studies were conducted in 2005. On average, teenagers now spend 1.8 hours a day on chores, compared to 2 hours from ten years ago. Results for girls have dropped by 18% and those for boys have actually increased by 7%. One reason for these changes is the appeal of modern time-consuming activities such as games and social media. Another is the increase in household technology that makes housework much easier to do. Next, traditional gender roles are beginning to disappear in modern society. Finally, campaigns and charities in developing nations have been successful in supporting children's rights to education and individual freedom.

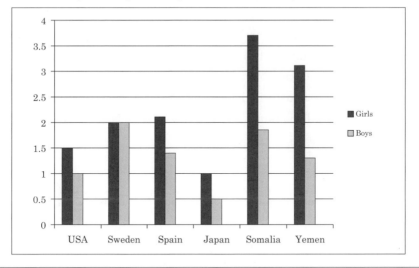

Average time spent doing housework each day (hours) 2017

Opinion on "Helping at Home"　　　　　　　　　　by F.M
October, 2017

　　As an international childminder, I have lived all over the world and observed the daily life of all kinds of children. It saddens me to see that even today, in some poorer countries, young people are spending so much of their time doing quite challenging housework. In some of these cases, the chores even include caring for younger siblings. If teenagers are busy looking after family members, they will miss out on valuable school time which could affect their whole futures.

　　I was pleased to see the results in my own nation, though. I think this is because we have high levels of equality in all areas of society. Here, wives work the same hours as their husbands and make similar salaries. After coming home, they both share the daily chores and make sure their children join in too. Not only does this build a sense of responsibility in a child, it also means the family can spend as much time together as possible each day.

114

Aside from these examples, I'd like to see more contributions from countries where the housework time from both boys and girls was low. While doing housework may seem boring to young people, it can help prepare them for living on their own at university, and for when they enter into working and married life. As parents, we naturally think that doing everything for our children is the best way to show them our love. In fact, teaching them how to do things on their own can also be a very valuable gift to give our loved ones.

問1　Neither Kashmira Tata nor the childminder mentions ⬚21⬚ .

① changes in male and female positions in society
② increases in single-parent families
③ the convenience of modern machines
④ the need to make time for studying

問2　The gender gap in the childminder's country is ⬚22⬚ .

① decreasing
② double
③ increasing
④ zero

第4回　実戦問題　*115*

問3　According to the articles, doing housework has a positive effect on children in terms of ⬚23⬚ . (Choose the best combination (① ～ ⑥) from the list below.)

    A.　collaborating with others
    B.　developing a sense of responsibility
    C.　future marriage partners
    D.　their ability to do sports

    ①　A and B   ②　A and C   ③　A and D
    ④　B and C   ⑤　B and D   ⑥　C and D

問4　Kashmira Tata states that some children ⬚24⬚ and the childminder states that some ⬚25⬚ . (Choose a different option for each box.)

    ①　choose going online over housework
    ②　do not do housework when at university
    ③　need a more loving family life
    ④　play a parental role at home
    ⑤　take part in international charity work

問5　Based on the information from both articles, you are going to write a report for homework. The best title for your report would be " ⬚26⬚ ".

    ①　Helping at Home Sets Up Good Lifetime Habits
    ②　How We Can Learn to Do Chores From Developing Nations
    ③　More Teenagers Are Doing Housework Than Ever Before
    ④　Schools Are Now Teaching Housework Lessons to Students

解答時間　　　　分

116

第 5 問*** （配点 20）

You are preparing "Power Point" presentation about influential Americans, using information from the magazine.

Martin Luther King, Jr. was an important social activist who led the movement for African American Civil Rights throughout the 1950s and 1960s. He was a key figure in many events that changed the course of history for black Americans, including the Montgomery Bus Boycott and his iconic "I Have a Dream" speech.

Martin Luther King, Jr. was born in 1929 in Atlanta, Georgia. From a young age, King excelled in school. He skipped the ninth and eleventh grades. By the time he was twenty-five years old, he had already earned his doctorate degree from Boston University. His first important event as a Civil Rights activist came just a year later in 1955, when an African American woman named Rosa Parks, who was exhausted after a long day of work, refused to give up her seat on a bus to white men who were standing. After she was arrested, a civil rights group selected Martin Luther King, Jr. to lead a boycott of buses in Montgomery. He continued to display leadership for the movement in 1957, when he founded an organization called the Southern Christian Leadership Conference (SCLC). Among other activities, the organization was involved in helping African Americans vote in elections. With the help of the SCLC, Martin Luther King, Jr. continued leading important civil rights events in the late 1950s and early 1960s.

Martin Luther King, Jr. suffered a lot for his efforts. He was often abused by those who wanted black and white people to be segregated in society. In 1963, he was arrested at a demonstration in Birmingham, Alabama, where police abused the protestors by using dogs and spraying water at them with fire hoses. From jail, Martin Luther King, Jr. sent a famous letter in which he preached the importance of non-violent protest. In August of the same year, he gave a powerful speech at the March on Washington. In the speech, called "I Have a Dream", Martin Luther King,

Jr. presented his vision of a future where people were no longer judged by the color of their skin, and where people could work together as brothers and sisters regardless of race.

In a sad turn of events, Martin Luther King, Jr. was assassinated in April of 1968 after giving another famous speech in Memphis, Tennessee, while standing at the balcony of his hotel. His assassination sparked riots around the nation. The alleged assassin, James Earl Ray, was sentenced to prison in 1969, where he spent the rest of his life.

Today, Martin Luther King, Jr. is considered the most important person in the advancement of Civil Rights for African Americans. His "I Have a Dream" speech is studied in schools around the nation not only for its importance in the history of Civil Rights, but also for its powerful wording. There are streets, buildings, and institutions across the United States that are named after the civil rights leader. In 1983, the third Monday in January was named Martin Luther King Day, and his legacy is celebrated on this federal holiday every year.

The Life of a Civil Rights Icon

■ A timeline of events in the life of Martin Luther King, Jr.

1929	Born in Atlanta, Georgia.
1950s	27
	28
1960s	29
	30
	31

■ About the Civil Right Movement
· He founded the SCLC.
· He led the movement through the following actions: 32

118

■ About the "I Have a Dream" Speech

· He delivered the "I Have a Dream" speech in 1963.

· The society he dreamed of is ☐ 33 ☐

■ About his Influence

· His influence still seen in the U.S. today: ☐ 34 ☐

問 1　Complete the timeline of Martin Luther King, Jr.'s life by putting the events into boxes ☐ 27 ☐ ~ ☐ 31 ☐ in the order that they happened.

① King led a bus boycott.

② King organized a group for black people.

③ King spoke about his future vision.

④ King was fatally shot.

⑤ King was put in jail.

問2　Choose the best statements to complete presentation. (Choose the best combination (① ~ ⑨) from the list below.) ☐ 32 ☐

A. King created a unique way to avoid being attacked by the police.

B. King educated young people at Boston University.

C. King emphasized on the importance of non-violent protest.

D. King led a campaign for not using buses.

E. King promoted voting rights for African Americans.

F. King tried to build strong ties with white leaders to change the situation of black Americans.

① A and C　　　② B and D　　　③ E and F

④ A, B, and D　　⑤ A, C, and D　　⑥ B, C, and F

⑦ B, D, and E　　⑧ C, D, and E　　⑨ D, E, and F

問3　Which of the following best describes the society that Martin Luther King, Jr. dreamed of?　33

① One where better bus services are available for African Americans.
② One where people can choose their jobs according to the color of their skin.
③ One where people can run a business with their brothers and sisters.
④ One where people can work and live in harmony regardless of their race.

問4　Choose the best statements to complete the presentation. (Choose the best combination (① ～ ⑨) from the list below.)　34

A.　A federal holiday was made to honor his contributions.
B.　Many politicians are now African-American.
C.　Protest marches take place around the nation in April.
D.　Speechwriting has become a popular job.
E.　Students are taught about his "I Have a Dream speech."
F.　The names of many places are associated with King.

① A and C　　　② B and D　　　③ E and F
④ A, B, and D　⑤ A, E, and F　⑥ B, C, and F
⑦ B, D, and E　⑧ C, D, and F　⑨ D, E, and F

第6問 （配点 24）

A*** You are preparing for a group presentation on Search and Rescue operations (SAR) for your class. You have found the article below:

Dogs that Rescue People

[1] Search and rescue (SAR) teams can be found all over the world carrying out people-finding missions. SAR assists law enforcement with crime scenes, weather-related disasters, earthquakes, avalanches, collapsed buildings, drownings, and missing people. These highly trained teams feature SAR dogs and their handlers. In a search and rescue operation the area covered in a day by one dog would require 30 people to complete the same amount of work.

[2] The kind of dog that is successful in SAR is not limited to particular breeds. In general most SAR dogs are from sporting and herding breeds. Many SAR dogs are mixed breeds. More important than the breed are the necessary characteristics of dogs suitable for SAR. Considered elite athletes, a SAR dog must demonstrate endurance, agility, and trainability. Although dogs should be fully grown when they start training, most trainers begin by searching for puppies that show the basic traits of friendliness (not shy), high energy, curiosity, independence, and focus. In addition, they look for another key characteristic: high play drive. A strong play drive is what keeps a dog focused on the job of searching. It also makes the job of searching a very pleasurable game for the animal.

[3] SAR dogs love the job because for them it is playing a game that they love. In order to keep the dog performing, they need to be rewarded when they are successful. The reward varies from animal to animal. Some will work hard at the search game for a special treat. Others will work hard for a fun activity such as catching a ball at the end of the search. It's the trainer's job to figure out what their animal wants and what will keep

their dog motivated.

[4]　There are two primary classifications of SAR dogs: air-scenting and trailing. The difference is in how the dogs are trained and how they work on the job. Trailing, commonly called tracking, means that the dogs work with their noses on the ground. They are following a scent trail left on the ground by the person they are trying to find. Trailing dogs need a starting point, usually the place where the missing person was last seen and something with the person's scent on it. They also need a scent trail that has not been contaminated by other foot traffic. When tracking dogs are called immediately to the scene of a missing person, they are much more likely to be successful in finding the person.

[5]　Air-scent dogs work with their noses in the air. They pick up a scent and follow it to where it smells strongest, which is its point of origin. Air-scenting dogs sometimes specialize in searching for human remains, including under water and under snow.

[6]　Every SAR dog has a human trainer, or handler, who spends about 1,000 hours, and 30 thousand dollars getting themselves and their dog ready to perform in SAR missions. Paid positions in SAR are very rare. SAR teams make up a vast network of volunteers who are on call 24 hours a day, seven days a week.

122

問1 According to the article, the best kind of dog for Search and Rescue is
⬛ 35 ⬛ .

① one it is trained from a very young age
② one that comes from specific breed groups
③ one that has certain, important traits
④ one that is also trained to hunt wildlife

問2 According to the article, dogs love SAR work because ⬛ 36 ⬛ .

① the work is very much like their favorite game
② their bond with their handler is very strong
③ they always get a reward for a job well done
④ they love the excitement and attention of SAR

問3 In paragraphs [4] and [5] the author explains that ⬛ 37 ⬛ .

① air-scent dogs follow the scent close to the ground as they search
② air-scent dogs have a lower success rate than trailing dogs
③ trailing dogs are most effective when called to the scene right away
④ trailing dogs often get distracted by other scents while tracking

問4 According to the passage, what is true about SAR? ⬛ 38 ⬛

① A SAR dog must be carefully protected from distractions that may cause
   them to lose their focus on the job.
② SAR is pleasant work done by volunteers in their communities, usually
   after they retire from their careers.
③ The work necessary to prepare a SAR team is considerable, especially
   considering that they do not get paid.
④ There are many kinds of SAR dogs, each one trained to perform specific
   tasks according to their trainer's skills.

（下 書 き 用 紙）

英語(筆記[リーディング])の試験問題は次に続く。

124

B***   You are studying different business models on the Internet. You are going to read the following article to understand how people are using large groups to raise money for projects.

Traditionally when people wanted to make something and didn't have the money, they would have to find investors. If you wanted to make a movie, for example, you would need to convince a production company to help you. If you had an invention, you would need someone willing to pay for the manufacturing costs. The decision of what got made and what didn't was in the hands of only a few people. This changed with the invention of "crowdfunding": taking donations from large groups of people on the Internet. Crowdfunding lets people take their ideas directly to customers instead of trying to convince investors their ideas are worthwhile.

The nature of crowdfunding makes it especially good for projects that have a small but passionate following. Things that were once thought to be unpopular have found new life under crowdfunding. Part of this popularity has something to do with fans that had gone a long time without access to the things they like. For example, if someone is a fan of a type of model car that hasn't been made in a long time, they might be willing to pay more than normal to get these models. In the early days of crowdfunding there were 15,000 donors giving an average of $50 per project they supported.

The success of crowdfunding has even attracted the attention of traditional businesses. A few famous filmmakers have used it to make their latest movies. Some people think this system goes against the original spirit of crowdfunding. It was originally meant to help small creators, not people who have already had success and might have access to money. There is concern that they are taking attention away from smaller users. Others say their fame attracts people to crowdfunding who then spend on less known creators. This seems to be reflected in subsequent years when users grew to 50,000 users in 2016 and 65,000 in

2017. Users spent less on average those two years, but that's still more money when adding together so many users.

Some of the excitement has cooled down recently with crowdfunding. A few high-profile projects have ended up being disappointing. This turned some people off the crowdfunding concept and user numbers were down to 60,000 the most recent year of tracking. However, the average amount donated per user is up to $45 per project. The excitement might have died down, but crowdfunding is still a practical source of funding for people who want to create something new.

問1 The increase in the number of users who participate in crowdfunding is a result of ⎿ 39 ⏌.

① famous creators using the platforms for their new projects
② increased news coverage that talked about its benefits
③ several high-profile failures of products that failed to work
④ traditional investors who are reviving things that were once unpopular

英語（筆記［リーディング］）第６問Ｂの問題は次に続く。

126

問2 Out of the following four graphs, which illustrates the situation the best?
  40

Crowdfunding users and average per capita contribution

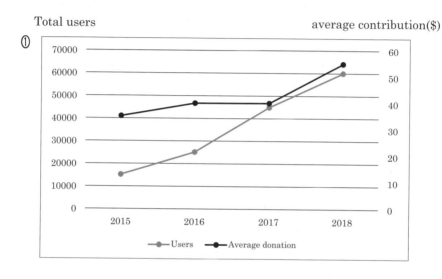

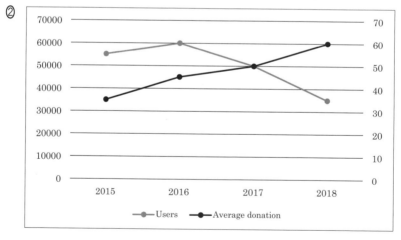

③
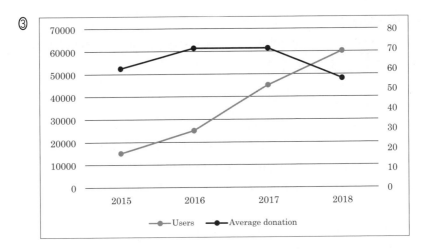

④
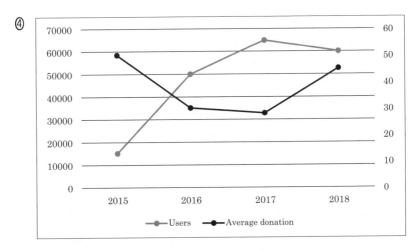

128

問3 According to the article, which two of the following statements tell us correctly about crowdfunding? (**Choose two options.** The order does not matter.) ☐ 41 ☐ · ☐ 42 ☐

① It has experienced a slight decrease in users.
② It has not been used yet for making electronics.
③ It has overtaken the usual methods for raising money
④ One needs a lot of computer skills to do it.
⑤ There have been arguments on who should use it.

問4 The best title for this article is ☐ 43 ☐ .

① How to Best Appeal to Your Fans
② The Future of Movie Fundraising
③ The Slow Decline of Crowdfunding
④ Trends in Online Crowdfunding

| 解答 時間 | | 分 |

① 20200506

駿台受験シリーズ

短期攻略
大学入学 共通テスト
英語リーディング

霜 康司 監修

駿台文庫

はじめに

　本書は共通テスト英語リーディング問題の対策本で，次の３分冊に分かれています。

▶本冊　　　共通テスト 英語リーディング 【解答・解説編】
▶第１分冊　共通テスト 英語リーディング 【問題編】
▶第２分冊　《共通テスト 英語リーディング試験㊙攻略法》

　読者の皆さんには，まず最初に第２分冊《共通テスト 英語リーディング試験㊙攻略法》を熟読していただきたいと思います。ここには共通テスト英語リーディング問題で求められている英語力はどのようなもので，そのためにはどれだけの知識が必要で，実際にどんな問題が出題されるのか，詳細に解説しています。これを作成するには，次のような膨大なデータを分析する必要がありました。

✏ 共通テスト 英語リーディング問題試行テスト	✏ 大学入試問題 25 年 1 万回分
✏ センター試験 英語過去問題	✏ 高校の全教科書

　これらを通して，共通テスト英語リーディング問題がセンター試験とはまるで異なる試験であることが明らかになりました。簡単にまとめると，はるかに語彙レベルが高くなり，時に見たことのない単語が登場するかもしれず，全体の英文の量が増え，最後まで行き着かない受験生も増え，見たことのない問題形式で，聴いたこともない情報が語られることになるでしょう。

　しかし恐れることはありません。こうした変化は実は学習者にとって学びやすくなる変化なのです。もちろん，試験が変われば，対策も変わります。どうか先入観を持たずに本書の第２分冊《共通テスト英語リーディングの㊙攻略法》を読み始めてください。そして，問題へと進みましょう。未来はすぐそこですから。

　最後になりましたが，本書の編集は斉藤千咲さんにご担当いただきました。素晴らしい本に仕上げていただいたことに感謝します。

　2020 年　春

著者記す

もくじ

第1回　実戦問題　解答・解説 5

第2回　実戦問題　解答・解説 45

第3回　実戦問題　解答・解説 85

第4回　実戦問題　解答・解説 127

問題・解説作成／編集協力（敬称略）

能塚竜次　　林彰子　　山本里紗　　Karl Allen　　Preston Houser

株式会社エディット

株式会社シー・レップス

第1回　実戦問題　5

第1回　実戦問題

解答一覧

(100 点満点)

問題番号(配点)	設問		解答番号	正解	配点	自己採点欄	問題番号(配点)	設問	解答番号	正解	配点	自己採点欄
第1問(10)	A	1	1	③	2		第4問(16)	1	21	③	3	
		2	2	④	2			2	22	③	3	
	B	1	3	②	2			3	23	①	4	
		2	4	③	2			4	24	④	3 *1	
		3	5	②	2				25	⑤		
小　計								5	26	④	3	
第2問(20)	A	1	6	①	2		小　計					
		2	7	①	2		第5問(20)	1	27	③	5 *1	
		3	8	③	2				28	②		
		4	9	④	2				29	④		
		5	10	④	2				30	⑥		
	B	1	11	③	2				31	①		
		2	12	①	2			2	32	⑥	5	
		3	13	②	2			3	33	④	5	
		4	14	①	2			4	34	⑦	5	
		5	15	④	2		小　計					
小　計							第6問(24)	A	1	35	③	3	
第3問(10)	A	1	16	④	2				2	36	①	3	
		2	17	②	2				3	37	④	3	
	B	1	18	⑥	2				4	38	②	3	
		2	19	①	2			B	1	39	③	3	
		3	20	④	2				2	40	②	3	
小　計									3	41 - 42	② - ③	3 *1	
									4	43	②	3	
							小　計					
							合　計					

(注)
1　*1は，全部正解の場合のみ点を与える。
2　－（ハイフン）でつながれた正解は，順序を問わない。

6

第 1 問

A

解答

| 問1 | 1 | ③ | 問2 | 2 | ④ |

全訳

　あなたはバイオリンを演奏し，あなたの友人のエイミーはピアノを演奏する。去年あなたとエイミーの2人があなたの町の毎年恒例の音楽コンサートに参加した。今年のコンサートについて彼女からメールを受け取った。

　親愛なるユミ

　こんにちは，元気かな？
　毎年恒例の音楽コンサートのポスターをちょうど見つけました。今年は10月7日に開催されるみたいです。2週間後に参加者を募集することになっています。またコンサートで演奏する気があるかな？　去年はあなたのバイオリンと一緒にピアノの演奏をして楽しかったです。去年のコンサート以来，私たちは一生懸命に練習してきたから，今年はさらにいい演奏ができると思う。
　ところで，レイチェルのことを聞きました。あなたは彼女と仲がいいのでしょう？
　彼女はフルートの演奏が上手だそうね。彼女にもコンサートに参加してほしいな。彼女にコンサートで演奏してほしいって頼んでくれないかな？　彼女と連絡を取って，このことについて話をしてくれない？

　それでは。
　エイミー

語句

□ both A and B「AもBも」
□ annual「毎年恒例の」
□ Dear ~「親愛なる~」
□ hold「~を開催する」
□ recruit「~を募集する」
□ performance「演奏」

□ participate in A「Aに参加する」
□ receive「~を受け取る」
□ just「ちょうど」
□ participant「参加者」
□ *be* able to V「Vすることができる」
□ hard「一生懸命に」

第1回　実戦問題　**7**

□ a good friend of A「Aの良き友人」　　□ *be* good at Ving「Vすることが上手だ」
□ Why don't you V?「Vしませんか」　　□ ask A to V「AにVしてくれるよう頼む」
□ get in touch with A「Aに連絡を取る」
□ Best wishes「ご多幸を，それでは」　★手紙の結びなどで使う。

第
1
回

設問解説
問1　1　正解③
　「エイミーはあなたに　1　ほしいと思っている」
① 毎年恒例の音楽コンサートのポスターを作って
② レイチェルに会って友だちになって
③ また今年もコンサートで演奏して
④ バイオリンの代わりにフルートを演奏して

　メール本文の第1パラグラフの第3文に Are you interested in playing in the concert again?「またコンサートで演奏する気があるかな？」とある。つまりコンサートに参加してほしいと誘っているとわかる。なお，be interested in Ving は「Vしたいと思う」という意味で，want to V よりも遠回しで丁寧な表現。設問文の want A to V は「AにVしてほしいと思う」という意味。また，選択肢③の perform は「演奏する」という意味。この名詞形が本文にもある performance。

問2　2　正解④
　「エイミーがあなたにコンサートについてレイチェルに話してくれるように頼んだのは，　2　からだ」
① エイミーは今年のコンサートに参加できない
② エイミーはレイチェルにコンサートを聞いてほしい
③ レイチェルはバイオリンとピアノの両方を演奏できる
④ レイチェルはフルートを上手に演奏できる

　メール本文の第2パラグラフの第3・4文から，レイチェルがフルートを演奏するのが上手で，エイミーはレイチェルにもコンサートに参加してほしいと思っていることがわかる。その後に友人であるユミ（あなた）からレイチェルを誘ってほしいとあるから，正解は④。④ Rachel can play the flute well は第2パラグラフ第3文の I hear that she is good at playing the flute.「彼女はフルートの演奏が上手だそうね」の言い換えと考えられる。なお，選択肢①の take part in A は join A の言い換え。

8

B

解答

問1 3 ②　　問2 4 ③　　問3 5 ②

全訳

あなたはボランティアの機会を探しているときに，興味深いウェブページを見つけた。

英語のボランティアガイドが必要です

私たちの市の最も人気のある観光地の1つに旧市街地があります。写真写りのいい建物が多くありそのいい写真がソーシャルネットワーキングサービス（SNS）に投稿されているので，観光客，特に海外からの観光客の数が最近増加しています。そこで，外国からの訪問者が私たちの市を楽しめるように英語を話せるボランティアガイドが必要です。

ボランティアガイドに申し込むのに必要なのは
・16歳を超えていること
・基本的な英語力があること（中級レベル）
・1カ月に4日以上ガイドとして働けること

6月6日から9日まで市役所で面接を行います。面接では，英語での質問も行われます。旧市街地およびボランティアガイドの仕事について学ぶため6月20日の会議に参加してください。

> 旧市街地についてさらに学びたい場合，無料で講義を受けることができます。市立大学の郷土史の専門家である林教授が講義を行い，ガイドが郷土史と旧市街地について理解するお手伝いをします。講義は7月4日に行われます。

興味がある方は，ここにある申込フォームに記入し，オンラインで送付してください。

第1回 実戦問題 **9**

語句

- ☐ volunteer「ボランティア」
- ☐ guide「ガイド」
- ☐ photogenic「写真写りのよい」
- ☐ especially「特に」
- ☐ grow「増える」
- ☐ apply「申し込む」
- ☐ intermediate level「中級レベル」
- ☐ interview「面接」
- ☐ in order to V「Vするために」
- ☐ lecture「講義」
- ☐ local「地元の，郷土の」
- ☐ application form「申込書」
- ☐ opportunity「機会」
- ☐ sightseeing place「観光地」
- ☐ post「〜を投稿する」
- ☐ overseas「海外」
- ☐ recently「最近」
- ☐ basic「基本的な」
- ☐ at least「少なくとも」
- ☐ attend A「Aに参加する」
- ☐ free「無料の」
- ☐ expert「専門家」
- ☐ complete A「Aを完成する」
- ☐ online「オンラインで，ネットワーク上」

設問解説

問1 ☐3☐ 正解②

「このウェブページの目的は，☐3☐ ことができる人を探すことである」

① 日本語で訪問者に講義を行う
② 旧市街地付近にて英語で外国人観光客を案内する
③ 旧市街地に住む外国人を助ける
④ いい写真を撮ってSNSに掲載する

　タイトルに「英語のボランティアガイドが必要です」とあり，最初のパラグラフを読むと旧市街地に増えている外国人観光客向けのガイドが必要であると具体的に書かれている。②のguideは動詞で「〜を案内する」という意味。一方，本文にあるguideは名詞で「観光ガイド」という意味。

問2 ☐4☐ 正解③

「ウェブページの情報によると，ボランティアガイドになりたい人は ☐4☐ ならない」

① 郷土史の専門家でなくては
② 高卒または大卒でなくては
③ 英語の日常会話を理解しなくては
④ 旧市街地で週5日以上働かなくては

10

To apply to be a volunteer guide, one must;以下に書かれている条件を確認する。2番目の条件に「基本的な英語力があること（中級レベル）」とある。「日常会話を理解」するのは中級レベルだと考えられるので ③ が正解。② の graduate は「卒業生」という意味。なお，④ の more than <u>four</u> days は「5日以上」という意味になるから注意が必要だ。〈more than ＋ A（数）〉は「A より大」で A を含まない。たとえば more than one person で「2人以上」の意味になる。

問3　　5　　正解 ②

「ボランティアガイドに申し込むとき，　5　必要がある」

① 大学の林教授に電話する
② 申込書に書き込み，オンラインで送付する
③ 申込書に書き込み，林教授に持参する
④ 市について書き，SNS に投稿する

申し込みに関する最後の1文の指示を正確に読み取る。「ここにある申込フォームに記入し，オンラインで送付してください」とあるので ② が正解。① の call は「～に電話する」，③ の take A to ～は「A を～に持っていく」という意味。

第2問

A

解答

問1 [6] ① 問2 [7] ① 問3 [8] ③ 問4 [9] ④
問5 [10] ④

全訳

　あなたは次の週末にハイキングに行く予定で，行く場所を探している。ウェブサイトで，あなたが住む町の近くにあるいいハイキングコースを見つけた。

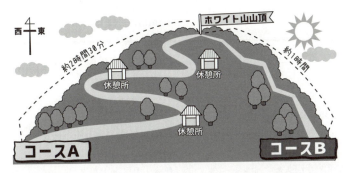

ホワイト山の自然を楽しみに来てください！

　ホワイト山にはすばらしいハイキングコースがあります。毎年多くの人がここでハイキングを楽しみます。2つの異なるハイキングコースのうち1つを選ぶことができます。コースAとコースBです。

コースA
- 頂上まで約2時間半
- 山の西側
- ゆるやかな坂
- コース沿いに多数の休憩所

コースB
- 頂上まで約1時間
- 山の東側
- いくつかの急な坂
- いくつかの狭い道

　どちらのコースもホワイト山山頂につながっています。天気がよければすばらしい景色を楽しむことができます。

注意：

ホワイト山の自然環境を守るため，野生動物にエサを与えないこと，山から何も持ち帰らないこと，火災の原因となる製品を使わないこと。

また，ごみは持ち帰ってください。

コメント：

ワールドワイドハイカー　　*5月10日　9:33*

　ここで何度もハイキングをしています。天気がいいとき，頂上からの眺めはすばらしいですよ。もしここにまだ行っていないなら，行くことを本当にお勧めします！

ハイキングファン　　*6月21日　20:12*

　私は初心者だけれど，5回目のハイキングでコースBに挑戦しました。正直に言うと，私には難しすぎました。もしあなたが初心者なら，コースAを選ぶべきだと私は思います。次は私はコースAに挑戦したいです。

語句

- [ ] go hiking「ハイキングに行く」
- [ ] offer「～を提供する」
- [ ] gentle「ゆるやかな」
- [ ] rest area「休憩所」
- [ ] steep「急な」
- [ ] stunning「すばらしい，とても美しい」
- [ ] weather permitting「天気がよければ」
- [ ] caution「注意」
- [ ] wild animal「野生動物」
- [ ] cause A「Aを引き起こす」
- [ ] pack A out「Aを持ち帰る」
- [ ] amazing「すばらしい」
- [ ] beginner「初心者」
- [ ] hiking trail「ハイキングコース」
- [ ] summit「頂上」
- [ ] slope「坂」
- [ ] along A「Aに沿って」
- [ ] narrow「狭い」
- [ ] feed A「Aにエサを与える」
- [ ] product「製品」
- [ ] fire「火災，火事」
- [ ] garbage「ごみ」
- [ ] recommend「お勧めする」
- [ ] to be honest「正直に言うと」

第1回 実戦問題　*13*

設問解説

問1 ⟨6⟩ **正解①**

「初めてハイキングに行くとき，あなたは ⟨6⟩ に行くべきだ」

① ゆるやかな坂のあるコース A
② 東側にあるコース A
③ 休憩所がより多いコース B
④ 頂上まで必要な時間が短いコース B

　2つのコースの比較部分に書かれている。「東側」にあるのはコース B で，「多数の休憩所」があるのはコース A なので②と③は不正解。②の be located in A は「A（場所）にある」という意味。④は「頂上まで必要な時間が短い」のはコース B ではあるが，急な坂や狭い道があることや「ハイキングファン」のコメントから，初心者向けではないと判断できる。

問2 ⟨7⟩ **正解①**

「ホワイト山に行きコース B を登ると決めたら，あなたは ⟨7⟩ だろう」

① 狭い道を通る
② 野生動物を見ない
③ 2時間以上かかる
④ 西側を歩く

　コース B の特徴としては「頂上まで約1時間」「山の東側」とあるので③と④は不正解だとわかる。また「注意」の項目で「野生動物にエサを与えないこと」とあるのでコースを問わず野生動物に会う可能性があると考えられるので②は不適当。

問3 ⟨8⟩ **正解③**

「ホワイト山であなたがハイキングを楽しんでいる間，あなたは ⟨8⟩ ならない」

① 自分自身で火を使って料理しなくては
② 動物に食べ物を与えなくては
③ ごみを持ち帰らなくては
④ 花を摘まなくては

　CAUTION「注意」の項目の最後に pack out your garbage with you「ごみは持ち帰ってください」とあるので③が正解。①は「火災の原因となる製品を使わない」に反し，②は「野生動物にエサを与えない」に反する。また④は「山から何も持ち帰

14

らない」に反するため不適当。

問4　9　正解④

「ウェブサイトに基づいて考えると，これらのハイキングコースに関する**事実**（意見でなく）はホワイト山が　9　ということである」

① 非常にお勧めである
② この地域で一番よいコース
③ ハイキングをする人の間では非常に人気がある
④ **多くの人により訪れられている**

　第1パラグラフの第2文目から，毎年多くの人がこのハイキングコースを訪れているのがわかる。①は事実ではなくコメントを書いた人の意見。②の「一番よい」や③の「人気がある」も本文中にそのような記載がない。

問5　10　正解④

「ウェブサイトに基づいて考えると，これらのハイキングコースに関する**意見**（事実でなく）は　10　ということである」

① コースBの狭い道は歩きやすい
② コースAの自然はよい
③ コースAの方がすべての人によりよい
④ **コースBは初心者には難しすぎる**

　意見はコメント欄に書かれているのでそこを読む。初心者である「ハイキングファン」からのコメントに「難しすぎた」と書かれているので④が正解とわかる。③は，コースAは初心者用なのでコースBの方がよいと思う上級者もいる可能性があるので，不適当。

第1回　実戦問題　**15**

B

解答

問1 　11 　③　　問2 　12 　①　　問3 　13 　②　　問4 　14 　①
問5 　15 　④

第1回

全訳

　あなたは英語クラブのメンバーだ。あなたはメディアについてディベート（討論会）をする予定である。ディベートの準備中に以下のような記事とそのコメントを見つけた。

ソーシャルメディアで見るニュース

ダニエル・スミス　ニューヨーク
2019年2月14日・午前10:25

最近の研究によると，ソーシャルメディアからニュースを得る人の数が増えている。これは，若い世代ではさらに顕著である。

ソーシャルメディアでは以下のようにニュースを読むことができる。あなたの友人が，彼らが興味のあるニュース記事をシェアする。記事のタイトルをあなたが見て，詳細が知りたいと思えば，キーワードをクリックしてさらに読み進もう。コンピュータはあなたがどの記事を読んだかを把握し，あなたの画面のトップに同じような記事を置く。大学生のピーター・ダヴィッドソンは，「読みたい記事を探す時間を費やす必要がないので，ソーシャルメディアはとても便利で，効率もいい」と話した。

一方で，新聞やテレビでニュースを見る人もいる。テレビでは，視聴者の大多数にとってより重要であるニュースが最初に放映される。新聞では，すべての詳細が書かれている。銀行員のルーシー・ミラーは「私は毎日新聞を読みたい。新聞からは様々な分野の知識をたくさん得ることができる」と話した。

18個のコメント

ソフィー・ハリス　2019年2月15日・午後9:10
ソーシャルメディアでニュースを読むことは良くないと思う。興味のあるニュースだけを読むから，視点が狭くなる。世界で何が起きているか正確に知るためにはすべての種類のニュースを読むべきだ。

16

語句

□ debate「ディベート，（賛成・反対の2組に分かれて行う）討論会」
□ article「記事」
□ research「研究，調査」
□ generation「世代」
□ title「題名，タイトル」
□ click「～をクリックする」
□ similar「同様の，類似の」
□ efficient「効率のよい」
□ majority「大多数」
□ various「様々な」
□ narrow「～を狭くする，狭める」
□ exactly「正確に」
□ social media「ソーシャルメディア」
□ outstanding「傑出した，目立った」
□ share「～をシェアする」
□ detail「詳細」
□ keyword「キーワード」
□ convenient「便利な」
□ on the other hand「一方で，他方では」
□ knowledge「知識」
□ field「分野」
□ point of view「見方，視点」

設問解説

問1 11 **正解③**

「この記事によると，最近の調査では，ますます多くの人々が 11 ことを好むということだ」

① 古いニュースをインターネットで確認する
② 新聞記事をオンラインで読む
③ ソーシャルメディアでニュースを読む
④ ニュースに関する考えを書く

第1パラグラフ第1文に According to recent research, the number of the people who get news from social media is increasing.「最近の研究によると，ソーシャルメディアからニュースを得る人の数が増えている」とあり，「ソーシャルメディアからニュースを読む人がますます多くなっている」ということになるので③が正解。

問2 12 **正解①**

「あなたのチームは，『ソーシャルメディアはニュースを得るのに適切である』というディベートのトピックに賛成する。記事の中で，あなたのチームの役に立つ1つの**意見**（事実でなく）は，12 というものである」

① ソーシャルメディアを使用することで読みたいニュースを見つける時間が減る
② 最近ではより多くの高齢の人々がソーシャルメディアの記事を読む
③ 新聞は自分が好きなニュースを選ぶのを手伝ってくれる

第1回　実戦問題　**17**

④　コンピュータを持つ人の数が増えている

　　第2パラグラフに「ソーシャルメディアでニュースを得る」ことの利点が書かれている。その中の大学生の発言はつまり意見である。その発言の中に「読みたい記事を探す時間を費やす必要がない」とあるので，正解は①。

　　選択肢②の elderly は「年配の，お年を召した」という意味。old より丁寧な言い方。

問3　13　正解②

　　「もう一方のチームは，ディベートのトピックに反対する。記事の中で，そのチームの役に立つ1つの**意見**（事実でなく）は，13　というものである」

①　ニュースの詳細はテレビのみで放映される

②　新聞によって多くの異なる種類のニュースを知ることができる

③　銀行で働く人にとって新聞は重要である

④　最も重要なニュースはインターネットで最初に得ることができる

　　ディベートのトピックに反対する意見ということは，「ソーシャルメディアでニュースを得る」ことの欠点を示す意見なので第3パラグラフからの意見を探す。銀行員の発言に「新聞からは様々な分野の知識をたくさん得ることができる」とあるので，正解は②。

問4　14　正解①

　　「この記事の第2パラグラフの中の "it is quite convenient and efficient" とは，14　ということを意味する」

①　あなたが好きかもしれないニュースをコンピュータが選ぶ

②　多くのニュースのためにコンピュータには大きな画面がある

③　テレビや新聞などでは多くの類似した記事がある

④　あなたの友人がニュースの取得方法を教えてくれる

　　本文のこの it は「ソーシャルメディアでニュースを取得すること」を指す。したがって，ソーシャルメディアでニュースを取得することが便利で効率的であることを示す選択肢を選べばよい。②，③，④はソーシャルメディアについて書かれていないので不適当。正解はソーシャルメディアの特徴について書かれている①。

問5　15　正解④

　　「ソフィー・ハリスは，彼女のコメントによるとソーシャルメディアでニュースを読むことについて　15　」

① 特に意見はない
② 一部賛成している
③ 強く賛成している
④ 強く反対している

　ソフィー・ハリスはコメントの1文目から「良くないと思う」と反対意見を述べている。ここまでの文脈から「ソーシャルメディアでニュースを読む」ということはコンピュータが選んだニュースを読むということなので，「すべての種類のニュースを読むほうがよい」と書いているソフィー・ハリスは強く反対の立場にあることがわかるので，④が正解。選択肢①の particular は「特定の」という意味。

第1回 実戦問題 **19**

第3問

A

解答

| 問1 | 16 | ④ | 問2 | 17 | ② |

全訳

　あなたは，インターネットを使っていて，今はシンガポールに住んでいるあなたの友人によって書かれたブログを見つけた。

国際デー
4月24日　土曜日

　年に1度，ぼくの高校では国際デーが開催されます。この日の目的は，世界の様々な文化を理解することです。今年は，ぼくの母国である日本について英語で話す機会がありました。

　ぼくの日本文化に関する発表は午前10時に始まりました。この発表を準備するのに多くの時間を費やしましたが，ぼくはとても緊張しました。発表の直前，観客の中にぼくに笑いかける友人数人を見つけました。ぼくはやっと落ち着くことができました。発表で自分の最善を尽くせたと思います。

　正午には，ぼくの英語の先生がぼくに会いに来て，「あなたの発表はとてもすばらしかった！」と言いました。ぼくはそれを聞いてうれしかった。その後，彼と一緒に昼食を食べました。

　午後には，他の留学生による発表がさらにありました。ぼくはドイツからの学生による発表がとても好きでした。ヨーロッパの文化について知るのが初めてだったので，とても印象的だと思いました。

　ぼくは国際デーをとても楽しんだので，来年の国際デーが待ちきれません。

語句

☐ International Day「国際デー」
☐ purpose「目的」
☐ opportunity「機会」
☐ presentation「発表」
☐ take place「開催される」
☐ various「様々な」
☐ home country「母国，祖国」
☐ prepare「準備する」

20

□ nervous「緊張している」　　　□ audience「観客」
□ feel relaxed「落ち着く，心がやすらぐ」
□ do *one's* best「最善を尽くす」　□ *be* glad to V「V してうれしい」
□ impressive「印象的な」　　　　□ can't wait for A「A を待ちきれない」

設問解説

問1　16　正解 ④

「国際デーは　16　ために行われる」
① 好きなものについて発表を行うように友人に頼む
② 学校で昼食に世界の様々な料理を食べる
③ 他の国で日本の文化を説明する
④ 世界の異なる文化を知り，理解する

　本文第1パラグラフ第2文で，The purpose of this day is to understand about
various cultures in the world.「この日の目的は，世界の様々な文化を理解すること
です」と書かれている。発表が行われるのは日本の文化だけではないことは，本文第4
パラグラフで筆者がドイツに関する発表を聞いたことからわかるので，③ は間違いだ
とわかる。

問2　17　正解 ②

「このブログの筆者は　17　ことがわかった」
① ドイツ文化とシンガポール文化の違いを説明した
② ドイツ人生徒の1人の話を聞く前に発表を行った
③ 他の生徒たちがヨーロッパについて話した後に日本について話した
④ 1日中緊張していて国際デーを楽しめなかった

　このブログは時系列で書かれている。本文第2パラグラフで午前10時に自身の発
表を行ったと書いている。第3パラグラフで昼食を取り，第4パラグラフで午後から
ドイツの学生の発表を聞いたと書かれている。したがって，② が正解。① は，筆者
が本文第1パラグラフで「母国について話す」と言っているので不適当。difference
between A and B は「A と B の違い」という意味。④ は本文第5パラグラフで「国際デー
をとても楽しんだ」とあるので不適当だとわかる。

B

第1回 実戦問題　21

解答

問1　18　⑥　問2　19　①　問3　20　④

全訳

あなたは英語学習者向けの雑誌に以下の記事を見つけた。

知らない人に笑いかける
ハセガワエイタ（会社員）

　あなたはどのくらい頻繁に誰かに笑いかけますか。他人と会うといつも笑いかける人もいるかもしれません。恥ずかしすぎてほとんど笑わない人もいるかもしれません。

　ぼくにはアメリカ出身の同僚がいます。彼の名前はデイヴィッドで，彼はとても友好的です。ぼくに会うとよく笑いかけます。他の同僚にも笑いかけます。ぼくは，彼は生まれつきそういう人間だと思っていました。

　ある日，デイヴィッドとぼくは，たくさんの外国人が昼食を食べるレストランに昼食を食べに行きました。ぼくたちが着いたとき，すべての席が埋まっていたので，入口で待たなくてはなりませんでした。するとレストランから何人か出てきて，ぼくたちを見て笑いかけましたが，ぼくは何もしませんでした。彼らのことは全く知らなかったので恥ずかしいとさえ思いましたが，デイヴィッドが彼らに笑いかけているのに気づきました。「彼らを知っているの？」とたずねると，「いいや」と彼は答えました。ぼくは知らない人に決して笑いかけないので，とても驚きました。ぼくは，ぜんぜん知らない人になぜ笑いかけるのかたずねました。

　「アメリカの文化では，知らない人と目が合うと笑いかけるのが一般的だよ」とデイヴィッドは言いました。ぼくは，「へぇ，それは知らなかった。ぼくは恥ずかしすぎるから知らない人に笑いかけることは絶対にできないよ」と答えました。すると彼は「君の文化では知らない人には笑いかけないことは知っているよ。それでも，ぼくは日本でも笑いかけ続ける。どうしてかわかるかい？　ぼくは，笑いかけることが人を幸せにすると思っているからだ。ぼくが笑いかける人が幸せを感じたらぼくも幸せを感じる」と言いました。

　笑いかけることに対する彼の考え方はすばらしいとぼくは思います。アメリカは日本とは異なるすてきな文化です。今は，デイヴィッドが行う事をまねしたいと思っています。ぼくは日本に住む日本人でよく恥ずかしいと思いますが，知らない人と目が合った時笑いかけるようにしようと思います。

22

語句

- ☐ English learner「英語学習者」
- ☐ how often ～?「どのくらいの頻度で～?」
- ☐ smile at A「A に笑いかける」
- ☐ shy「恥ずかしい」
- ☐ friendly「友好的な,気さくな」
- ☐ by nature「生まれつき」
- ☐ common「一般的な」
- ☐ reply「返答する」
- ☐ different from A「A と異なる」
- ☐ copy「～をまねる」

- ☐ stranger「知らない人,見知らぬ人」

- ☐ seldom「ほとんど～しない」
- ☐ colleague「同僚」
- ☐ whenever「～するときはいつでも」
- ☐ occupy「～を占有する,使用する」
- ☐ catch *one's* eye「目が合う」
- ☐ keep Ving「V し続ける」
- ☐ feel like Ving「V したい気がする」

設問解説

問1 ┃ 18 ┃ 正解⑥

「この話によると,微笑むことに関するエイタの気持ちは以下の順序で変化した: ┃ 18 ┃」

① 恥ずかしい→知りたいと思う→賛成する→驚く→感心する
② 恥ずかしい→知りたいと思う→感心する→驚く→賛成する
③ 恥ずかしい→感心する→知りたいと思う→賛成する→驚く
④ 恥ずかしい→感心する→驚く→賛成する→知りたいと思う
⑤ 恥ずかしい→驚く→賛成する→知りたいと思う→感心する
⑥ 恥ずかしい→驚く→知りたいと思う→感心する→賛成する

　本文第3パラグラフ第4文 I even felt shy because I didn't know them at all.「彼らのことは全く知らなかったので恥ずかしいとさえ思いました」とあるから,最初にshy「恥ずかしい」と思ったことがわかる。その後,第3パラグラフ第7文で I would never smile at strangers, so I was quite surprised.「ぼくは知らない人に決して笑いかけないので,とても驚きました」とあり,surprised「驚いた」ことがわかる。そのあと第4パラグラフでそのことについてデイヴィッドと会話を進めていることからcurious「知りたい,好奇心のある」と思ったことがわかる。そして,第5パラグラフ第1文に I think the way he thinks about smiling is great.「笑いかけることに対する彼の考え方はすばらしいとぼくは思います」とあり,デイヴィッドが知らない人に話しかける理由を聞いて筆者は impressed「感心した」ことがわかる。最後に,第5パラグラフ第3文に Now I feel like copying what David does.「今は,デイヴィッドが行う事をまねしたいと思っています」とあるから,agreed「賛成している」ことが

第1回 実戦問題 **23**

わかる。

問2　19　正解①
「デイヴィッドとエイタがレストランの入り口にいたとき，デイヴィッドは　19　人に笑いかけた」

① 以前に会ったことがない
② とてもよく知っている
③ 話しかけたい
④ 一緒に働いている

　第3パラグラフ第6文に，I asked, "Do you know them?", "No," he answered.「『彼らを知っているの？』とたずねると，『いいや』と彼は答えました」とあり，レストラン入口でデイヴィッドが笑いかけたのは「知らない人」，つまり以前に会ったことがない人だとわかる。

問3　20　正解④
「この話から，エイタは　20　ということがわかった」
① アメリカ文化についてさらに知りたかったのでデイヴィッドに一緒に昼食を食べるよう頼んだ
② 面白いのでアメリカの文化と日本の文化の違いについて話すのが好きだった
③ デイヴィッドが言ったことを理解したあとでも，恥ずかしすぎて知らない人に笑いかけたくなかった
④ デイヴィッドとレストランに行き，アメリカの文化のとてもいい点に気づいた

　①は，筆者はアメリカ文化について知りたいとは書いていないので不適当。②は文化について話し合うのが好きという記述はない。③は，恥ずかしすぎるというところまでは合っているが，そのあと最終パラグラフにデイヴィッドの行動をまねしたくなったと書かれているため不適当。④は，筆者とデイヴィッドがレストランに行ったときに知らない人にも笑いかけるアメリカ文化に筆者が気づき，すばらしいと思ったと書いてあるので，正解。

第 4 問

解答

問1 `21` ③　問2 `22` ③　問3 `23` ①
問4 `24` ④　　`25` ⑤　問5 `26` ④

全訳

あなたは、歩きスマホに関するリサーチをしている。あなたは、2つの記事を見つけた。

どうやら歩きスマホが大きな問題らしい

スティーブ・アニア
2013 年 6 月 11 日　午前 11 : 14

ある調査によると、ほとんどの歩行者は、危険だとわかっていながらもメッセージを送るときに道路を渡ると認めている。

歩行者は危ないと知りながら道路を渡るという危険な行為をすると認めている		運転者は危ないと知りながら歩行者を危険にさらす行動をすると認めている	
その行動をする歩行者	その行動を危険だと思う歩行者	その行動をする運転者	その行動を危険だと思う運転者
道路を渡るときに電話で話す	51% / 26%	運転中に携帯電話で話す	70% / 59%
道路を渡るときにメッセージやメールを書く	26% / 55%	運転中にメッセージやメールを読んだり送ったりする	38% / 90%
道路を渡るときに音楽を聴く	34% / 25%	運転中に大きな音で音楽を聴く	64% / 33%

歩行者の 60% が道路を渡るときにスマートフォンを使う

国家道路交通安全局の最新データによると、2010 年には交通事故による歩行者の死亡者数が前年より 4% 上がり、4,280 人となった。

ほとんどの人は不注意運転を重視し、運転者が運転中にメールを書くことをやめさせようとするが、ただ電話をしながら道路を歩いて横断することで自分たちの命を危険にさらしている人たちが世の中には存在する。

ボストンにあるリバティ・ミューチュアル保険は今週、歩行者の大多数は車両に衝突されることから身を守るより都会の道路を歩いているときにメールを送る方がより大切だと考えていることを示す調査結果を発表した。

この調査では 1,000 人に歩きスマホの習慣についての考えをたずねたが，アンケートに答えた人のうち 55% はこの行動を危険だと認識していると言ったが，彼らの 5 人に 3 人はそれでもなにかしらのスマホの操作を行い，報告書によると「安全よりもスマホを優先させている」という。「不注意運転に対してかなりの注目が集められており，それは正しいのだが，その結果不注意歩行や不注意横断も同様に危険になりうるという事実を私たちは無視してきた」とリバティ・ミューチュアル保険の安全運転専門家であり世界安全の役員であるデイヴィッド・メルトンは述べた。「運転者と歩行者が危険を認識していると主張しているにもかかわらず危険な習慣を続けるという事実は，アメリカ人の大多数が『自分には起こらないだろう』という不注意な態度を取っているということを示している」

上記は，ボストンのリバティ・ミューチュアルが調査を基に作成した図表で，歩きスマホ行動について示されている。調査結果によると，ほとんどの歩行者は道路を横断するとき危険を冒してもかまわないと思っている。

歩きスマホ

歩きながらメッセージを読んだり書いたりすることは危険である。新しい研究によると，運転中にメッセージを書くよりもより危険であることがわかっている。この研究はアメリカ合衆国のバッファロー大学によるものである。研究者たちは，1 キロあたりの被害はメッセージを書く運転者よりメッセージを書く歩行者の方が多いことを発見した。彼らの報告書によると，歩くことは私たちが思っているほど簡単ではないそうだ。まっすぐ安全に歩くためには同時に多くのことに注意する必要がある。研究チームは，人々はきちんと歩く方法を忘れるので危険なことが起こると言っている。壁や他の人にぶつかったり，車に激突したり，道路にあるものにつまずいて転んだり，穴に落ちたり階段から落ちたりすらする。

バッファロー大学の教授によると，歩行は複雑な行動である。彼は，なぜメッセージを書くことで人々がきちんと歩けなくなるのか，いくつかの理由があると述べた。理由の 1 つは，彼らの前にある道が見えないということだ。また別の理由は，道路にある自分の足ではなく携帯電話のキーボードにある自分の指に集中していることだ。そして最後に，彼らの心は A 地点から B 地点まで安全に歩くということではなくどこか別のところにあるということである。教授によると，メッセージを書いているときに負傷したため昨年は 6,000 人以上が彼の病院に来たという。最悪の症例は頭部の負傷だという。歩行者が車に衝突されたあと空中に投げ出されるとき，その人の頭を守るものは何もないので，被害が深刻になりうる。

26

語句

□ apparently「どうやら〜らしい」
□ text while walking「歩きながらメッセージを書く，歩きスマホする」
　★ text は「(携帯電話で) メール［メッセージ］を書く［送る］；メール［メッセージ］」の意。
□ real concern「大きな問題」　　　　□ pedestrian「歩行者」
□ admit to A「A を認める」　　　　　□ traffic「交通」
□ behavior「行動」
□ National Highway Traffic Safety Administration「国家道路交通安全局」
□ put a focus on A「A を重視する」　□ distracted driving「不注意運転」
□ motorist「運転者」
□ behind the wheel「ハンドルを握っている，車の運転をしている」
□ out there「世の中には，あちらに」　□ put A at risk「A を危険にさらす」
□ finding「調査結果」　　　　　　　　□ habit「習慣」
□ questionnaire「アンケート」　　　　□ engage in A「A に携わる，A を行う」
□ some sort of「ある種の，何らかの」□ place A above B「B より A を優先する」
□ managing director「役員，取締役」□ recognize「〜を認識する」
□ attitude「態度」　　　　　　　　　□ chart「図表」
□ injury「ケガ，負傷」　　　　　　　□ at the same time「同時に」
□ properly「適切に」　　　　　　　　□ bump into A「A にぶつかる」
□ fall over A「A の上に倒れる」　　　□ complex「複雑な」
□ ahead of A「A の前に」　　　　　　□ somewhere else「どこか別の場所に」
□ toss「〜を放り出す」　　　　　　　□ into the air「空中に」

設問解説

問1　 21 　正解 ③

　　「どちらの記事も 21 については述べていない」

① 運転中にメッセージを書くことの危険性

② 歩行の難しさ

③ スマートフォンの機能

④ アンケートの結果

　　③ の function は「機能」という意味。歩きスマホの危険性については述べられているが，スマートフォン自体の機能についてはどちらの記事でも述べられていない。① は 1 つめの記事の図表後の文で述べられている。② は 2 つめの記事の第 1 パラグラフ第 5 文以降で述べられている。④ は 1 つめの記事の図表後の第 4 パラグラフで述べら

第1回　実戦問題　**27**

れている。

問2　[22]　正解③

「1つめの記事では，[22]の運転者が運転中に携帯電話で話す行為は危険であると思っている」

① 26%
② 33%
③ 59%
④ 90%

　1つめの記事の図表を読み取る。運転中のことなので図表右側に注目する。「運転中に携帯電話で話す」という項目は1番上の項目。その行動を危険だと思う運転者の割合は右側の59%だから③が正解。

問3　[23]　正解①

「これらの記事によると，歩きスマホは危険である。[23]。（下のリストから最適な組み合わせ（①～⑥）を選べ）」

A. なぜなら歩行は複雑な行動であるからだ
B. しかし人々はその行動を行う
C. もし運転者が歩行者に気づかないならば
D. したがって禁止されるべきである

　A. は2つめの記事の第2パラグラフ第1文 A University of Buffalo professor said walking is a complex action.「バッファロー大学の教授によると，歩行は複雑な行動である」で述べられている内容。B. は1つめの記事および図表と一致。C. は運転者が歩行者に気づくかどうかはどちらの記事でも述べられていない。be aware of A で「A に気づく」という意味。D. ban は「～を禁止する」という意味。禁止についてはどちらの記事でも述べられていない。したがって正解は① A and B。

問4　[24]　正解④　　[25]　正解⑤

「1つめの記事では，歩きながらスマートフォンを使用する歩行者の何人かは[24]と述べられており，2つめの記事ではメールを書いているときに負傷した人々は[25]と述べられている。（それぞれの空欄に異なる選択肢を選べ）」

① 運転中にもそれらを使う
② きちんと歩く方法を知っている

③ 道路を横断する他の歩行者に気づく
④ 事故に巻き込まれることはないと思っている
⑤ 病院に運ばれた

　1つめの記事の第4パラグラフの最後の文に ... the majority of Americans are taking a careless, 'it won't happen to me' attitude「アメリカ人の大多数が『自分には起こらないだろう』という不注意な態度を取っている」とあり，24 には ④ が入る。get involved で「巻き込まれる」。

　2つめの記事では第2パラグラフ第6文に The professor said over 6,000 people visited his hospital last year because they were injured while texting.「教授によると，メッセージを書いているときに負傷したため昨年は6,000人以上が彼の病院に来たという」とあるので，25 には ⑤ が入る。

問5　26　正解④
　「両方の記事からの情報に基づいて，あなたは宿題のためのレポートを書こうとしている。あなたのレポートのタイトルとして最もふさわしいのは『 26 』だろう」
① ボストンでの交通事故数について
② 歩きスマホの便利な点と不便な点
③ 手にスマートフォンを持って運転するな
④ 歩きスマホはあなたが思っているより危険です

　提示された2つの記事の共通点となる事を選べばよい。① は，どちらの記事にも交通事故の件数については述べられていないので不適当。② はどちらの記事にも歩きスマホの利点は書かれていないので不適当。③ はどちらの記事も運転中のスマホの使用よりも歩きスマホを大きく取り扱っているので不適当。④ については，1つめの記事の第3パラグラフに a majority of pedestrians think it's more important to send a text when they are strolling through the city streets than it is protecting themselves from getting hit by a vehicle.「歩行者の大多数は車両に衝突されることから身を守るより都会の道路を歩いているときにメールを送る方がより大切だと考えている」とあり，これはたいていの人が思っている以上に歩きスマホは危険だということだと考えられる。また，2つめの記事には第2パラグラフに歩きスマホが原因の深刻な症例が記載されていることから，④ が最も適当な選択肢である。

第5問

解答

問1 27 ③　28 ②　29 ④　30 ⑤　31 ①
問2 32 ⑥　問3 33 ④　問4 34 ⑦

全訳

あなたのグループは，以下のウェブサイトからの情報を使って，「障害のある人のためのスポーツの歴史」というタイトルのポスター発表の準備をしている。

　障害を持つアスリートのためのスポーツは100年以上存続しており，聴覚障害のある人のための最初のスポーツクラブは，1888年にベルリンですでに存在していた。
　しかしながら，第2次世界大戦が終わってはじめて広く取り入れられた。当時のその目的は，戦争中に負傷した多数の元兵士や一般市民を手助けすることであった。
　1944年，英国政府の要請により，ルートヴィヒ・グットマン医師がイギリスのストーク・マンデヴィル病院に脊髄損傷センターを設立し，やがてリハビリテーションのスポーツは楽しむためのスポーツに，そして競争するためのスポーツに発展していった。
　1948年7月29日，1948年のロンドンオリンピック競技会の開会式の日に，グットマン医師はストーク・マンデヴィル競技会と名付けた車いすアスリートのための初めての競技会を企画し，これはパラリンピックの歴史の中において画期的な出来事となった。競技会にはアーチェリーを行った16人の負傷した男女の兵士たちが参加した。1952年，オランダ人の元兵士たちがこの動きに加わり，国際ストーク・マンデヴィル競技会が設立された。
　これらの競技会はのちにパラリンピック競技会となる。最初の競技会は1960年にイタリアのローマで開催され，23の国から400人のアスリートが参加した。それ以来，競技会は4年おきに開催されている。1976年には，パラリンピックの歴史で最初の冬季競技会がスウェーデンで開催され，夏季競技会と同様に4年おきに開催されており，パラリンピック開会式とパラリンピック閉会式も行われる。
　1978年には4つの障害者のための国際的なスポーツ団体があったが，パラリンピック競技会に参加できないために独自のゲームを開催する団体もあった。彼らはゲームをまとめる必要性を感じ，1989年9月22日にドイツのデュッセルドルフにおいて国際的な非営利組織として国際パラリンピック委員会（IPC）が設立された。その目的はパラリンピックの活動の世界的な運営組織としての役割を果たすことで

あった。

1988 年の韓国ソウルの夏季競技会と 1992 年のフランスアルベールヴィルの冬季競技会以降，IPC と国際オリンピック委員会（IOC）との間の同意により，パラリンピック競技会もオリンピック競技会と同じ都市同じ会場で行われている。

『パラリンピック』という言葉はギリシャ語の前置詞の『パラ』（横に，並んで）と『オリンピック』という言葉に由来している。それはパラリンピックがオリンピックと並び立つゲームであることを意味し，その両者の活動が並んで存在するということを示している。

障害のある人のためのスポーツの歴史

■ 障害のあるアスリート向けのスポーツはどのように発展したか

年	出来事
1888	聴覚障害者のためのスポーツクラブが存在した
1948	27
1960 年以降	28 ↓ 29 ↓ 30 ↓ 31

■ ルートヴィヒ・グットマン医師について

▶ グットマン医師はストーク・マンデヴィル病院に脊髄損傷センターを設立した。

▶ グットマン医師は多くの点でスポーツの発展に貢献した： 32

■『パラリンピック』という言葉について

▶ 33

■ 国際パラリンピック委員会（IPC）について

▶ 34

第1回　実戦問題　**31**

語句

- □ disability「身体障害」
- □ exist「存在する」
- □ in existence「存在して」
- □ veteran「元兵士，兵役経験者」
- □ wartime「戦時中」
- □ spinal injury「脊髄損傷」
- □ evolve「発展する」
- □ competitive「競争するための」
- □ Olympic Games「オリンピック競技会」
- □ competition「競技会」
- □ milestone「大きな出来事」
- □ Dutch「オランダ人の，オランダの」
- □ Paralympic Games「パラリンピック競技会」
- □ take place「行われる，開催される」
- □ feature「〜を主役にする，〜を出演させる」
- □ as with A「A と同様に」
- □ International Paralympic Committee「国際パラリンピック委員会」
- □ non-profit organization「非営利組織」
- □ governing body「運営組織」
- □ due to A「A のおかげで，A が原因で」
- □ athlete「アスリート」
- □ deaf「聴覚障害のある」
- □ World War Ⅱ「第2次世界大戦」
- □ civilian「一般市民」
- □ government「政府」
- □ rehabilitation「リハビリ」
- □ recreational「楽しむための」
- □ Opening Ceremony「開会式」
- □ organize「〜を企画する，計画する」
- □ wheelchair「車いす」
- □ former「前の，かつての」
- □ found「〜を設立する」
- □ Closing Ceremony「閉会式」
- □ venue「会場」
- □ agreement「同意」

設問解説

問1　| 27 | 正解 ③ | 28 | 正解 ② | 29 | 正解 ④ |
| 30 | 正解 ⑤ | 31 | 正解 ① |

　「あなたのグループのメンバーたちが，障害のあるアスリート向けのスポーツの歴史における重要な出来事をリストアップした。それらの出来事が起きた順に，空欄 27 〜 31 に入れよ」

① アルベールヴィルが冬季オリンピック競技会と冬季パラリンピック競技会の両方の開催地となった

② 最初のパラリンピック競技会はイタリアで開催された

③ 最初のストーク・マンデヴィル競技会は英国で開催された

④ 最初の冬季パラリンピック競技会がスウェーデンで開催された

⑤ オリンピック競技会とパラリンピック競技会が同じ都市であるソウルにて開催された

32

問題文中の order は,「順序」の意味。出来事を,起きた順に並べ替える問題。③→②→④→⑤→①の順となる。①の host は「～を主催する」という意味。

③ 第4パラグラフ第1文「1948年，グットマン医師はストーク・マンデヴィル競技会と名付けた競技会を企画した」

② 第5パラグラフ第1文「最初の競技会は1960年にイタリアのローマで開催された」

④ 第5パラグラフ第3文「1976年に最初の冬季競技会がスウェーデンで開催された」

⑤ 第7パラグラフ「1988年の韓国ソウルの夏季競技会以降，パラリンピック競技会もオリンピック競技会と同じ都市同じ会場で行われている」

① 第7パラグラフ「1992年のフランスアルベールヴィルの冬季競技会以降，パラリンピック競技会もオリンピック競技会と同じ都市同じ会場で行われている」

問2 　32　 **正解⑥**

「ポスターを完成させるのに最も適切な選択肢を選べ（下のリストから最適な組み合わせ（①～⑨）を選べ）」　32

A. グットマン医師は複数の組織を1つの組織に統合した。

B. グットマン医師はオランダ人を巻き込み，ストーク・マンデヴィル競技会を国際的な競技会にした。

C. グットマン医師は車いすアスリート向けの最初の競技会を開いた。

D. グットマン医師は障害のあるアスリートを経済的に支援した。

E. グットマン医師は IOC と同意を得るために努力した。

F. 負傷した人向けの楽しむためのスポーツが競争するためのスポーツに変わった。

A. は第6パラグラフに組織の統合の歴史について書かれているが，これを主導したのはグットマン医師ではない。B. は第4パラグラフ最終文の内容と一致する。C. は第4パラグラフ第1文と一致する。D. はグットマン医師がアスリートを経済的に支援したという記述はない。financially は「金銭的に」という意味。E. は IPC と IOC の同意については第7パラグラフに書かれているが，グットマン医師の努力ではない。F. は第3パラグラフに「楽しむためのスポーツから競争するためのスポーツに発展した」とあるので正解。

したがって，⑥ B, C, and F が正解となる。

第1回 実戦問題 **33**

問3 ┃ 33 ┃ 正解 ④
「┃ 33 ┃ に入れるのに最も適切な選択肢はどれか」
① この言葉はラテン語に由来する。
② IPC と IOC の間に同意があることをその言葉は意味する。
③ 古代ギリシャ以来それがオリンピックと並んで存在してきたことを, その言葉は意味する。
④ パラリンピックがオリンピックと並んで開催されることをその言葉は示している。

┃ 33 ┃ は「『パラリンピック』という言葉について」という項目であることに留意する。
① はラテン語ではなくギリシャ語由来なので不適当。② は第7パラグラフの内容だが,
『パラリンピック』という言葉とは直接関係がないので不適当。③ は「古代ギリシャ」
について本文には記載がないので不適当。④ は第8パラグラフの内容に一致。

問4 ┃ 34 ┃ 正解 ⑦
「ポスターを完成させるのに最も適切な文を選べ。(下のリストから最適な組み合わせ
(① ～ ⑨)を選べ)」┃ 34 ┃
A. 障害のある人向けのすべての組織がグットマン医師に賛成した。
B. 最初の頃は障害のある人すべてがパラリンピック競技会に参加できたわけではなかった。
C. 1989 年になってようやく IPC が作られた。
D. 障害のあるアスリートの国際組織の中には独自に競技会を行う組織もあった。
E. 障害のあるアスリートの中にはパラリンピック競技会に参加したくない人もいた。
F. 組織の中にはパラリンピック競技会に参加することに反対した組織もあった。

　A. 他の組織がグットマン医師に賛成または反対していたかどうかの記述はない。
　B. 第6パラグラフ第1文に「1978 年には4つの障害者のためのスポーツ団体があったが, パラリンピック競技会に参加できないために独自のゲームを開催する団体もあった」とあるので, 本文の内容に一致する。
　C. 1989 年に国際パラリンピック委員会が設立されたことが第6パラグラフに書かれているので本文の内容に一致する。
　D. 第6パラグラフ第1文の内容に一致する。
　E. 第6パラグラフ第1文に「パラリンピックに参加できない人」はいたが, 参加したくない人がいたかどうかは本文に記述がない。
　F. パラリンピック参加に反対する組織があったかどうかについては, 本文に記述はない。oppose to ～で「～に反対する」という意味。
　以上のことから ⑦ B, C, and D が正解となる。

34

第6問

A

解答

| 問1 | 35 | ③ | 問2 | 36 | ① | 問3 | 37 | ④ | 問4 | 38 | ② |

全訳

　あなたは，授業で行われる，オーディオブックと紙の本に関するグループでの発表のための準備をしている。あなたは，以下の記事を見つけた。

オーディオブック VS 紙の本

[1]　オーディオブックは文学にとって有害無益であると主張する人もいるかもしれないが，最近ではオーディオブックがますます使用されており，多数の人にとって非常に便利であるということは否定できない。本を読むこととオーディオブックを聴くことは同じではないし，たとえ内容が全く同じでもその体験は異なる。

[2]　紙の本もオーディオブックも両方に長所と短所があるので，相違点を見てみて，賛成と反対の討論を分析してみよう。

[3]　はじめに，紙の本のすべての長所を見てみよう。あなたは，新しい本のにおいを嗅いで，製本された紙のにおいで良い気持ちになるのが好きなタイプだろうか。それなら，紙の本だけがあなたの好みと合う。

[4]　本の余白にメモを取るのが好きな人にとっては，オーディオブックは全く使いものにならない。自分の考えを書くために別のノートが必要になるだろうし，自分の考えとその考えに至った本の部分とを結びつけるのが難しくなるだろう。一方で，紙の本ならペン1本だけで済む。

[5]　また，紙の本は，聞いたことを思い出すことが得意ではなく視覚的記憶により強い人たちにとってはすばらしいものである。

[6]　しかしながら，いまや紙の本の代替品があるのだから，本を楽しむ伝統的なやり方の短所も見えてくる。その短所とは収納と持ち運びに関係している。あなたが熱心な読者で本をたくさん持っているなら特に，本は通常多くのスペースを占めるからである。

[7]　一方，オーディオブックは，人々が読書を体験する方法を変えてきた。オーディオブックは物語をより生き生きとさせ，より視覚的にさせてきたという人も多く，これは，文章を解釈する経験のあるプロの俳優により文章が読まれるという事実による

第1回　実戦問題　**35**

ものである。彼らはたいてい熱心に本を読み上げ，それによって聴く体験は大いに高まる。

[8]　またオーディオブックは，時間を節約し，同時に複数のことをするのに最適である。通勤中，自宅での家事中，運動中，そして料理中などにお気に入りの作家を聴くことができる。

[9]　オーディオブックのもう1つの長所は，あなたの好みに合わせて情報のペースを調節できることである。自分の理解力に影響を与えることのないくらいに聴くスピードを上げることができ，このことは特に学生やたとえば短期間に膨大な内容を確認したい人などには効果的である。

[10]　さらに，オーディオブックは融通が利き便利である。紙の本だと，持ち歩き，座って読める静かな場所を見つけ，読んでいるものを理解するために完全にその世界にいなくてはならない。オーディオブックだと，携帯電話，iPodに入れてポケットで持ち歩くことができ，それはつまりどこにいてもアクセスすることができるということだ。いつでもどこでもイヤホンを差して，前回止めたところを選んで，物語を楽しむことができる。

[11]　最後になるが大切なことは，オーディオブックは環境にやさしく，また通常使用するすべてのデジタル機器から目を離し休憩できるので心地よいということだ。

[12]　オーディオブックの短所といえば2点だけ挙げられる。楽しむためには技術が必要であることと，気が散ってナレーションの一部を容易に聞き逃すことがあるということだ。

語句

☐ presentation「プレゼンテーション，発表」

☐ audiobook「オーディオブック」　　☐ paper book「紙の本」

☐ argue「〜と主張する」

☐ do more harm than good to A「Aにとって有害無益である」

☐ there is no denying that「〜であることは否定できない」

☐ in this day and age「最近では，現代では」

☐ increasingly「ますます」　　　☐ incredibly「非常に」

☐ identical「全く同じ」　　　　☐ advantage「長所」

☐ disadvantage「短所」

☐ have a look at A「Aを見る，少しAを見る」

☐ analyze「〜を分析する」　　☐ for and against「賛成と反対」

☐ for starters「まずはじめに」　　☐ sniff「〜のにおいを嗅ぐ」

- [ ] get high on A「A にいい気分になる」
- [ ] smell「におい」
- [ ] bind（過去分詞形は bound）「～を製本する」
- [ ] taste「好み」
- [ ] margin「余白」
- [ ] of no use「使い物にならない」
- [ ] separate「別の」
- [ ] thought「考え」
- [ ] lead to A「A につながる，A の原因となる」
- [ ] meanwhile「その一方で」
- [ ] good at Ving「V するのがうまい」
- [ ] visual memory「視覚的記憶」
- [ ] alternative「代替品」
- [ ] link to A「A に関係する」
- [ ] storage「収納」
- [ ] transportation「移動，持ち運び」
- [ ] take up「占める」
- [ ] passionate「情熱的な，熱心な」
- [ ] own「～を所有する」
- [ ] on the other hand「一方」
- [ ] alive「生き生きとして」
- [ ] text「文章」
- [ ] interpret「～を解釈する」
- [ ] narrate「～を読み上げる，ナレーションをする」
- [ ] with enthusiasm「熱心に」
- [ ] improve「～をよくする，改善する」
- [ ] save time「時間を節約する」
- [ ] multitask「同時に複数のことをする」
- [ ] commute「通勤する」
- [ ] do chores「家事をする」
- [ ] exercise「運動する」
- [ ] pace「ペースを合わせる」
- [ ] liking「好み」
- [ ] affect「～に影響を与える」
- [ ] comprehension「理解」
- [ ] effective「効果的な」
- [ ] for instance「たとえば」
- [ ] go through「～を調べる，確認する」
- [ ] additionally「さらに」
- [ ] flexible「融通が利く」
- [ ] fully「完全に」
- [ ] present「そこにいる」
- [ ] accessible「アクセス可能な」
- [ ] plug「～を差し込む」
- [ ] earphone「イヤホン」
- [ ] pick up「選ぶ」
- [ ] leave off「やめる」
- [ ] regardless of ～「～にかかわらず」
- [ ] last but not least「最後になるが重要なのは」
- [ ] environment-friendly「環境にやさしい」
- [ ] comfortable「心地よい」
- [ ] break「休憩」
- [ ] digital device「デジタル機器」
- [ ] as for A「A に関しては」
- [ ] name「～を挙げる」
- [ ] technology「技術」
- [ ] get distracted「気が散る」
- [ ] narration「ナレーション，物語ること」

第1回 実戦問題 *37*

設問解説

問1　35　正解③

「記事によると，筆者は紙の本は　35　人たちに向いていると述べている」

① 家で本をしまう十分なスペースがない
② 読む本の内容を理解するのにより熱心な
③ 聴くことよりも見ることの方がより記憶する傾向にある
④ 部屋を掃除したり食事を料理しながら本を読みたい

設問文の suitable for A は「A に向いている」という意味。③ は第5パラグラフ Paper books are also great for those who are not good at remembering what they hear and have better visual memory.「また，紙の本は，聞いたことを思い出すことが得意ではなく視覚的記憶により強い人たちにとってはすばらしいものである」と一致する。① と ④ はオーディオブックが向いている人たちの特徴。② は本文に記述がない。

問2　36　正解①

「記事によると，オーディオブックの長所の1つは　36　ことである」

① どこにいても簡単にオーディオブックが楽しめる
② 機械のにおいを嗅ぐことができる
③ 技術について何の知識も必要ない
④ ナレーションの一部を聞き逃すことはほとんどない

第10パラグラフ第3文に ... which means they are accessible wherever you are.「それはつまりどこにいてもアクセスすることができるということだ」とあるので，① と一致する。③ と ④ は反対の内容がオーディオブックにあてはまる。

問3　37　正解④

「第7パラグラフで，筆者はおそらく　37　を述べるためにプロの俳優について言及していると思われる」

① オーディオブックによりリスナーがまるで俳優かのように感じること
② 俳優とリスナーが本について異なる認識を持っていること
③ 彼らによるナレーションによりリスナーがさらに熱心になること
④ オーディオブックの物語は彼らによって生き生きとさせられていること

第7パラグラフ第2文に, Many say that audiobooks have made the stories more alive, more visual, and this is due to the fact that the text is read by professional actors with experience in interpreting text. 「オーディオブックは物語をより生き生きとさせ, より視覚的にさせてきたという人も多く, これは, 文章を解釈する経験のあるプロの俳優により文章が読まれるという事実によるものである」とある。

問題文の likely は「おそらく」という意味の副詞で, 普通 very, more, most などを伴う。選択肢 ① の feel like 〜 は「〜のように感じる」という意味。

問4 　38 　正解 ②

「以下の文のうち, この記事の目的はどれか」 38

① 次世代のためにすべての紙の本をオーディオブックに移行するよう人々に奨励すること。

② 選択する前に紙の本とオーディオブックの賛成反対の討論を人々に知らせること。

③ 紙の本の長所と短所を人々に理解させること。

④ オーディオブックの長所を示し, 推奨すること。

第2パラグラフに Both paper books and audiobooks have advantages and disadvantages, so let's have a look at the differences and analyze the discussion for and against. 「紙の本もオーディオブックも両方に長所と短所があるので, 相違点を見てみて, 賛成と反対の討論を分析してみよう」とある。したがって, 両方の長所と短所を知って合う方を選ぼうというのがこの記事の目的だとわかる。③ は紙の本, ④ はオーディオブックにしか触れていないので不適切。

B

第1回　実戦問題　**39**

第1回

解答

問1　39　③　　問2　40　②　　問3　41 ・ 42　② ・ ③
問4　43　②

全訳

　あなたは，世界の人口について学習している。あなたは，どのように世界の人口が増えたかを理解するため，以下の記事を読もうとしている。

　現生人類は約 20 万年前にアフリカで進化し，約 10 万年前に地球の別の場所に移住し始めた。我々の最も古い祖先は，生きるために食べ物の狩猟や採集に頼っていた。1 つの地域の野生生物で支えることができたのは，限られた時間だけ，ほんの限られた人数だけであった。

　そして，ほんの 1 万 2,000 年前，いくつかの文化は狩猟と採集から農業に移行した。人間は，自分たちの食料供給を制御できる最初で唯一の種となった。文明は大きくなり，人口も増えた。約 2,000 年前，世界の推定人口は 1 億 7,000 万人であった。歴史の中でその時点で最も大きな文明はローマ帝国と中国の漢王朝であった。そのあとの 1,700 年は，帝国の成長と征服，そして地球規模の航海と探検が特徴であった。しかしまだ生死についての科学やほとんどの病気の予防と治療の方法を人々は理解してはいなかった。その結果，たくさんの子供は小さいうちに亡くなった。世界の人口はゆっくりではあるが増えてゆき，1500 年頃には約 5 億人，1804 年までには 10 億人になった。

　1700 年代後半までには，世界は産業革命というヨーロッパと北米の歴史の時代に入り，この時期に科学と技術において飛躍的な進歩があった。産業革命は，蒸気エンジンの発明と電気の使用をもたらした。この時期，より長い寿命を促進する発明も多くあった。その発明には，農業，栄養学，医学，衛生の改善があった。そのとき，人々はかつて致命的であった細菌と戦い，より多くのより異なる種類の食べ物を作り，より多くの病気を治せるようになった。まもなく，これらの新しい発見と発明は世界中に広がり，特に子供の死亡率を下げ，人々の生活の質を改善した。

　ここであなたは，死亡率が下がっていた一方，出生率はどうなっていたかと思っているかもしれない。ヨーロッパと北米では，産業革命によって最終的には人々はより少ない数の子供を持つようになった。なぜならその時により多くの人が都市に引っ越していたからだ。綿繰り機や小麦脱穀機のような新しい農業機械により，より少ない労働者でより少ない時間でより多くの穀物を収穫できるようになった。同時に，産業

40

化により，成長しつづける都市において工場や会社でより多くの仕事が創出された。しかし，世界のほとんどの地域ではまだ産業化されておらず，土地を耕作するために大人数の家族がまだ必要であったため，出生率は死亡率より高いままであった。

　人口は急速に増加し始めた。1927年までには，世界の人口は20億人と2倍になった（たった123年で）。1974年までには再び2倍の40億人となった（たった48年で）。より最近では，人口増加率は減ってきているが，人口はまだ着実に増えており，約12〜13年ごとに10億人ずつ増えている。

語句

- □ population「人口」
- □ evolve「進化する」
- □ globe「地球」
- □ rely on A「Aに頼る」
- □ gathering「採集」
- □ wildlife「野生生物」
- □ shift from A to B「AからBに移行する」
- □ species「種」
- □ civilization「文明」
- □ the Roman Empire「ローマ帝国」
- □ marked by A「Aを特徴とする」
- □ navigation「航海」
- □ yet to V「いまだVされない」
- □ treat「〜を治療する」
- □ die young「若くして死ぬ」
- □ late「後半」
- □ Industrial Revolution「産業革命」
- □ significant advance「飛躍的な進歩」
- □ steam engine「蒸気エンジン」
- □ promote「〜を促進する」
- □ nutrition「栄養学」
- □ sanitation「衛生」
- □ germ「細菌」
- □ illness「病気」
- □ discovery「発見」

- □ modern human「現生人類」
- □ migrate to A「Aへ移住する」
- □ ancestor「祖先」
- □ hunting「狩猟」
- □ a finite number「限られた数」
- □ a limited amount of time「限られた時間」
- □ food supply「食料供給」
- □ estimated「推定の」
- □ the Han Dynasty「漢王朝」
- □ conquest「征服」
- □ exploration「探検」
- □ prevent「〜を予防する」
- □ as a result「その結果」
- □ reach「〜に到達する」
- □ embark on A「Aに乗り出す」
- □ period「期間，時期」
- □ invention「発明」
- □ electricity「電気」
- □ farming「農業」
- □ medicine「医学」
- □ once-deadly「かつては致命的な」
- □ cure「〜を治す」
- □ before long「まもなく」
- □ lower「〜を下げる，低くする」

- □ death rate「死亡率」
- □ birth rate「出生率」
- □ move to A「Aに引っ越す」
- □ cotton gin「綿繰り機」
- □ allow A to V「AにVすることを認める」
- □ harvest「〜を収穫する」
- □ at the same time「同時に」
- □ farm「〜を耕作する」
- □ double「2倍になる」
- □ quality of life「生活の質」
- □ eventually「最終的に」
- □ farm machinery「農業機械」
- □ wheat thresher「小麦脱穀機」
- □ laborer「労働者」
- □ factory「工場」
- □ rapidly「急速に」
- □ steadily「着実に」

設問解説

問1　39　正解③

「約1万2,000年前に生きていた人間は，39　ので人口を増やすことができた」

① すべての人間が食べられるだけの野生生物がアフリカで供給可能であった
② アフリカの人間はヨーロッパや中国など地球の他の場所に引っ越し始めた
③ 人間は狩猟や採集に加えて農業に頼り，食料供給を制御し始めた
④ ローマ帝国は十分に強かったのでヨーロッパと中国のいたるところに広がりつづけた

　正解は③。約1万2,000年前については第2パラグラフの第1〜2文に「農業に移行し」，「食料供給を制御」するようになったとある。第3文に「人口も増えた」とあるので第1〜2文がその理由であるとわかる。
　なお，選択肢①の feed は「〜に食べ物を与える」という意味。

問2　40　正解②

「以下の4つのグラフの中で，状況を最もよく表現しているのはどれか」　40

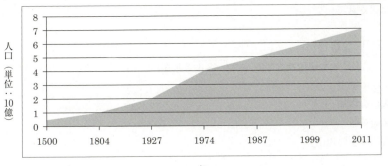

42

illustrate は「～を表現する，表す」の意味。

① は，1974 年から 1999 年までの増加の仕方が間違い。

③ は，最初の 1500 年の人口が 10 億人となっているので間違い。

④ は，1804 年および 1927 年の人口が間違い。

よって，正解は ②。

問3 　41 ・ 42 　正解 ② ・ ③

「記事によると，以下のうち産業革命の影響について述べているのはどの 2 つか。(2 つの選択肢を選べ。順不同で良い)」 41 ・ 42

① 家族は子供の数がより少なくなり，世界中で出生率が下がった。

② ヨーロッパと北アメリカでは，生まれる子供がより少なくなった。

③ 長寿を促進するたくさんのものが発明された。

④ たくさんの発明のおかげで出生率は高くなった。

⑤ ヨーロッパの人口は電気の使用により増えた。

① 第 4 パラグラフ第 2 文に「ヨーロッパと北米では，産業革命によって最終的には人々はより少ない数の子供を持つようになった」とあるが，出生率が下がったのは世界中の話ではないので不適当。また，第 4 パラグラフ最終文に「世界中では～出生率は高いまま」とあり，ここからも不適当だとわかる。

② 第 4 パラグラフ第 2 文に「ヨーロッパと北米では，産業革命によって最終的には人々はより少ない数の子供を持つようになった」とあるので正しい。

③ 第 3 パラグラフ第 3 文に，「より長い寿命を促進する発明も多くあった」とあるので正しい。

④ 第 3 パラグラフ最終文で，「これらの新しい発見と発明は世界中に広がり，特に子供の死亡率を下げ」と述べているが，出生率が高くなったとは述べられていない。

⑤ 第 3 パラグラフに「電気の使用」は言及されているが，それと人口についての関係性は書かれていない。

問4 　43 　正解 ②

「この記事に最も適切なタイトルは 43 である」

① 文明の歴史

② 人口の増加

③ 産業革命

④ 人口減少の理由

第1回　実戦問題　**43**

　現生人類がアフリカで進化してからどのような出来事により人口が増えていったかが述べられている記事なので②「人口の増加」が適切である。

　①と③はそれぞれについて記事中に言及はあるが，記事全体の内容ではなくタイトルとしてはふさわしくない。④の decline は「減少」という意味。人口減少については言及されていない。

第2回　実戦問題　**45**

第 2 回　実戦問題

解答一覧

(100 点満点)

問題番号(配点)	設問		解答番号	正解	配点	自己採点欄
第1問 (10)	A	1	1	④	2	
		2	2	①	2	
	B	1	3	③	2	
		2	4	③	2	
		3	5	①	2	
小　計						
第2問 (20)	A	1	6	④	2	
		2	7	①	2	
		3	8	④	2	
		4	9	①	2	
		5	10	④	2	
	B	1	11	④	2	
		2	12	③	2	
		3	13	③	2	
		4	14	④	2	
		5	15	②	2	
小　計						
第3問 (10)	A	1	16	②	2	
		2	17	②	2	
	B	1	18	③	2	
		2	19	③	2	
		3	20	④	2	
小　計						

問題番号(配点)	設問	解答番号	正解	配点	自己採点欄
第4問 (16)	1	21	①	3	
	2	22	①	3	
	3	23	⑤	4	
	4	24	⑤	3 *1	
		25	②		
	5	26	②	3	
小　計					
第5問 (20)	1	27	④	5 *1	
		28	⑤		
		29	③		
		30	②		
		31	①		
	2	32	②	5	
	3	33	③	5	
	4	34	④	5	
小　計					
第6問 (24)	A	1	35	④	3	
		2	36	③	3	
		3	37	②	3	
		4	38	④	3	
	B	1	39	①	3	
		2	40	②	3	
		3	41 － 42	④ － ⑤	3 *1	
		4	43	②	3	
小　計					
合　計					

(注)
1　＊1は，全部正解の場合のみ点を与える。
2　－（ハイフン）でつながれた正解は，順序を問わない。

46

第1問

A

解答

| 問1 | 1 | ④ | 問2 | 2 | ① |

全訳

あなたは以下の情報を，イギリスのある市のウェブサイトで見つけた。

あなたの子供たちをインフルエンザから守りましょう

　インフルエンザは，咳やくしゃみによって拡散する，ありふれた伝染性の病気です。もしあなたが健康な成人ならば，大抵，約1週間以内で良くなり始めます。しかし，小さなお子さんの場合，インフルエンザは危険になる可能性があります。

　あなたの子供たちを守る最も良い方法は，インフルエンザの予防接種を受けることです。あなたが当市にお住まいであれば，無料です！　私たちは，2歳から12歳の子供を持つ親御さんたちに，自分の子供たちに予防接種を受けさせることを推奨しています。子供用のインフルエンザ予防接種は，素早く簡単な鼻へのスプレーです。

　2歳から6歳のお子さんは，かかりつけ医を通じて，鼻スプレーワクチンが手に入ります。学校に行っているお子さんたちは，学校を通じてスプレーを手に入れることになります。このインフルエンザ予防接種は，インフルエンザのウィルスに対して私たちが持っている，最良の防御です。

語句

□ following「以下の」
□ protect「～を守る」
□ common「一般的な，ありふれた」
□ illness「病気」
□ sneeze「くしゃみ」
□ can「～かもしれない」
□ free「無料の」
□ encourage A to V「A が V することを勧める」
□ vaccinate「～に予防接種をする」
□ have A vaccinated「A に予防接種を受けさせる」

□ the U.K. = the United Kingdom「イギリス」
□ flu = influenza「インフルエンザ」
□ infectious「伝染性の」
□ cough「咳」
□ begin to V「V し始める」
□ vaccination「予防接種」

第2回　実戦問題　*47*

□ spray「スプレー」　　　　　　□ available「手に入れられる」
□ through「～を通して，～を通じて」
□ family doctor「かかりつけ医」　□ protection「防御」

設問解説

問1　□1□　**正解④**

　「このウェブサイトでは，□1□はインフルエンザの予防接種を受けることが推奨されている」

① 全ての成人

② 2歳未満の子供たち

③ 小さい子供のいる親たち

④ 小さい子供たち

　正解は④。第2パラグラフの第3文に「私たちは，2歳から12歳の子供を持つ親御さんたちに，自分の子供たちに予防接種を受けさせることを推奨しています」とある。設問文の It は仮主語で，that 以下の部分が意味上の主語。また，recommend「～を勧める」を使って本文中の encourage を言い換えている。

問2　□2□　**正解①**

　「予防接種を受けるためには，その市に住んでいる生徒たちは□2□」

① お金を払う必要はない

② かかりつけ医のところへ診察してもらいに行かなければならない

③ 12歳を超えていなければならない

④ 6歳未満でなければならない

　第2パラグラフの第1・2文から，この市に住んでいる親が自分の子供たちにインフルエンザの予防接種を受けさせる場合，無料であることがわかる。よって，正解は①。なお，see the doctor という言い方は，文字通りには「医者に会う」だが，要するに「医者に診察してもらう」ということを表す表現で，②の go and see their family doctor は，「かかりつけ医に診察してもらいに行く」という意味になる。第3パラグラフ第2文より，生徒たちは学校で予防接種が受けられるのだから，かかりつけ医のところへ行く必要はない。

48

B

解答

| 問1 | 3 | ③ | 問2 | 4 | ③ | 問3 | 5 | ① |

全訳

あなたは市立博物館のウェブサイトを訪れ，以下の告知を見つけた。

土曜日のワークショップ

毎週土曜日，南沢市立博物館は，来館者の皆さまに特別講習会を提供しています。

・**石器作り**

古代の人々がどのようにして，石から道具を作ったのか学んでください。自分専用のナイフを手作りしてみましょう！

所要時間：15 ～ 30 分

料金：無料

・**折り紙**

1枚の紙から，いろいろな物を作ってください！　花や動物，それとも恐竜を作ってみたいですか？　経験のある講師たちが，何でもあなたの好きな物を作るお手伝いをします。

所要時間：10 ～ 60 分

料金：無料

・**料理**

毎月，あなたはいろいろな種類の食べ物の作り方を学ぶことができます。今月は，韓国料理店「プサン」の料理長の李さんが，ビビンバの作り方をあなたに教えてくれます。事前予約が必要です。講習は，午前 11 時に始まります。

所要時間：2時間

料金：1,000 円

・**うちわ作り**

紙と竹から自分専用のうちわ（伝統的な日本の扇）を作って，暑い夏に備えましょう！

所要時間：20 ～ 30 分

料金：500 円

第2回　実戦問題　**49**

スケジュール

6月1日	石器作り
6月8日	折り紙
6月15日	韓国料理作り
6月22日	うちわ作り
6月29日	折り紙

●特に指示のない限り，事前予約は必要ありません。

第2回

語句

- □ notice「告知」
- □ offer「～を提供する」
- □ make A by hand「A を手作りする」
- □ own「自分自身の」
- □ fee「料金」
- □ different「いろいろな」
- □ dinosaur「恐竜」
- □ instructor「インストラクター，講師」
- □ whatever「どんな物でも」
- □ bibimbap「ビビンバ」
- □ booking「予約」
- □ prepare for「～に備える」
- □ bamboo「竹」
- □ otherwise「そうでなく」
- □ workshop「ワークショップ，講習会」
- □ ancient「古代の」
- □ duration「所要時間」
- □ free「無料の」
- □ object「物」
- □ experienced「経験のある」
- □ chef「シェフ，料理長」
- □ advance「事前の」
- □ required「必要とされている」
- □ fan「扇，扇子，うちわ」
- □ unless「～でない限り」
- □ state「（～ということを）提示する，述べる」
- □ unless otherwise stated「特に指示のない限り」

設問解説

問1 　3　　**正解 ③**

「この告知の目的は，　3　　ことである」

① ある博物館の営業時間を知らせる
② 講習会のための講師を見つける
③ **行事に参加するよう人々を招待する**
④ 人々に韓国料理の作り方を教える

50

最初に「毎週土曜日，南沢市立博物館は，来館者の皆さまに特別講習会を提供しています」と述べられているので ③ が正解。なお，① の announce は「〜を知らせる」，opening hours は「営業時間（何時から何時まで開いているか）」の意味。

問2 　4　 正解 ③

「料理の講習会に参加するには，あなたは 　4　 必要がある」

① 自分用のナイフ，スプーン，箸を持ってくる
② 正午までにその博物館に来る
③ 事前に予約をする
④ 料金の 500 円を払う

join は「〜に参加する」の意味。Cooking の第 3 文に Advance booking is required. 「事前予約が必要です」とあるので，③ が正解。開始は 11 時なので正午に来るのでは間に合わないし，料金は 1,000 円なので，② と ④ は間違い。また，① のようなことは述べられていない。

問3 　5　 正解 ①

「以下のうちで正しいのはどれか」 　5　

① プログラムの 1 つに，プロの料理人が来る予定である。
② 1 つを除いて全てのプログラムが無料である。
③ 6 月の最終週には，行事は予定されていない。
④ 1 日に 2 つの異なるプログラムに参加することが可能である。

料理の講習会に，韓国料理店の料理長が来ると述べられているので ① が正解。② は〈料理〉と〈うちわ作り〉が有料なので不適当。③ と ④ は Schedule を確認すれば不適当だとわかる。② all 〜 but ...は「…を除く全ての〜」。③ be scheduled for は「〜に予定されている」。④ participate in は「〜に参加する」。

第2回　実戦問題　**51**

第2問

A

解答

問1　6　④　問2　7　①　問3　8　④　問4　9　①
問5　10　④

第2回

全訳

　あなたはアメリカ合衆国東部のある都市に行く予定で，訪れる場所を見つけようとしている。以下は，訪れた人たちによって書かれた，いくつかの博物館のレビューである。

市立歴史博物館

★★★★☆　キャシー（3週間前）

もしあなたが，南北戦争の時代に興味があるなら，これは見逃せません。音声や映像を駆使した戦闘の展示は，本当に素晴らしいです。私の唯一の不満は，高い入館料です（15ドル）。お金を節約したければ，木曜の午後5時以降に来るという手があります。無料になります！（閉館は午後8時）

市立美術館

★★★★★　キャロル（2週間前）

18世紀・19世紀のアメリカの画家たちによる絵画の，申し分のないコレクション。はるばるシアトルからやって来て，良かったです！　2人のキュレーターの方たちによるギャラリートークも気に入りました。2〜3年後にまた来たいです。

★★☆☆☆　ケン（2カ月前）

浮世絵のコレクションを除けば，大して見るものはない。主に力点が置かれているのは地元画家たちによる絵画のようだが，私が知っている人は1人もいなかった。私のような日本美術のファンでなければ，訪れる価値はない。

52

市立自然科学博物館

★★★★★　ジェフ（5日前）
この博物館を訪れるのは，これで5回目。ここのキュレーターさんたちの機知や知識には，いつも感心させられます。毎日午後1時スタートのガイドツアーに参加することを，強くお勧めします。その日のテーマが何であれ，とても気に入るでしょう。

語句

- □ review「レビュー，批評」
- □ must-see「是非見るべき物」
- □ exhibit「展示」
- □ entrance fee「入館料」
- □ art museum「美術館」
- □ collection「コレクション，（ジャンルごとに分けられた）収蔵品」
- □ artist「芸術家，画家」
- □ gallery talk「ギャラリートーク，美術館で行われる講演会」
- □ curator「キュレーター，学芸員」
- □ there is not so much to V「V すべきものは大してない」
- □ focus「焦点，力点」
- □ unless「～でなければ」
- □ wit「ウィット，機知，知力」
- □ theme「テーマ」
- □ the Civil War「南北戦争」
- □ audio-visual「視聴覚の」
- □ complaint「不満」
- □ save「～を節約する」
- □ all the way from「～からはるばる」
- □ worth「～に値する」
- □ *be* impressed with「～に感心する」
- □ whatever「何であれ」

設問解説

問1　6　正解④

「キャロルの意見は　6　」

① あまり好意的でない
② ケンの意見に似ている
③ やや否定的である
④ **とても好意的である**

　キャロルは「申し分のないコレクション」，「はるばるシアトルからやって来て，良かった」，「ギャラリートークも気に入った」，「2～3年後にまた来たい」と，大絶賛しており，星5つの評価をしている。ケンの評価は低めなので，②は不正解。

第2回　実戦問題　**53**

問2 ┃ 7 ┃ 正解 ①

「キュレーターたちは ┃ 7 ┃ によって賞賛されている」

① キャロルとジェフ
② キャシーとキャロル
③ キャシーとケン
④ ケンとジェフ

　キャロルは第3文で，ジェフは第2文で，それぞれキュレーター（学芸員）に言及しており，どちらも賞賛している。よって，① が正解。

問3 ┃ 8 ┃ 正解 ④

「もしあなたが ┃ 8 ┃ ならば，市立美術館を訪れる可能性が最も高い」

① シアトルから来ている
② 15ドル支払う気がある
③ 浮世絵についてほとんど知らない
④ 19世紀のアメリカの画家たちが好きである

　キャロルのレビューの第1文で，「18世紀・19世紀のアメリカの画家たちによる絵画の，申し分のないコレクション（がある）」と述べられているので ④ が正解。① は市立美術館を絶賛しているキャロルがたまたまシアトルから来たというだけで，シアトルから来たことが市立美術館を訪れる理由にはならない。② *be* willing to V は「V する意欲がある」という意味。15ドルという入館料について言及があるのは，市立歴史博物館。③ は日本美術のファンでないなら訪問する価値はないとケンが述べているので不適切。

問4 ┃ 9 ┃ 正解 ①

「レビューに基づいて考えると，以下のうちで**事実**（意見でなく）はどれか」 ┃ 9 ┃

① 市立自然科学博物館では，午後1時にガイドツアーがスタートする。
② 市立美術館は訪れる価値がない。
③ 市立美術館は訪れる価値がある。
④ 市立歴史博物館の入館料は高い。

　ジェフのレビューの第3文から，市立自然科学博物館では毎日午後1時にスタートするガイドツアーがあることがわかる。他の時間に始まるガイドツアーもあるかもしれないが，午後1時にスタートするガイドツアーがあるという事実に変わりはないので正解

は①。②、③は意見としてはありうるが、事実とは言えない。同様に④も、キャシーが市立歴史博物館の入館料を高いと言っているが、それは意見であり、客観的事実とは言えない。

問5 　10　 正解④

「レビューに基づいて考えると、以下のうちで**意見**（事実でなく）はどれか」　10

① 市立美術館で、ケンは浮世絵を2枚以上見た。
② 市立歴史博物館では、木曜の午後5時以降は入館料を払う必要はない。
③ 市立歴史博物館では、映像や音声を駆使した展示を見ることができる。
④ あなたは、市立自然科学博物館のガイドツアーをとても気に入るだろう。

　午後1時にスタートする市立自然科学博物館のガイドツアーをとても気に入るだろう、というのは客観的事実ではなく、ジェフの意見。全く気に入らない、あるいは大して気に入らない可能性もある。①〜③はいずれも事実であって、意見ではない。

第2回　実戦問題　**55**

B

解答

問1 11 ④　問2 12 ③　問3 13 ③　問4 14 ④
問5 15 ②

第2回

全訳

　あなたの英語の先生があなたに，次回の授業のディベートの準備をするのに役立つ記事をくれた。以下に示されているのは，この記事の一部と，それに対するコメントの1つである。

高校は午前10時に始まるべきである

ジェームズ・ハル，ロンドン
2018年12月11日・午後8:07

　オックスフォード大学の睡眠の専門家であるポール・ケリー教授によると，イギリスの若者は1週間に，平均10時間の睡眠を失っている。この問題を正すため，彼は高校が早い時間に始業するのをやめるべきだと主張している。ケリーは，16歳の人たちは午前10時にスタートするべきだと言う。ほとんどの学生たちは，この取り決めをとても気に入るだろう。

　我々は体内に，「概日リズム」と呼ばれるものを持っており，この自然のリズムを無視することは，深刻な結果につながる可能性がある。我々は，極度の疲労を感じるかもしれない。不安感を持つかもしれない。太ってしまうことさえありうる。高校生たちにとって，朝2，3時間遅くスタートすることは，自然なことなのだとケリーは言う。

　健康上の問題を抱えているということは，学業成績を下げることになりえる。もしイギリス中の学校が新しい始業時刻を採用するならば，一般中等教育修了証（GCSE）試験のスコアは約10パーセント上がるだろうと，ケリーは主張している。

　もし学生たちがより健康でより賢くなるなら，我々は真剣にその変更を検討するべきだろう。実際，ケリーと彼の同僚たちは，試行を計画している。ケリーは，それは100校が参加する，この種の研究で最大のものになると述べている。

---

10 個のコメント

最新

大杉メグミ　2018 年 12 月 28 日・午後 5:14

ケリー教授の主張は，私には非常に説得力がある。私は高校生だが，学校で，特に午前中，眠気を感じている。しかし，この午前 10 時という始業時刻は，日本では上手くいかないかもしれない。日本人の多くが，放課後のクラブ活動に取り組んでおり，下校は午後 6 時頃である。もし学校が始まるのが 10 時になれば，クラブ活動の時間は非常に短くなるだろう。そのような取り決めは，あまり人気にはならないと思う。

語句

- □ prepare for A「A の準備をする」
- □ debate「ディベート，（賛成・反対の 2 組に分かれて行う）討論会」
- □ correct「是正する，正す」　　□ insist「〜を主張する」
- □ arrangement「取り決め」
- □ circadian rhythm「概日リズム，24 時間周期のリズム」
- □ ignore「〜を無視する」　　□ lead to A「A につながる」
- □ serious「重大な，深刻な」　　□ exhausted「非常に疲れた」
- □ anxiety「不安」　　□ academic「学校の」
- □ academic performance「学業成績」　　□ adopt「〜を採用する」
- □ GCSE「一般中等教育修了証［試験］」　　□ consider「〜を検討する」
- □ trial「試行，トライアル」　　□ participation「参加」
- □ argument「主張」　　□ work well「上手くいく」
- □ engage in A「A に従事する，A に取り組む」
- □ after-school「放課後の」

設問解説

問 1 　 11 　正解 ④

　「概日リズムを無視することの結果として，言及されて**いない**のは何か」 11

① 不安

② 学業成績の低下

③ 極度の疲労

④ **体重の減少**

第2回　実戦問題　**57**

①は第2パラグラフ第3文に，②は第3パラグラフ第1文に，③は第2パラグラフ第2文に言及があるが，④については述べられていない。第2パラグラフ第4文に，「太ってしまうことさえありうる」と，体重の減少とは逆の結果が書かれている。

問2　12　正解③

「あなたのチームは，『日本の高校は朝の10時に始まるべきである』というディベートのトピックに賛成する。記事の中で，あなたのチームの役に立つ1つの<u>意見</u>（事実でなく）は，12　というものである」

① 概日リズムを無視することは，重大な結果につながるかもしれない
② 睡眠不足は学生たちの学業成績に悪影響を与えうる
③ ほとんどの学生たちは，この取り決めをとても気に入るだろう
④ 我々は，体内に概日リズムを持っている

①，②，④は，意見ではなく事実。③は事実かどうか不明で，記事の書き手のハルの意見だと考えられる。内容的に正しいものを選べ，という問題ではないので注意。

問3　13　正解③

「もう一方のチームは，ディベートのトピックに反対する。記事の中で，その反対するチームの役に立つ1つの<u>意見</u>（事実でなく）は，13　というものである」

① 多くの高校生が，クラブ活動に取り組んでいる
② ケリー教授と彼の同僚たちは，試行を計画している
③ そのような取り決めは，あまり人気にはならないだろう
④ イギリスの若い人々は，睡眠時間を失い続けている

①，②，④は，意見ではなく事実だと考えられる。③はメグミのコメント欄に書かれている意見であって，事実ではない。問2と問3は，正反対の内容が正解になるが「意見」を問う問題なのでこういうこともある。

問4　14　正解④

「第2パラグラフの中の <u>serious</u> という単語は，14　に最も意味が近い」

① 重要な
② 冗談でない
③ くだらなくない
④ 非常に悪い

直後に,「我々は,極度の疲労を感じるかもしれない。不安感を持つかもしれない。太ってしまうことさえありうる」と述べていることから,ここでは serious が「非常に悪い」という意味で使われているとわかる。serious には,「真剣な」という意味の他に,「重大な」「深刻な」などの意味もある。

問5　15　正解②
　「彼女のコメントによるとメグミは, 15 」
① 午後は眠くならない
② 遅い始業時刻が,日本で現実的かどうか疑っている
③ ケリー教授の主張は間違っていると思っている
④ 通常,午後6時頃帰途につく

　メグミは,クラブ活動の時間が非常に短くなってしまうという理由を挙げ,始業時刻を遅くすることの,日本での実現性に疑いをかけているので②が正解。①第2文で,「学校で,特に午前中,眠気を感じている」と言っているが,午後は眠くならないとは言っていない。③第1文で,「ケリー教授の主張は,私には非常に説得力がある」と言っている。convincing は「説得力がある」という意味。④第4文で,「日本人の多くが,放課後のクラブ活動に取り組んでおり,下校は午後6時頃である」と言っているが,自分もそうであるとは言っていない。

第３問

A

解答

問1 | 16 | ②　問2 | 17 | ②

全訳

あなたは，あなたの学校の女子生徒によって書かれたブログで，以下の話を見つけた。

弟とのピクニック
5月12日　日曜日

　弟の巧と小高山に行きました。母も一緒に，母の車で行くことになっていたのですが，朝，母の体調が良くなかったのです。巧と私は，母を家に残してバスで行くことにしました。
　私たちは午前9時に家を出ました。そしてバスは私たちを，10時10分前にその山の麓に運んでくれました。小高山はそれほど高くはありません。私たちは急ぎませんでしたが，1時間20分後に頂上に到着しました。曇っていましたが，それでも私たちは，美しい景色を楽しむことができました。私たちは，私が今朝作ったおにぎりを食べました。巧はそれを，おいしいと言いました。
　正午に，下山を開始しました。帰りは，駐車場に戻る必要がないので，別のルートをとりました。60分後，私たちは小高北バス停に着きました。
　午後2時半くらいに家に帰った時，母は眠っていました。父が，私たちにコーヒーを淹れてくれました。ほどなく母が起きて，具合は良くなったと言いました。母が来ることができなくて残念でしたが，今は元気になったので私は嬉しいです。

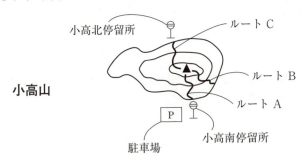

60

語句

□ *be* supposed to V「Vすることになっている」

□ leave「~を残す,~を出発する」　　□ take A to B「AをBに連れていく」

□ foot「麓」　　　　　　　　　　　　□ hurry「急ぐ」

□ summit「頂上」　　　　　　　　　　□ still「それでも」

□ scenery「景色」　　　　　　　　　　□ rice ball「おにぎり」

□ way back「帰り道」　　　　　　　　□ car park「駐車場」

設問解説

問1　16　正解②

「著者と彼女の弟は　16　をとった」

① 登りはルートA,下りはルートB

② 登りはルートA,下りはルートC

③ 登りはルートB,下りはルートA

④ 登りはルートB,下りはルートC

⑤ 登りはルートC,下りはルートA

⑥ 登りはルートC,下りはルートB

　第3パラグラフ第2文で,「帰りは,駐車場に戻る必要がないので,別のルートをとりました」と述べていることから,帰りは駐車場のないバス停に出るルートBかCをとったのだろうと推察できる。第3文で,「60分後,私たちは小高北バス停に着きました」と言っていることから,登りはルートA,下りはルートCだったとわかる。

問2　17　正解②

「彼らは午前　17　に頂上に着いた」

① 11:00

② 11:10

③ 11:20

④ 11:30

　麓に着いたのが10時10分前(9時50分)。それから1時間20分後に着いたのだから,②の11時10分が正解。

B

第2回 実戦問題 **61**

第2回

解答

問1 `18` ③ 問2 `19` ③ 問3 `20` ④

全訳

あなたは雑誌の中で，以下の話を見つけた。

ヘミングウェイと私

山仲亮子（小説家）

　私は小説を読むのが本当に大好きな子供でした。小学校に入学した時，私の将来の夢は小説家になることでした。両親の仕事のため，私たち家族は私が12歳の時，故郷の福岡を離れてイリノイ州のシカゴに引っ越しました。アーネスト・ヘミングウェイ生誕の地が郊外にあると知った私は，彼に興味を持つようになりました。私は将来，彼のようになりたいと思いました。ほどなく私は，短編小説を書き始めました。

　6年後，私はフロリダ州キーウェストに引っ越しました。私がその町を選んだのは，そこが，ヘミングウェイが最後の8年間を過ごした場所だったからです。私はそこの大学で，アメリカ文学を専攻しました。私の将来の夢は，依然として小説家になることでした。もちろん，文学の学位を得れば小説家になれるというわけではありません。卒業後，私はアメリカの新聞社のジャーナリストとして，東京で働き始めました。ヘミングウェイは，小説家になる前，ジャーナリストでした。彼はヨーロッパにいた時の経験を書いて，ベストセラー作家になりました。じゃあ，私にできない理由があるだろうかと考えました。

　その後20年間，私はジャーナリストとして働きました。それは，忙しい仕事でした。小説を書くための時間を確保することはできませんでした。私は子供時代の夢を，ほぼ諦めていました。そんな時，私は自動車事故にあったのです。病院のベッドの上で私は，ヘミングウェイは第1次大戦中に大怪我をして，アメリカに送り返されていたことを思い出しました。彼はその後，小説家になった…。幸いにも，私は手を動かすことはできました。私は再び，小説を書き始めました。

　45歳にして，私の最初の小説が出版されました。これまで5冊の小説を書いてきましたが，幸運なことに，それら全てが好評を得ています。私がヘミングウェイのような文学界の巨匠になることは決してないでしょうが，少なくとも，子供の頃からの夢は叶ったのです。

62

語句

□ future ambition「未来の野心，将来の夢」

□ novelist「小説家」　　　　　　　□ move to A「A に引っ越す」

□ Ernest Hemingway「アーネスト・ヘミングウェイ（アメリカのノーベル賞作家）」

□ birthplace「生誕の地」　　　　　□ suburb「郊外の地区」

□ come to V「V するようになる」　□ short story「短い話，短編小説」

□ major in A「A を専攻する」　　　□ literature「文学」

□ degree「学位」　　　　　　　　□ graduation「卒業」

□ best-selling author「ベストセラー作家」

□ afford「〈時間など〉を持つ余裕がある」

□ give up「〜を諦める」　　　　　□ be in an accident「事故にあう」

□ heavily「ひどく」　　　　　　　□ publish「〜を出版する」

□ so far「これまでのところ」　　　□ favorably「好意的に」

□ accept「〜を受け入れる」　　　　□ master「巨匠」

□ be fulfilled「叶う，実現する」

設問解説

問1　　18　　正解 ③

「著者は，以下の順序で場所から場所へと移動した：　18　」

① シカゴ→福岡→キーウェスト→東京

② シカゴ→福岡→東京→キーウェスト

③ 福岡→シカゴ→キーウェスト→東京

④ 福岡→シカゴ→東京→キーウェスト

　　第1パラグラフ第3文で，親の仕事の都合で福岡からシカゴに移り，第2パラグラフ第1文で，シカゴからキーウェストに移動したとわかる。同じパラグラフの第6文で，キーウェストの大学を卒業した後，東京で働き始めたとわかる。

問2　　19　　正解 ③

「著者は　19　にいる時に，物語を書き始めた」

① フロリダ

② 福岡

③ イリノイ

④ 東京

第2回　実戦問題　**63**

　　第1パラグラフの最終文に,「ほどなく私は, 短編小説を書き始めました」とあるが,
これは家族でイリノイ州のシカゴに引っ越した後で, フロリダ州のキーウェストに引っ
越す前のことなので, ③のイリノイが正解。

問3　20　正解④

　　「著者は　20　ため, 自分の夢をほとんど諦めていた」

①　文学の学位を得ることができなかった
②　ヘミングウェイのようになることはできないだろうと自覚した
③　事故に巻き込まれた
④　ジャーナリストとしてあまりにも忙しかった

　　第3パラグラフ第1〜4文から, ジャーナリストの仕事が忙しく, 新しい小説を書く
時間が取れず, 子供の頃の夢をほぼ諦めていたことがわかる。よって, 正解は④。*be
busy Ving* は「Vするのに忙しい」の意味。本文の almost を設問文では nearly と言
い換えているが, どちらも「Vしそうだ」ということで, 実際にはまだVしていない
ことを示す。

64

第 4 問

解答

問1 [21] ① 問2 [22] ① 問3 [23] ⑤
問4 [24] ⑤ [25] ② 問5 [26] ②

全訳

あなたは，人々の睡眠習慣に関するリサーチをしている。あなたは，2つの記事を見つけた。

世界の人々はどのくらい長く寝ているのか？　　　　　　　　　　　　キム
2018 年 7 月

　世界中で，1970 年代以来，人々が毎晩とる睡眠の量が着実に減り続けている。多くの人々は，テクノロジーの進歩がその減少に影響を与えてきたと信じている。というのは，それが，しばしば私たちの睡眠を乱すからだ。下のグラフは，5つの国の男性と女性の平均睡眠時間を示している。

　そのグラフで1つ目を引く点は，中国の人々の睡眠時間の長さだ。小さな子供を除けば，私の周りに1日9時間より長く眠る人は誰もいない。どうやったら彼らは，そんなにも長く眠ることができるのだろう？　1つの可能性のある説明は，中国では第1次産業で働いている人々の比率がとても高い（27.0%）ということだ。国際労働機関（ILO）の統計によると，他の国々のそれは，1.4%（アメリカ）から3.4%（日本）の間である。肉体労働をしている人は，より多くの睡眠が必要なのかもしれない。

　日本は，中国に対して著しい対照を示している。日本人男性は，中国人男性より1時間8分寝ている時間が短く，日本人女性は，中国人女性より1時間28分寝ている時間が短い。もし全ての日本人女性が7時間36分より長く寝ているのなら，大したことではないかもしれない。しかし，この「7時間36分」というのは平均値であり，それはつまり，日本人女性の多くは毎日7時間も眠っていないということを意味するのだ。人によっては，それで十分かもしれないが，他の多くの人たちには，長期的に見て，問題を引き起こす可能性がある。日本人，特に日本人女性は，もっと眠る必要があるだろう。

　私の国の人々は，上手くやっているようだ。男性も女性も，平均して8時間半よりも少し多く寝ている。これは，非常に適切であるように私には思える。

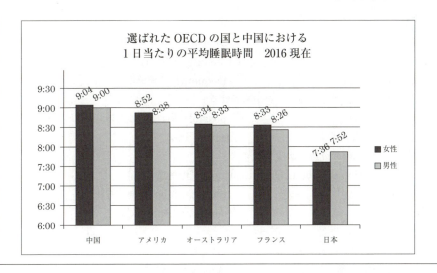

「世界の人々はどのくらい長く寝ているのか？」に対する意見　　　井藤芳実

2018年8月

　キムさんが指摘しているように，日本は短い睡眠時間の問題に対処しなければならない。しかし，それで全てではない。グラフが示しているように，我が国の女性は男性より16分睡眠時間が短い。私たちは，性差の問題にも取り組まなければならない。
　1つ私がここで指摘しておきたいのは，日本人男性は女性より，家事に費やす時間がずっと少ないということだ。OECDのデータによれば，2011年，女性は1日に3時間45分を家事（家族の世話と日常的家事）に使ったのに対し，男性はわずか31分しか使っていない。フルタイムで働いている妻が家事のほとんどをもやっているというのを見掛けることもよくある。悲しむべき事実は，家事は女性によってなされなければならないと本気で信じている男性が，未だに多くいるということである。私たちは，彼らのこのような考え方を改めさせるところから始めなければならないのかもしれない。
　私の見たところ，2つのことは確かである。第一に，多くの日本人は，十分な睡眠をとっていない。第二に，我が国の多くの女性が，重い負担のせいで睡眠時間を削ることを余儀なくされている。今，私たちがするべきことは，これらの問題に速やかに対処することである。

66

語句

- □ habit「習慣」
- □ globe「地球」
- □ rise「進歩，向上」
- □ disrupt「～を混乱させる，～を中断させる」
- □ noticeable「目を引く」
- □ explanation「説明」
- □ primary industry「第一次産業」
- □ the International Labour Organization「国際労働機関」
- □ statistics「統計」
- □ marked「著しい」
- □ big deal「大事」
- □ in the long run「長期的に見ると，長い目で見て」
- □ appropriate「適切な」
- □ OECD = Organization for Economic Co-operation and Development「経済協力開発機構」
- □ mention「言及する，指摘する」
- □ address「～に取り組む」
- □ gender gap「性差，ジェンダーギャップ」
- □ point out「指摘する」
- □ force「～に強いる」
- □ burden「負荷」

- □ article「記事」
- □ steadily「着実に」
- □ frequently「頻繁に」

- □ possible「可能性のある」
- □ ratio「比率」

- □ physical labor「肉体労働」
- □ contrast「対照，対比」

- □ selected「選ばれた」

- □ deal with A「A に対処する」
- □ issue「問題」

- □ routine「日常的な」
- □ cut down on「～を削減する」
- □ right away「今すぐに」

設問解説

問1 | 21 | 正解 ①

「キム（1つ目の記事の著者）は，| 21 | と考えている」

① 人がどのくらい眠るべきかは，その人の仕事によって変わる
② 人は長く寝すぎると，長期的に見て病気になるかもしれない
③ 彼女の国の人は，もっと眠るべきだ
④ 日本では，性差が問題である

　第2パラグラフで，中国の人々の睡眠時間が長いのは，第1次産業従事者の比率が高いから，という説明が成り立つかもしれないと述べている。②のような記述はない。③は，最終パラグラフの内容に矛盾。④は，井藤芳実の意見で，キムの意見ではない。

第2回　実戦問題　**67**

問2　22　正解 ①

「キムは　22　出身である」

① **オーストラリア**

② 中国

③ フランス

④ アメリカ

　　最終パラグラフで，「私の国の人々は，上手くやっているようだ。男性も女性も，平均して8時間半よりも少し多く寝ている」と述べている。グラフを見て，グラフから，男女とも8時間半より少し長く寝ている国を選べばよい。① のオーストラリアが正解。

問3　23　正解 ⑤

「井藤芳実によると，　23　。（下のリストから最適な組み合わせ（① 〜 ⑥）を選べ）」

A．　中国の人々は，日本の人々よりも長く寝るべき十分な理由がある

B．　**2011年に日本人男性は，平均して1日に約30分家事をした**

C．　日本人女性は平均して毎日3時間以上家の外で仕事をしている

D．　**多くの日本人男性が，家事をするべきなのは女性だと考えている**

　　A．中国人が長く寝る理由に言及しているのはキムなので不適当。have a good reason to V は，「Vする十分な理由がある」の意味。B．第2パラグラフ第2文「OECDのデータによれば，2011年，女性は1日に3時間45分を家事（家族の世話と日常的家事）に使ったのに対し，男性はわずか31分しか使っていない」に一致。C．家事を3時間45分していたとは述べられているが，家の外での労働時間には言及がないので不適当。D．第2パラグラフ第4文「悲しむべき事実は，家事は女性によってなされなければならないと本気で信じている男性が，未だに多くいるということである」に一致。したがって正解は ⑤ B and D となる。

問4　24　正解 ⑤　　25　正解 ②

「キムは　24　について述べており，井藤芳実は　25　に言及している。（それぞれの空欄に異なる選択肢を選べ）」

① 第2次産業に従事している人々

② **彼女の国が抱えている問題**

③ 中国の平均年収

④ アメリカにおける性差

⑤ **2つの国の間の大きなギャップ**

キムは，中国人と日本人の睡眠時間の差が大きいことについて，第2・第3パラグラフで述べているので，24 には⑤が入る。

井藤芳実は，日本人の睡眠時間の短さと，日本における性差の問題に言及しているので，25 には②が入る。

問5 　26 　正解②

「両方の記事からの情報に基づいて，あなたは宿題のためのレポートを書こうとしている。あなたのレポートのタイトルとして最もふさわしいのは『 26 』だろう」

① 　健康になるために睡眠時間を削りなさい

② 　日本人女性はより多くの睡眠を必要としている

③ 　睡眠不足と事故の関係

④ 　なぜ女性はより長く眠るのか？

キムは第3パラグラフで，井藤芳実は全てのパラグラフで，日本人女性の睡眠が不足していることに言及しているので②が正解。他の選択肢は本文に言及がない。

第5問

> 解答
>
>
> 問1 27 ④ 28 ⑤ 29 ③ 30 ② 31 ①
> 問2 32 ② 問3 33 ③ 問4 34 ④

> 全訳

あなたのグループは，以下の雑誌記事からの情報を使って，「最も偉大なバロック音楽の作曲家」というタイトルのポスター発表の準備をしている。

　バロック時代の最も偉大な2人の作曲家は，ジョージ・フリデリック・ヘンデルと，ヨハン・セバスティアン・バッハであろう。ヘンデルは，ブランデンブルク＝プロイセン領（現在はドイツ）のハレで，1685年に生まれた。偉大な音楽家の家系に生まれたバッハと異なり，ヘンデルの父親は外科医だった。

　ヘンデルは非常に幼い頃から，楽器の演奏で秀でた才能を見せていた。彼は，ハレ教区の教会でオルガニストをしていたフリードリヒ・ヴィルヘルム・ツァホウから，ハープシコード，バイオリン，オルガンを習った。ツァホウはヘンデルの類いまれな才能に気付き，彼に体系的に音楽の様々な様式を学ばせた。彼はまたヘンデルに，作曲を教えた。ヘンデルは，9歳で作曲を始めたと言われている。

　1702年，ヘンデルは，ハレにあるカルヴァン派の大聖堂のオルガニストになった。給料は良かったが，契約はわずか1年だった。翌年，彼はハンブルクに移った。彼は，ハンブルク歌劇場のオーケストラに，バイオリンとハープシコードの演奏家として雇われた。1705年，彼の初めてのオペラである『アルミーラ』が上演された。ハンブルクで彼は，さらに3つのオペラを制作した。彼は，気鋭のオペラ作曲家として認識された。

　1706年，オペラに強い興味を持っていたジャン・ガストーネ・デ・メディチは，ヘンデルをイタリアに招待した。ヘンデル初の全編イタリア語のオペラ『ロドリーゴ』は，1707年にフィレンツェで上演された。1709年には，彼は別のオペラ作品である『アグリッピーナ』をヴェネツィアで上演した。それは大成功作となり，27夜連続で上演された。イタリアではまた，彼は『復活』や『時と悟りの勝利』などのオラトリオも作曲した。オラトリオとは，聖書の中の物語に基づく，歌手とオーケストラのための，物語形式の音楽作品である。

　ヘンデルは1712年にイングランドに渡り，永久にそこに住むことに決めた。（1727年には，国籍を変更した。）1713年，彼は女王アンのために『ユトレヒト・テ・デウム』

と『ユビラーテ』を作曲し，毎年200ポンドが与えられることになった。1717年には，管弦楽組曲『水上の音楽』がテムズ川の上で，国王ジョージ1世のために演奏された。大変な感銘を受けた王は，3回繰り返して演奏させた。

1720年，王立音楽アカデミーが設立された。ヘンデルは，『ジュリオ・チェーザレ（ジュリアス・シーザー)』，『タメルラーノ』，『ロデリンダ』などの傑出したオペラを書いた。1728年，そのアカデミーは機能を停止したが，間もなくヘンデルは新しいカンパニーをスタートさせ，そのために，いくつかの大当たりのオペラを書いた。1737年，ヘンデルは脳卒中を発症し，右手の4本の指が動かなくなった。彼が再び演奏できるようになるとは誰も期待しなかったが，奇跡的に，1年も経たないうちに，彼は演奏と作曲を再開した。

ヘンデルは1733年，彼にとって初の英語のオラトリオである『アタリア』を作曲した。1741年，彼は第3代デヴォンシャー伯爵によって，アイルランドの首都ダブリンに，地元の病院のためのチャリティーコンサートを行うために招かれた。翌年，彼のオラトリオ『メサイア』は，ダブリンで初演された。彼は1741年にオペラ事業から撤退したが，オラトリオで大成功を収めた。今日でさえ，ヘンデルの『メサイア』は演奏され，世界中の人々によって愛されている。

1752年，ヘンデルは完全に視力を失い，作曲をやめた。それでも，音楽の演奏は続けた。1759年，彼は74歳で亡くなった。彼の葬儀には，3,000人を超える人々が参列した。

最も偉大なバロック音楽の作曲家

■ ジョージ・フリデリック・ヘンデルの生涯

時期	出来事
1680年代	ヘンデルは子供時代をハレで過ごした
1690年代	27
1700年代以降	28 ↓ 29 ↓ 30 ↓ 31

第2回　実戦問題　*71*

■ ドイツを去った後
- ▶ イタリアで，ヘンデルは 32 として大成功を収めた。
- ▶ イングランドで，ヘンデルは 33 。

■ あまり知られていない事実
いくつかの，ヘンデルに関するトリビア： 34

第2回

語句

☐ poster presentation「ポスター発表」（ポスターを使って行う研究発表）
☐ entitled「〜と題する」　　☐ Baroque「バロック音楽の，バロック様式の」
☐ George Frideric Handel「ジョージ・フリデリック・ヘンデル」（ドイツ語では Georg Friedrich Händel「ゲオルク・フリードリヒ・ヘンデル」）
☐ Brandenburg-Prussia「ブランデンブルク＝プロイセン」（現在はドイツの一部）
☐ surgeon「外科医」　　☐ exceptional「尋常でない，秀でた」
☐ talent「才能」　　☐ instrument「楽器」
☐ harpsichord「ハープシコード，チェンバロ」（ピアノの前身の鍵盤楽器）
☐ parish「教会の教区」　　☐ recognize「〜に気付く，〜を認識する」
☐ extraordinary「並外れた，類いまれな」
☐ systematically「体系的に」
☐ introduce A to B「A を B に紹介する，A を B に経験させる」
☐ composition「作曲」　　☐ compose「作曲する」
☐ Calvinist「カルヴァン派の」　　☐ cathedral「大聖堂」
☐ wage「給料」　　☐ contract「契約」
☐ hire「〜を雇う」
☐ the Hamburg Oper am Gänsemarkt「ハンブルク歌劇場」（Oper = opera，am = at [on] the　ゲンゼンマルクトは広場の名前で，劇場はそのすぐ側にある）
☐ produce「〜を上演する，〜を作り出す」
☐ brilliant「〈才能などが〉素晴らしい」
☐ keen「熱心な，強い」　　☐ all-Italian「全編イタリア語の」
☐ turn out to be 〜「結局〜となる」　　☐ successively「連続して」
☐ oratorio「オラトリオ」　　☐ narrative「物語形式の」
☐ work「作品」　　☐ permanently「永久に」
☐ grant「〜を授与する」　　☐ orchestral suite「管弦楽組曲」
☐ perform「〜を演奏する」　　☐ command「〜を命じる」

72

- □ Royal Academy of Music「王立音楽院，王立音楽アカデミー」
- □ outstanding「傑出した」 □ cease「〜を停止する」
- □ function「機能する」 □ company「カンパニー，一座」
- □ successful「成功した，大当たりの」
- □ suffer「〈病気など〉を患う」 □ stroke「脳卒中」
- □ disable「〜を動かなくする」 □ miraculously「奇跡的に」
- □ the Third Duke of Devonshire「第3代デヴォンシャー伯爵（1737〜1744年にアイルランドの総督を務めていた)」
- □ enjoy success「成功を収める」 □ eyesight「視力」
- □ still「それでも」 □ funeral「葬儀」
- □ trivial fact「トリビア，些細な事実」

設問解説

問1 | 27 | 正解④ | 28 | 正解⑤ | 29 | 正解③
     | 30 | 正解② | 31 | 正解①

「あなたのグループのメンバーたちが，ヘンデルの人生における重要な出来事をリストアップした。それらの出来事が起きた順に，空欄 | 27 | 〜 | 31 | に入れよ」

① ヘンデルは，ダブリンで『メサイア』の初演を行った
② ヘンデルは，国王ジョージ1世のために『水上の音楽』を演奏した
③ ヘンデルは，彼の初めての全編イタリア語のオペラを上演した
④ ヘンデルは，曲を書き始めた
⑤ ヘンデルは，カルヴァン派の大聖堂に雇われた

設問文中の order は，「順序」の意味。出来事を，起きた順に並べ替える問題。④→⑤→③→②→①の順となる。

④ 第2パラグラフ最終文「ヘンデルは，9歳で（＝1694年か1695年）作曲を始めたと言われている」
⑤ 第3パラグラフ第1文「1702年，ヘンデルは，ハレにあるカルヴァン派の大聖堂のオルガニストになった」
③ 第4パラグラフ第2文「ヘンデル初の全編イタリア語のオペラ『ロドリーゴ』は，1707年にフィレンツェで上演された」
② 第5パラグラフ第4文「1717年には，管弦楽組曲『水上の音楽』がテムズ川の上で，国王ジョージ1世のために演奏された」
① 第7パラグラフ第3文「翌年（＝1742年），彼のオラトリオ『メサイア』はダブリンで初演された」

第2回 実戦問題 **73**

問2 　32　 正解 ②

「 32 に最も適切な選択肢を選べ」

「▶イタリアで，ヘンデルは 32 として大成功を収めた」

① バイオリニスト

② **オペラの作曲家**

③ オラトリオの作曲家

④ オルガニスト

　イタリアでの活動について書かれているのは第4パラグラフ。上演したオペラ『アグリッピーナ』が大成功したと述べられている。オラトリオの作曲をしたことも書かれているが，大成功したとは書かれていない。

問3 　33　 正解 ③

「 33 に最も適切な選択肢を選べ」

「▶イングランドで，ヘンデルは 33 」

① 亡くなるまでオペラを書き続けた

② 主に管弦楽組曲を書いた

③ **活動の中心をオペラからオラトリオに移した**

④ 作曲家としてよりもオルガニストとして成功した

　第7パラグラフ（最後から2番目のパラグラフ）第4文に，「彼は1741年にオペラ事業から撤退したが，オラトリオで大成功を収めた」とある。

問4 　34　 正解 ④

「ポスターを完成させるのに最も適切な文を選べ。（下のリストから最適な組み合わせ（①～⑨）を選べ）」 34

A. **ヘンデルは，視力を失った後，作曲をするのをやめた。**

B. **1703年，ヘンデルはハンブルク歌劇場に作曲家としては雇われなかった。**

C. ヘンデルは，彼の最初のオラトリオをイングランドで書いた。

D. **ヘンデルの父は，音楽家ではなかった。**

E. 第3代デヴォンシャー伯爵が，ヘンデルをイングランドに招いた。

F. 『水上の音楽』は初め，女王アンのために作曲された。

　A. 最終パラグラフ第1文「1752年，ヘンデルは完全に視力を失い，作曲をやめた」に一致。

74

　B. 第3パラグラフ第4文「彼は，ハンブルク歌劇場のオーケストラに，バイオリンとハープシコードの演奏家として雇われた」に一致。

　C. 第4パラグラフ第5文「イタリアではまた，彼は『復活』や『時と悟りの勝利』などのオラトリオも作曲した」に矛盾。イングランドに行く前，イタリアにいる時には既に書いている。

　D. 第1パラグラフ最終文「偉大な音楽家の家系に生まれたバッハと異なり，ヘンデルの父親は外科医だった」に一致。

　E. 第7パラグラフ第2文「1741年，彼は第3代デヴォンシャー伯爵によって，アイルランドの首都ダブリンに，地元の病院のためのチャリティーコンサートを行うために招かれた」に矛盾。第3代デヴォンシャー伯爵はイングランドにいたヘンデルをアイルランドに招いた。

　F. 第5パラグラフに，『ユトレヒト・テ・デウム』と『ユビラーテ』が女王アンのために作曲されたとは述べられているが，『水上の音楽』が女王アンのために作曲されたとは述べられていない。

　よって，④ A, B, and D が正解となる。

第2回　実戦問題　**75**

第6問

A
解答

| 問1 | 35 | ④ | 問2 | 36 | ③ | 問3 | 37 | ② | 問4 | 38 | ④ |

第2回

全訳

　あなたは，授業で行われる，魚の養殖に関するグループでの発表のための準備をしている。あなたは，以下の記事を見つけた。

サケ養殖に革命を起こそうとしている埼玉の企業

[1]　日本は，海の豊かな資源によって周りを囲まれた島国であるかもしれないが，ビジネスマンの十河哲朗（そごうてつろう）は，その国で最も愛されている寿司ネタ用の魚の1つである，サケを育てるために，内陸に目を向けている。東京の近くの山間部で，水槽の中の灰色のサケたちは，餌の獲得競争で，素早い動きを見せている。それは実験の一部で，FRDジャパン社のCOO（最高執行責任者）である十河は，将来，費用対効果の高い，内陸でのサケの養殖が可能となり，日本人が寿司用に，国産の魚を買うことができるようになることを望んでいる。「私たちは高品質のサケを，どこでも簡単に入手できるようになるでしょう」と，十河は述べた。

[2]　世界中で消費されるサケの過半数は，天然物でなく養殖であり，そして，その水産養殖市場はノルウェーによって支配されている。ノルウェーは，年間130万トンを生産しているのだ。海での養殖は，その魚を育てる最も一般的な方法であるが，複雑なものなのである。海は適切な水温，セ氏20度未満である必要があり，強い波や海流のない場所だけが適している — 通常は，入り江や湾ということになる。内陸でのサケ養殖はしばしば，水槽をきれいに保つために大量の水や電気を必要とする，非現実的で高くつく事業となるのである。

[3]　世界自然保護基金によれば，そのことが1980年代以降の需要の爆発的増加を止めることはなく，アメリカ，ロシア，ヨーロッパ，日本が皆，その魚の豊かなピンク色の肉のことで大騒ぎしている。「供給が増える需要に追い付いていないんですよ」と，海から50キロ（31マイル）離れた埼玉県内の彼の実験施設で，十河は言った。典型的な「サラリーマン」のようにスーツを着て — 白のゴム長靴を除いて — 十河は，我が子を見つめるかのように，慎重にその魚たちを観察している。「より多くのサケを生産するためには新しい方法が必要だと，私たちは考えたのです」と，彼は説明した。

76

[4]　その会社が行うプロセスには，2つの段階がある。最初に，人工的に作った海の塩を加えることによって，水道水が海水に変えられる。これが，水道水がある場所ならどこでも，養殖のプロセスを始めることを可能にしている。第2段階では，バクテリアを利用する特許技術で水を浄化し，魚たちが作り出したアンモニアを消滅させる。これは，多くのエネルギーを消費する浄化システムが不要だということを意味する。「もし利益が出せれば，私たちは，この種の陸上で行うサケ養殖で，世界初の成功例になるでしょう」と十河は言った。

[5]　そのプロセスは，下水処理システムのために十河の会社で開発された技術から生まれた。2008年，その会社は，画期的なバクテリアの技術を開発し，そしてその技術は，次の年までに東京のある水族館で使われていた。その時，十河は，それがサケ養殖のために使えることに気付いた。

[6]　十河はいつの日か，日本がノルウェーの生産量を追い越すことを，そしてその技術をアジアの他国の消費者たちへ輸出することを願っている。「恐らく，アジアの市場は日本の市場よりも大きくなるでしょう」と，十河は言った。「私たちはそこへ，（技術の輸出によって）新鮮なサケを届ける可能性を見据えているのです」

[7]　昨年（2017年）の試験運用では，都内の大手スーパーへの販売用に，1トンのサケが生産された。十河は現在，より大きな試験用施設を7月までに千葉で稼働状態にし，年間30トンを生産しようと計画している。その会社は2020年までに，寿司ネタに使えるサケを1,500トン生産する能力を持つ，商業ベースの工場を作ることを目標としている。

語句

□ presentation「プレゼンテーション，発表」
□ fish farming「魚養殖」
□ carry A out「A を実行する」
□ revolution「革命」
□ richness「（天然資源などの）豊かさ」
□ inland「内陸，内陸の，内陸に」
□ tank「水槽」
□ experiment「実験」
□ chief operating officer「COO，最高執行責任者」
□ one day「いつの日か，将来」
□ homegrown「国産の，地元産の」
□ consume「〜を消費する」

□ seek to V「V しようとする」
□ salmon-farming「サケ養殖」
□ surround「〜を囲む」
□ mountainous「山地の，山の多い」
□ fight for A「A を求めて戦う」
□ cost-effective「費用対効果の高い」
□ majority「大多数，過半数」
□ worldwide「世界中で」

第2回 実戦問題 77

- □ wild「天然の，野生の」
- □ dominate「〜を支配する」
- □ common「一般的な」
- □ right「適切な」
- □ current「流れ」
- □ inlet「入り江」
- □ impractical「現実的でない」
- □ require「〜を必要とする」
- □ stop A from Ving「A が V するのを妨げる［止める］」
- □ demand「需要」
- □ fuss「大騒ぎする」
- □ World Wildlife Fund「WWF，世界自然保護基金」
- □ supply「供給」
- □ facility「施設」
- □ typical「典型的な」
- □ rubber boots「（複数形）ゴム長靴」
- □ monitor「〜を監視する，〜を観察する」
- □ process「工程，プロセス」
- □ tap water「水道水」
- □ artificial「人工の」
- □ available「入手可能な」
- □ involve「〜を参加させる」
- □ ammonia「アンモニア」
- □ energy-consuming「多くのエネルギーを消費する」
- □ successful「成功した」
- □ land-based「陸上に基盤を置いた」
- □ sewage disposal system「下水処理システム」
- □ breakthrough「大発明の，画期的な」
- □ aquarium「水族館」
- □ overtake「〜を追い越す」
- □ be likely to V「おそらく V するだろう」
- □ test run「テストラン，試験運用」
- □ pilot「試験用の，実験用の」
- □ aim for A「A を目指す」
- □ plant「工場」

- □ aquaculture「水産養殖」
- □ produce「〜を生産する」
- □ complicated「複雑な」
- □ Celsius「セ氏」
- □ suitable「適している」
- □ bay「湾」
- □ venture「企て，事業」

- □ explode「爆発する，爆発的に増加する」
- □ flesh「肉」

- □ catch up with「〜に追い付く」
- □ dress「〜に服を着せる」
- □ except for「〜を除いて」

- □ stage「段階，ステージ」
- □ convert A into B「A を B に変える」
- □ set up「〜を設置する，〜を開始する」
- □ patented「特許を取得した」
- □ consume「〜を摂取する，食べる」

- □ case「事例，ケース」
- □ turn a profit「利益を出す」

- □ realize「〜に気付く」
- □ production「生産（量）」

- □ major「大手の」
- □ up and running「活動中の」
- □ commercial「商業ベースの」
- □ capable of Ving「V する能力のある」

第2回

78

□ ready「準備のできた」

設問解説

問1 　35　　**正解 ④**

「記事によると，サケ養殖について正しく**ない**のはどれか」　35

① 内陸の養殖で，利益を出すのは簡単ではない。

② 世界で消費されるサケの半分以上は，養殖から来ている。

③ ノルウェーが，世界市場をリードしている。

④ 水をきれいに保つため，強い波が必要である。

　①は第2パラグラフ最後の一文に「内陸でのサケ養殖はしばしば，水槽をきれいに保つために大量の水や電気を必要とする，非現実的で高くつく事業となるのである」とあり，本文の内容に一致。

　②と③は第2パラグラフ第1文に「世界中で消費されるサケの過半数は，天然物でなく養殖であり，そして，その水産養殖市場はノルウェーによって支配されている」とあり，本文の内容に一致。

　④は第2パラグラフ第3文に，「強い波や海流のない場所だけが適している」とあり，本文の内容と一致しない。よって，④を選ぶ。

問2 　36　　**正解 ③**

「記事によると，十河の養魚場で特別なことは何か」　36

① 水道水でなく，温泉水が使われている。

② アジアのいくつかの国で，商業的に成功した。

③ 従来型の内陸の養魚場よりも，使われる電気が少ない。

④ 太平洋から塩水が運ばれてくる。

　選択肢中の hot spring water は「温泉水」，conventional は「伝統的な，従来型の」の意味。

　③は第4パラグラフ第3文に，「これは，多くのエネルギーを消費する浄化システムが不要だということを意味する」とあり，バクテリアの利用でエネルギー消費を抑えることができるようになったのが画期的なのだとわかる。

問3 　37　　**正解 ②**

「記事によると，その会社のバクテリア技術について正しく**ない**のはどれか」　37

① 東京のある水族館が，2009 年までに使用を開始した。

② 水中からバクテリアを除去するために使われる。

③ 将来，他国に輸出されるかもしれない。

④ 最初は下水処理のために開発された。

① は第5パラグラフ第2文に「2008年，その会社は，画期的なバクテリアの技術を開発し，そしてその技術は，次の年までに東京のある水族館で使われていた」とあり，本文の内容と一致する。

② は第4パラグラフ第3文に，「バクテリアを利用する特許技術で水を浄化し，魚たちが作り出したアンモニアを消滅させる」とあり，バクテリアを除去するのでなく，バクテリアを利用して水を浄化するのだとわかる。よって本文の内容に一致しない。

③ は第6パラグラフの内容と一致する。

④ は第5パラグラフ第1文「そのプロセスは，下水処理システムのために十河の会社で開発された技術から生まれた」と内容が一致する。

問4　　38　　正解 ④

「以下の文のうちで，記事を最も良く要約しているのはどれか」 38

① 海でのサケ養殖は複雑だが，内陸でのサケ養殖は，より難しい。

② 世界のサケに対する需要は，非常に急速に増大し続けてきている。

③ 新しい千葉の養魚場は，埼玉のよりもずっと大きい。

④ 新しい日本の技術が，サケが養殖される方法に革命的変化をもたらすかもしれない。

revolutionize は，「～に革命的変化をもたらす」という意味。① は，第2パラグラフに，② は第3パラグラフに，③ は最終パラグラフに，それぞれ述べられている内容でどれも事実だが，全体の要約になっているとは言えない。

④ は本文全体の内容として最も適切である。

80

B

解答

問1	39	①	問2	40	②
問3	41 · 42	④ · ⑤			
問4	43	②			

全訳

　あなたは，メディア広告について学習している。あなたは，日本で何が起きているのかを理解するため，以下の記事を読もうとしている。

　インターネット広告の重要性は，非常に急速に増大している。2018 年には，1 兆7,589 億円ものお金が，このメディアに支払われた。近い将来インターネットは，広告のためのメディアとして，テレビを追い抜くだろうと予想されている。

　2008 年，インターネット広告の売り上げはずっと小さく，6,983 億円だった。同じ年，新聞広告の売り上げは，8,276 億円だった。2008 年まで，新聞はテレビに次ぐ第 2 位の地位を保っていた。しかし翌年，リーマン・ブラザーズの破綻によって引き起こされた経済危機が主な理由で，その売り上げは 6,739 億円に下がった。その一方，インターネットの数値はわずかに上昇して，7,069 億円だった。新聞広告はそれ以来，地盤を失い続けてきた。2018 年には，その額は 4,784 億円に縮小した。

　この減少の穴埋めをするため，新聞社はインターネットに進出している。新聞社は自分たち自身のウェブサイトを持ち，そこでは我々は，限られた数の記事を無料で読むことができる。新聞社は，そこに広告を載せることで，いくらかのお金を稼いでいる。それらのサイトで全ての記事を読むためには，我々は大抵，月極め料金を払う必要があり，これもまた，新たな収入源となっている。

　長期間にわたって，テレビは広告で最も力のあるメディアであり続けてきた。2018 年，その広告収入は 1 兆 9,123 億円だった。一度，2008 年の 1 兆 9,092 億円から 2009 年の 1 兆 7,139 億円に下落したが，現在のレベルに回復した。テレビは，新聞のように広告収入を失わなかったのである。それでも，インターネット広告の重要性が増大しつつあるため，テレビ広告の相対的な重要性は，低下し続けてきている。そのため，新聞社と同様に，テレビ局はインターネットに進出してきている。

　テレビ局は自分のサイト上で，多くのことを行っている。もちろん，自局の番組に関する情報を載せている。しかし，それが全てではない。いくつかの番組は，無料で視聴することができる。料金を支払うことで，さらに多くの番組を見ることができる。テレビ局の中には，テレビで放送される予定のない番組を製作しているところさえある。自局の番組の DVD や，関連商品の販売も行っている。今では，インターネット

第2回 実戦問題 *81*

は，テレビにとって不可欠なものになっているのだ。

　先ほど述べたように，広告メディアとしてのインターネットの重要性は，増大し続け，テレビや新聞のような他のメディアの相対的重要性は低下するだろう。しかしながら，テレビ局も新聞社も，恐らく両方とも生き残るだろう。インターネットの領域に進出することによって，新たな収入源を見つけつつある。インターネットは戦わねばならない相手ではなく，自分たちが大きくなるために必要なものなのだ。ことわざにあるように，「勝てない相手とは，組め」ということだ。

第2回

(語)(句)

□ media「メディア，（広告）媒体」

　★テレビ，ラジオ，新聞，雑誌，インターネットなどのようなマスコミの媒体。

□ advertising「広告」　　　　　　　　□ as much as A〈数字〉「A もの」

□ trillion「兆」

□ it is expected that ～「～ということが予想されている［期待されている］」

□ surpass「～を追い抜く」　　　　　　□ sales「売り上げ高」

□ ad (= advertisement)「広告」

□ hold「〈位置など〉を保つ」　★過去形・過去分詞は held。

□ position「位置，地位，ポジション」　□ following A「A に次いで，A に続いて」

□ crisis「危機」　　　　　　　　　　　□ trigger「～の引き金を引く」

□ bankruptcy「倒産，破綻」　　　　　□ figure「数値」

□ slightly「わずかに」　　　　　　　　□ lose ground「地盤を失う，後退する」

□ sum「金額，合計」

□ shrink「縮む，縮小する」　★過去形・過去分詞は shrunk。

□ compensate for A「A の埋め合わせをする」

□ decline「減少」　　　　　　　　　　□ get into A「A に進出する」

□ limited「限られた」　　　　　　　　□ for free「無料で」

□ earn「～を稼ぐ」　　　　　　　　　□ place「～を置く，～を載せる」

□ monthly fee「月額料金，月極めの料金」

□ source「源，出所」　　　　　　　　□ revenue「歳入，収入」

□ powerful「力のある，影響力のある」

□ drop「下がる，落ちる」　　　　　　□ present「現在の」

□ yet「それでも」　　　　　　　　　　□ relative「相対的な」

□ TV station「テレビ局」　　　　　　□ program「番組」

□ *be* to V「V することになっている」

- □ broadcast「放送する」 ★過去形・過去分詞も同型。
- □ related「関連する」　　　□ indispensable「欠くことのできない」
- □ mention「話す，言及する」　□ earlier「先ほど」
- □ survive「生き残る」　　　□ realm「領域」
- □ as the saying goes「ことわざにもある通り」
- □ If you can't beat them, join them.「勝てない相手とは組め，長い物には巻かれろ」

設問解説

問1　39　正解 ①

「著者によれば，新聞社は 39 ためにインターネットに進出している」

- ① 収入の減少を補う
- ② テレビ局に対抗する
- ③ DVD や他の関連グッズを売る
- ④ より多くの新聞を売る

　第2パラグラフで，新聞の広告の売り上げが減少してきたことを説明し，第3パラグラフ第1文で，「この減少の穴埋めをするため，新聞社はインターネットに進出している」と述べているので ① が正解。

　なお，選択肢 ④ の copies は「部」。sell more copies で「より多くの部数を売る」という意味になる。

問2　40　正解 ②

「以下の4つのグラフの中で，状況を最もよく表現しているのはどれか」40

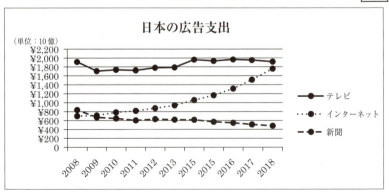

illustrate は「表現する，表す」，expenditure は「支出」の意味。

① は新聞広告費が，一貫して下がり続けず，最後の 2 年間は持ち直しているのが間違い。

② は本文の内容と一致する。

③ は 2008 年のテレビ広告は 1 兆 9,092 億円で，翌 2009 年には 1 兆 7,139 億円に減少するという本文の記述と合わない。

④ は 2008 年だけは新聞の方がインターネットよりも広告売り上げが多かったはずなのに，この年もインターネットに負けており，また，インターネットは一貫して上がり続けたはずなのに 2008 年から 2009 年に下がっているのが間違い。

問3 41 ・ 42   正解 ④・⑤

「記事によると，以下のどの 2 つが正しいか （**2 つの選択肢を選べ。**順不同で良い）」
41 ・ 42

① 著者は新聞社の将来について，非常に悲観的である。

② インターネット広告の重要性は，近い将来低下するだろう。

③ 2009 年，経済危機のため，インターネット広告の売り上げは下がった。

④ 2008 年のテレビ広告の売り上げは，2018 年よりも低かった。

⑤ いくつかのインターネット上の新聞記事を読むためには，お金を払わなければならないかもしれない。

① 第 6 パラグラフで，「新聞社は恐らく生き残るだろう」，「インターネットに進出して新たな収入源を見つけつつある」と述べているので，very pessimistic「非常に悲観的」ではないことがわかる。

② 第 1 パラグラフで，「インターネット広告は近い将来テレビを追い抜くだろう」と述べている。ネット広告の重要性が低下するとは本文では述べられていない。

③ 第 2 パラグラフの内容から，2009 年も「わずかに上昇」したことがわかるので，不適当。

④ 第 4 パラグラフ第 2 〜 3 文より，2008 年は 1 兆 9,092 億円，2018 年は 1 兆 9,123 億円だから正しい。

⑤ 第 3 パラグラフ最終文に，「それらの（新聞社の）サイトで全ての記事を読むためには，我々は大抵，月極め料金を払う必要があり」とあるので正しい。

84

問4　　43　　正解②

「この記事に最も適切なタイトルは　43　」

① 　新聞広告の衰退

② 　メディア広告の将来の見通し

③ 　経済危機の衝撃

④ 　テレビ局とインターネット

　インターネット，テレビ，新聞の３つのメディアの広告の現状と将来の見通しについて書かれた記事であるから，②「メディア広告の将来の見通し」がピッタリである。

　①，③，④それぞれについて記事中に言及はあるが，記事全体のタイトルとしてはふさわしくない。

第3回　実戦問題

解答一覧

（100点満点）

問題番号（配点）	設問		解答番号	正解	配点	自己採点欄
第1問（10）	A	1	1	①	2	
	A	2	2	②	2	
	B	1	3	④	2	
	B	2	4	④	2	
	B	3	5	①	2	
小計						
第2問（20）	A	1	6	①	2	
	A	2	7	④	2	
	A	3	8	①	2	
	A	4	9	①	2	
	A	5	10	②	2	
	B	1	11	①	2	
	B	2	12	②	2	
	B	3	13	②	2	
	B	4	14	①	2	
	B	5	15	③	2	
小計						
第3問（10）	A	1	16	③	2	
	A	2	17	②	2	
	B	1	18	①	2	
	B	2	19	②	2	
	B	3	20	④	2	
小計						

問題番号（配点）	設問		解答番号	正解	配点	自己採点欄
第4問（16）		1	21	③	3	
		2	22	③	3	
		3	23	②	4	
		4	24	④	3 *1	
			25	①		
		5	26	①	3	
小計						
第5問（20）		1	27	②	5 *1	
			28	⑤		
		2	29	④	5	
		3	30	①	5	
		4	31		5 *1	
			32	①-④-⑤		
			33			
小計						
第6問（24）	A	1	34	④	3	
	A	2	35	③	3	
	A	3	36	②	3	
	A	4	37	①	3	
	B	1	38	③	3	
	B	2	39	①	3	
	B	3	40 － 41	①-④	3 *1	
	B	4	42	①	3	
小計						
合計						

（注）
1　*1は，全部正解の場合のみ点を与える。
2　－（ハイフン）でつながれた正解は，順序を問わない。

86

第 1 問

A

解答

| 問 1 | 1 | ① | 問 2 | 2 | ② |

全訳

　サンディはオーストラリアからの交換留学生である。留学中，彼女はあなたの家にホームステイしている。ある日，バレー部の夏合宿であなたがいない間に，サンディは，あなたの母親から俳句の催し物があることを聞いた。あなたは，その催し物について，サンディからメールを受け取ったばかりである。

こんにちは。
　合宿はどうですか。お願い事があってメールしました。あなたのお母さんが，9 月の俳句の催しに，彼女と一緒に出ないかと誘ってくれて，良い俳句の詠み方を私に教えてくれています。知っての通り，彼女はとてもすごい俳人ですが，使う日本語がとても難しくてわかりにくく，特に俳句のことについてはなおさらです。戻ってきたら，手伝ってくれませんか。部活やバレーボールの試合で忙しいのはわかっているけれども，時間があれば嬉しいです。お母さんの言っていることを，私に説明してください。催しは 9 月 23 日です。オーストラリアの学校の友達のシンディが，8 月の 17 日から 26 日まで，日本に来ています。彼女も，俳句をぜひ学びたいそうです。シンディがいる間に，手伝ってくれることはできそうですか。

よろしくね！

サンディ

語句

☐ exchange student「交換留学生」　　☐ (be) away「不在の，外出中（で）」
☐ summer camp「夏期合宿」　　　　　☐ How's ～?「～はどうですか」
☐ participate in A「A に参加する」　　☐ poet「詩人」
☐ especially「特に，とりわけ」　　　　☐ busy with「～で忙しい」
☐ find time「（使える）時間を見つける」
☐ would like 人 to V「人に V してもらいたいと思う」

第3回 実戦問題 **87**

□ what S is saying「Sが何を言っているか，Sが言っていること」
□ take place「開催される，起こる」
□ would love to V「とても V したい」 ★want to V/would like to V よりも強い表現。
□ Thanks!「よろしくね！」 ★親しい人に対して，依頼のメールや手紙の結語として。

設問解説
問1 　1　 正解①
「サンディがあなたに最もしてもらいたいと思っていることは，　1　ことである」
① あなたの母親がサンディに教えていることを，通訳してもらう
② 歓迎の意を伝えるために，シンディを招待する
③ サンディと一緒に，俳句の基本的な決まり事を学ぶ
④ サンディに，俳句の決まり事と良い俳句の作り方を教える

語句
□ interpret「〜を通訳する」 □ in order to V「V するために」
□ feel welcome「歓迎されていると感じる」
□ one「それ」 ★ここでは「俳句」のこと。

　本文の第7文に，「お母さんの言っていることを，私に説明してください」とあるので，① が正解とわかる。

問2 　2　 正解②
「サンディのお願いへ返信する前に，あなたは，まず　2　しなくてはならない」
① 9月23日に，時間があるかどうかを確認
② シンディが日本に来ている間の部活動のスケジュールを確認
③ 良い俳句を詠むために，日本語の使い方を学習
④ あなたの母親と部活のメンバーとで，シンディの歓迎パーティーを計画

語句
□ respond「〜に返信する」 □ request「要求」
□ see if SV「S が V するかどうかを確認する」
□ have time「（使える）時間がある」 □ confirm「〜を確認する」

　① は，9月23日は俳句のイベントの日だが，その日に何かするように頼まれているわけではない。
　② は，本文の最後の2つの文に「彼女も，俳句をぜひ学びたいそうです。シンディがいる間に，手伝ってくれることはできそうですか」とあるので，正解。
　③ は，本文に記述はない。
　④ は，本文にシンディの歓迎パーティーの計画の話はない。

第3回

88

B

解答

問1	3	④	問2	4	④	問3	5	①

全訳

　受講する講座を探している時に，あなたは，通っているカルチャーセンターのウェブサイトで，面白そうな講座を見つけた。

英語の朗読（声に出して読む）
読み取り，話し方，聞き取りを上達させよう！

　たくさん英語をしゃべった後には，より聞き取ることができていることにお気づきだと思います。ならば，たくさんしゃべること，声に出して読むことを通して，聴く力を育てることができるのではないでしょうか。この講座は，英語の朗読の経験はないという方向けの講座です。3月22日から27日（保守点検のため26日は休館日）にわたる5日間の講習で，聞き手にとって理解しやすい音読に必要な基本的技術を学びます。併せて，読解力の向上も期待できます。

　評論，物語，随筆，記事など，様々な種類の文章を読んでいきます。単語の発音を調べるために，辞書が必要です。流ちょうに英語をしゃべることと，声に出して読むことはとても異なるので，流ちょうな英語を話す能力は必要ありません。

日程	
初日	英語朗読の基礎 （基本的な技術を学び，実践します。）
2・3日目	講師の指導のもと様々なタイプの文章を読む （様々な文章を声に出して読み，技術をさらに深めていきます。）
4日目	朗読発表の準備 （朗読する文章を選び，グループを作って読む練習を行います。）
5日目	朗読発表とディスカッション （各参加者の朗読を録音し，その録音を聞きながら，それぞれに対する意見を述べ合います。）

- ご自分の朗読**のみ**録音可能です。講義や他の受講者の様子を録音することは**禁止されています**。
- 講義や話し合いは主に日本語で行われます。

詳細は<u>ここ</u>をクリックしてください。
（締め切り：3月20日午前11:00）

語句

- □ website「ホームページ，ウェブページ」
- □ search for A「A を探す」　　□ take a class「授業を受ける，受講する」
- □ why not ～?「なぜ～しないのですか，～してはどうですか」
- □ ability「能力」　　　　　　　□ those「人々」
- □ experience「経験」　　　　　□ maintenance「維持すること，保守管理」
- □ passage「文章」
- □ make oneself understood「自分の言いたいことを理解してもらう」
- □ at the same time「同時に」　□ essay「随筆，作文」
- □ article「記事」
- □ (,) etc（文末でカンマと一緒に用いて）「～など」
- □ pronunciation「発音」　　　□ fluent「流ちょうな」
- □ fundamental「基本」　　　　□ essential「必要不可欠な」
- □ further「より広く，より高度に」□ preparation「準備」
- □ record「～を記録する」　　　□ while (S+be) Ving「(S が) V している間に」
- □ lecture「講義」　　　　　　　□ mainly「主に」
- □ deadline「締め切り」

設問解説

問1　　3　　正解④

「このウェブページの目的は，　3　について，サイトで情報を探している人に向けて説明することである」

① 英語で書かれた記事をよりよく理解する方法
② 朗読の講座の登録方法と受講方法
③ 英語を理解するために，声に出して読むことがどれだけ有効かということ
④ 朗読が何なのかということと，講座の主旨

それぞれの部分の見出しなどから，講座の簡単な説明，講座の日程，注意事項が書かれていることを把握する。*Rodoku* (Reading Aloud) in English と書かれた見出しから，朗読に関することが書かれているとわかり，また，その見出しの部分の第1パラグラフ This class is for「この講座は～のためである」という表現から，この講座の目的について書かれていることがわかるため，④ が正解となる。① は，記事をよりうまく読むことだけを説明しているわけではないため，正解として適していない。また，講座の登録方法などに関する記述がないため，② も正解にならない。③ は，朗読によって読解力が上がることは書かれているが，その有用性に関する記述がない。

問2 　4　 正解 ④

「この講座を通して，受講者は，　4　」

① 単語や表現を，平易に，かつ正確に発音することが求められる
② 様々な種類の文章をよりよく，速く読むことができるようになる
③ 英語をよりうまく読み取りしゃべる方法について，発表する
④ たくさんの文章を読み，他人の朗読を聞く

第2パラグラフ第1文に You will read various types of passages「様々な種類の文章を読むだろう」とあるが，これは ④ の read many passages「文章をたくさん読む」に一致。さらに，日程の4日目の practice in groups「グループでの練習」と5日目の listening to the recording「録音を聞くこと」という記述を読めば，④ の listen to others' readings「他人の朗読を聞く」が正解とわかる。① は，最初の部分の第2パラグラフ最終文に，You don't have to speak fluent English「流ちょうな英語をしゃべる必要はない」とあり，文章の内容に反する。② は，better and more quickly「よりうまく速く」にあたる記述が，文章中に見当たらない。③ は，5日目の内容から，発表するのは読む方法についてではないことがわかるため，正解とならない。

問3 　5　 正解 ①

「このウェブページによると，　5　」

① 英語と日本語が使用される
② 講義は，6日間にわたって行われる
③ 受講者は，講義の録音を許可されている
④ 保守点検のため，日曜日はセンターが閉館となる

最後の注意事項の2つめの項目と見出しから，英語と日本語の両方を使って講座が進められることがわかるため，① が正解である。② は，最初の部分の第1パラグラフ第

第3回　実戦問題　*91*

4文に，During five days of training「5日間の講習の間」とあり，本文の内容に反する。注意事項の1つめで，講義の録音が禁止されていることがわかるため，③は正解とならない。④は，閉館日である26日が何曜日なのか，本文に記述がない。

第2問

A

解答

| 問1 | 6 | ① | 問2 | 7 | ④ | 問3 | 8 | ① | 問4 | 9 | ① |
| 問5 | 10 | ② |

全訳

　あなたは，週末に会社の同僚を招待する予定で，ネットでいくつかのサラダのレシピを探している。以下はレシピを見て料理を作った人々のレビューである。

おいしいタイ風サラダ 	★★★★☆ バード（2日前） 今までで最高においしい脂肪燃焼サラダ！　具材には，トマト，ピーナッツ，レタス，キュウリ，セロリ，赤トウガラシなどが入っている。子供が食べるには辛いかもしれない。今回は主なたんぱく質としてエビを使ってみたけれど，他にもチキンや揚げたイカなども合うわね。自宅でやってみてはどう？
健康ガーデンサラダ 	★★☆☆☆ リサ・ママ（3週間前） 肉，魚，スパイスが入っていない，定番でとても素朴な感じの簡単なサラダ。でも，私にはあまり魅力的ではなかった。なぜこんなに多くの良いレビューがあるのかさっぱりわからない。今回はオリーブオイルを使ってみたけれど，今度はグレープシードオイルを使ってみようかな。私はヴィーガン（菜食主義者）でもベジタリアンでもないけれど，そういう方には素晴らしいサラダだと思う。 ★★★★☆ リー（12時間前） このレシピは僕のお気に入りの1つ！　何か軽いものが必要な時は，これがベスト。素朴な味に飽きてしまったら，ドレッシングを変える。

ベスト・ポテトサラダ　★★★★★ キティー・ラバー（5日前）

他の多くのレビュアーのように，このコストが安いレシピが大好き！　今回はこのレシピを使って作るのが3回目。味はジャガイモの切り方やどんなマヨネーズを使うかで変わってきます。今回はジャガイモを全てすりつぶしました。このレシピの好きな所は，ハムではなく，ソーセージをすすめている所。次はサーモンでやってみようかな。

語句

- colleague「同僚」
- include「～を含む」
- lettuce「レタス」
- and so on「など」
- spicy「辛い」
- go well「合う」
- end up Ving「（最終的には）V になってしまう」
- boring「退屈な」
- vegan「完全菜食主義者［ヴィーガン］」
- low-cost「低コストの」
- mash「～をつぶす」
- recommend 人 to V「V するのを人に勧める」
- instead of A「A の代わりに」
- fat-burning「脂肪燃焼の」
- ingredients「具材」
- cucumber「キュウリ」
- too ～ to ...「～すぎて…できない」
- protein「たんぱく質」
- plain「素朴な」
- grapeseed「ブドウの種」
- depending on ～「～によりけり」

設問解説

問1　6　正解 ①

「もしあなたが 6 なら，きっとおいしいタイ風サラダを選ぶでしょう」

① 何かスパイシーなものが必要
② ベジタリアン用のレシピがほしい
③ 何回も作ったことのあるレシピがほしい
④ 何か軽いものを探している

　fat-burning，red pepper や spicy などの語彙からこのサラダがスパイシーだということがわかるので，① が正解。その他の選択肢については，タイ風サラダには当てはまらない。

94

問2 　7　　正解④

「もしあなたが　7　なら，ベスト・ポテトサラダを選ぶでしょう」
① 料理する時間があまりない
② 野菜をもっと摂りたいと感じる
③ 冷蔵庫に野菜がたくさんある
④ 安くておいしいレシピがほしい

　low-cost = cheap。また，他にも多くのいいレビューがあることが述べられており，キティー・ラバーのレビューも5つ星になっていることから，④が正解。
　①，②，③に関しては，本文では言及していない。

問3 　8　　正解①

「健康ガーデンサラダへの意見は　8　」
① 異なっている
② 否定的である
③ 中立である
④ 肯定的である

　1つめのレビューは星2つとなって辛口のコメントだが，一方で，星4つの良いレビューもあり，意見が異なっているので，①が正解。この問題の設問文がopinionsとなっているところにも留意したい。

問4 　9　　正解①

「レビューによると，以下のどれが個人的な意見ではなく，事実を述べたものか」　9
① 健康ガーデンサラダは多くの良いレビューがある。
② キティー・ラバーはこれまですでに2回ベスト・ポテトサラダを作ったことがある。
③ ベスト・ポテトサラダは，とあるブランドのマヨネーズを使用するように勧めている。
④ おいしいタイ風サラダはとても辛いので，子供は食べられない。

　①は，リサ・ママの評価は星2つだが，レビューの中に「なぜこんなにいいレビューがあるのかさっぱりわからない」とあり，リーも4つ星をつけているので，factだと考えられる。②は今回も含めると3回になるので不正解。③は特定のマヨネーズを勧めてはいないので，不正解。④は，バードが「子供には辛いかもしれない」と書いてはいるが，これはバードの意見であって，実際に辛くても食べられる子供がいるかもし

第3回 実戦問題 **95**

れないので不正解。本文では may が使われているところもヒントになる。

問5　10　正解②

「レビューによると，以下のどれが事実ではなく，個人的な**意見**か」10

① 健康ガーデンサラダはおいしいタイ風サラダよりも辛くない。

② 健康ガーデンサラダは作るのに退屈だ。

③ ベスト・ポテトサラダは多くの評価者から愛されている。

④ おいしいタイ風サラダは様々な野菜がたくさん入っている。

①は no spice「スパイスなし」とあるので fact である。②はあくまでもリサ・ママの opinion で，fact とは言えないので正解。③は本文に Like many other reviewers, I love ...とあるので fact。④は本文に includes many ingredients「沢山の具材が入っている」と書かれてあるので fact。

B

解答

問1	11	①	問2	12	②	問3	13	②	問4	14	①
問5	15	③									

全訳

　あなたは男性の育児休暇取得についての議論をする予定である。議論に備えるため，あなたのグループは以下の記事を読んでいる。

　　最近の調査によると，日本の約 5.14% の新たに父親になった人々は育児休暇を取っています。年々，その数は増加していますが，日本の男性社会においては，男性の取得はまだまだ大きな挑戦と言えるでしょう。では，ここで議題です：「あなたはもっと多くの日本の男性が育児休暇を取るべきだと思うか否か」

　　育児休暇を取ることには素晴らしいメリットが１つあります。新生児が生まれた後の数週間でも，もし男性が育児休暇を取った場合，妻にとっては多大な助けになります。現在，ほとんどの家庭が核家族なので，新生児のいる夫婦にとって自身の両親からサポートを得ることは以前よりも難しくなってきています。夫は身体的のみならず，妻の精神的サポートもはたすことができます。新生児を抱えたばかりの母親たちは，毎日予期せぬ状況と向き合うので，多くのストレスを感じるでしょう。助けを得られるかどうかが，それを減らす鍵となります。もう１つのメリットは，育児休暇は男性にとってたいていは新鮮なもので，仕事に戻った際により効率よく仕事をこなすことができるということです。

　　一方で，男性の育児休暇を取ることへの反対の理由もあります。第一に，育児休暇中は給与が無いということです。これは，家計をとても圧迫することになります。第二に，多くの人々は男性が取得することに依然として反対で，それが取得している男性への心理的圧力をかけることになってしまうことです。

　　この問題について，あなたはどう思いますか？　私は，男性が育児休暇を取ることによって，子供を育てていくことの大変さの理解につながると信じています。妻がやっている大変な仕事をよりよく知ることによって，彼女たちとの関係性もさらに強まるに違いありません。もっと言えば，男性が自身の子供を育てることに積極的になるにつれ，家族の絆もより深まるでしょう。誰もがそのようなことが奨励されることについて反対はしないでしょう。

第3回 実戦問題 **97**

語句

- □ parental leave「育児休暇」
- □ male-oriented「男性優位の」
- □ physical「身体的な」
- □ unexpected「予期せぬ」
- □ refreshing「新鮮な」
- □ efficiently「効率的に」
- □ family finances「家計」
- □ relationship「関係」
- □ eagerly「一生懸命に」
- □ bond「絆」
- □ survey「調査」
- □ benefit「利点」
- □ mental「精神的な」
- □ reduce「〜を減らす」
- □ allow 〜 to V「〜に V をさせる」
- □ salary「給与」
- □ strengthen「〜を強める」
- □ furthermore「さらに」
- □ raise「〜を育てる」
- □ encourage「〜を勧める」

第3回

設問解説

問1　11　正解①

「この記事の調査では，人々は " 11 " と質問されている」

① 育児休暇を取ったことがあるか。
② どのくらいの期間，育児休暇を取ったか。
③ どのくらいの頻度で育児休暇を取っているか。
④ 育児休暇をいつ始めたか。

　本文で調査結果を述べているのは，第1パラグラフ第1文の「最近の調査によると，日本の約 5.14% の新たに父親になった人々は育児休暇を取っています」だけである。よって，①が正解とわかる。他の選択肢について本文に記述はない。

問2　12　正解②

「あなたのグループは，男性の育児休暇取得**を支持する**理由を考えたいと思っている。この記事の中での1つの理由は，育児休暇を取る男性は 12 ということである」

① どのくらいの期間取得するのかを決められる
② 妻を身体的または精神的に手助けできる
③ 両親からの助けが得られない
④ 会社に迷惑をかけてしまうことになるかもしれない

　本文第2パラグラフ第4文に Husbands can provide not only physical support but also mental support to their wives.「夫は身体的のみならず，妻の精神的サポートもはたすことができます」とあるので，②が正解。①と④は本文では言及されてい

ない。③は本文中にある語句を使っているが，この問いでは「育児休暇を取る男性が」が主語であるから，内容的につながらない。

問3 　13　 正解②

「あなたのグループは，男性の育児休暇取得に対しての**反対する**理由を考えたいと思っている。この記事の中での１つの理由は，育児休暇を取る男性は　13　ということである」

① 精神的な病気になる可能性がある
② 育児休暇中は所得を得られない
③ 両親から経済的支援を受けられないかもしれない
④ 会社での働きぶりが良くないかもしれない

　男性が育児休暇を取るべきではないという理由は第3パラグラフに書かれている。その第2文に First, during parental leave, they get no salary.「第一に，育児休暇中は給与が無いということです」とあり，②は salary ＝ income「給料，収入」と言いかえていることがわかれば，正解だとわかる。他の選択肢は本文中に反対する理由としての記述がない。

問4 　14　 正解①

「男性が育児休暇を取ることについての利点が，この記事に書かれている。次のうち，どれか」　14

① これまでよりも少しの時間で生産的な仕事ができる。
② できるだけ早く帰宅できる。
③ 仕事をすることがこれまでより新鮮に感じる。
④ 家族と過ごす時間がこれまでよりも取れる。

　第2パラグラフに男性が育児休暇を取る利点が2つ述べられている。最終文に allowing them to work more efficiently after they return to their jobs「仕事に戻った際により効率よく仕事をこなすことができる」とあるので，①が正解。同じ最終文に，parental leave is usually refreshing for men「育児休暇は男性にとってたいていは新鮮なものである」と書かれているが，③は仕事が新鮮となっているので不可。②，④はありそうな答えだが，本文には書かれていないので不適当。

第3回 実戦問題 **99**

問5 15 正解 ③

「この記事の筆者はさらに多くの男性が育児休暇を取ることについて，15」

① 誰も取ることを考えるべきではないと推奨している
② 部分的に同意している
③ **強く同意している**
④ 強く反対している

最終パラグラフから読み取れる。特に最後の1文 Nobody could argue that such things should be not be encouraged.「それを勧めるべきではないと主張できる人は誰もいないでしょう」で，such things がこの前に述べられていること（男性が育児休暇を取る利点）を指しているとわかれば ③ を選べる。

第3問

A

解答

| 問1 | 16 | ③ | 問2 | 17 | ② |

全訳

以下は，日本の女性作家が書いたブログである。

ワールド・マーケット
10月15日（日）

　先日，「ワールド・イチ」というイベントに行った。「イチ」は日本語で「市場」と「1」の両方を意味している。それは浜松町地区で開催され，多くの国が参加していた。

　私はリトアニアが何で有名であるか全く知らなかったので，リトアニアの特産品に非常に興味があった。そのブースには，ハーブティー，蜂蜜，蜜蝋のロウソク，琥珀アクセサリーがあった。リトアニアはバルト海に面しているため「バルト諸国」と呼ばれているうちのひとつだ。琥珀はよく浜辺に打ち上げられ，「バルト海の琥珀」と呼ばれている。それを見るのは初めてだった。小さな琥珀が連なった美しいブレスレットをひとつ買った。

　次に，マダガスカル・ブースに行った。美しい色のわらで編まれたバッグ，瓶詰のジャム，バオバブパンを売っていた。バオバブパンは，バオバブの実を粉にしたものを入れた小麦粉で作られており，バオバブの木の形をしている。店の人は，バオバブの実は伝統的な食べ物に使われ，時には他の料理や飲み物にも入れることがあると言った。私はそこでパンと小さなわらのバッグを買った。

　ニュージーランドのブースでは，ゴールドキウイと普通のキウイジュースの試飲のサービスをしていた。私は両方飲んでみてどちらも気に入ったので，1本ずつ買った。ワインや他の飲み物も販売されており，多くの人々が様々な瓶を買っていた。

　買い物をしながら，ブースを運営している様々な国から来た人たちと会話をした。楽しかった。今まで見たことのない物をたくさん見て，彼らの文化や特産品について少し見識を広げることができた。

第3回　実戦問題　**101**

語句

- [ ] Lithuanian「リトアニアの」
- [ ] *be* famous for A「Aで有名だ」
- [ ] herbal tea「ハーブティー」
- [ ] amber「琥珀」
- [ ] accessories< accessory「アクセサリー」
- [ ] Baltic State「バルト諸国」　★エストニア，ラトビア，リトアニアの3国を指す。
- [ ] Madagascar「マダガスカル」
- [ ] straw「わら」
- [ ] baobab「バオバブ」(植物)
- [ ] powdered baobab fruit「粉末化されたバオバブの実」
- [ ] in the shape of A「Aの形に」
- [ ] run「～を運営する」
- [ ] clue「手がかり，ヒント」
- [ ] booth「ブース，売店」
- [ ] beeswax「蜜蝋」
- [ ] woven with A「Aで編まれた」
- [ ] jar「瓶，つぼ」
- [ ] flour「小麦粉」
- [ ] one of each「それぞれひとつ（ずつ）」
- [ ] enjoyable「楽しい」

第3回

設問解説

問1　16　正解③

「ワールド・イチでは 16 」

① 各国が日本文化に関わる特産物を販売していた

② 特産品について何も知らない日本人が販売していた

③ **人々は様々な国の珍しい特産物を見て購入することができた**

④ 何も販売していなかったが，飲食できるレストランはあった

　　第2パラグラフではリトアニア，第3パラグラフではマダガスカル，第4パラグラフではニュージーランドの特産品を眺めて，それぞれのブースで特産品を購入したと書かれていることから③が正解。

　　①は「日本文化に関わる」物を販売していたわけではないので不適当。②は最終パラグラフ第1文に「買い物をしながら，ブースを運営している様々な国から来た人たちと会話をした」とあるので，不適当。④のレストランについては本文に書かれておらず，買い物をすることもできたので不適当。

問2　17　正解②

「このブログの作家が 17 ことがわかった」

① リトアニアのブースに興味を持ち，そこでブレスレットとバオバブパンを買った

② **買い物を楽しみ，ブレスレット，小さなバッグ，パンとジュース2本を買った**

③ 各ブースで会話をし，蜂蜜，蜜蝋のロウソク，ブレスレット，小さなバッグを買った

④ マダガスカルのブースでパンと2種類のキウイジュースを味わった

　リトアニア・ブースでブレスレットを購入し（第2パラグラフ），マダガスカル・ブースでパンとバッグを購入し（第3パラグラフ），ニュージーランド・ブースで2種類のキウイジュースを1本ずつ購入している（第4パラグラフ）ので②が正解。キウイジュースを試飲したのはニュージーランド・ブース，バオバブパンがあったのはマダガスカル・ブースなので①，④は不適当。リトアニア・ブースで蜂蜜は見ているが，購入していないので③は不適当。

B

第3回 実戦問題 **103**

第3回

解答

| 問1 | 18 | ① | 問2 | 19 | ② | 問3 | 20 | ④ |

全訳

あなたはある雑誌で下のような記事を読んだ。

自然界における驚くべきコミュニケーション

人間はこの惑星で最も知的な動物ですが，イルカはそれに迫るくらいの2番目に知的な動物です。彼らはお互いに尾の上を歩くことを教え合い，困っているときは助け合います。獲物を捕獲したらすぐに食べてしまう多くの生き物とは異なり，イルカは時間をかけて食べ物の支度をすることを知っていましたか？　新たな研究で，イルカが人間の名前と類似した目的で，お互いに独自の音を使用することがわかっています。イルカごとに違う音（声）があるようです！

私たちはイルカよりもはるかに長くチンパンジーを研究してきました。私たちは，何十年もの間，彼らは，例えばヘビを見ると特定の低音を発するなどで，他のチンパンジーに危険を警告するということを知っています。単純な手話を使うことを教わっているチンパンジーもいます。

20年前，ケイティ・ペインはアフリカゾウが発する音について研究を始めました。彼女は象の辞書を制作していますが，彼らが発する音のほとんどは人間には聞くことができず，それを記録するためには特別な技術が必要なので，さらに長い年数がかかるでしょう。

もちろん，人間は長い間，鳥の鳴き声に魅了されてきました。人類の誕生以来，人々は様々な鳥たちがコミュニケーションのために歌う歌について熟知しています。鳥はまた，他の方法でもコミュニケーションをとります。特別なダンスをしたり，他の鳥を惹きつけるために羽の色を変える鳥も多くいます。

しかし，科学者がイルカについて発見した彼らを特別なものにする大きな違いは，彼らがメッセージを伝えるためだけでなく，個々に異なる音を使うことです。彼らは若いときに独自の音を作り始め，成長し社交するにつれて，他のイルカを呼ぶ音を追加します。このように友好的で複雑な動物について，将来的に，確実にもっと研究がなされることでしょう。

104

語句

□ intelligent「知的な，頭の良い」　　□ planet「惑星」

□ close「近い」　　□ tail「尾」

□ *be* in trouble「困っている」　　□ immediately「すぐに」

□ spend time Ving「V することに時間を費やす」

□ similar (in purpose) to A「（目的において）A に似ている」

□ warn A of B「A に B を警告する」　　□ by Ving「V することによって」（手段）

□ sign language「手話」　　□ fascinate「〜を魅了する」

□ *be* familiar with A「A に精通する，A をよく知っている」

□ in other ways「他の方法で」　　□ feather「羽」

□ attract「〜を惹きつける」　　□ socialize「社交する」

設問解説

問1　18　正解①

「本文によると，人々はどのような順番で動物たちのコミュニケーションの仕方について学んできたか」18

①　鳥→チンパンジー→象→イルカ

②　鳥→チンパンジー→ヘビ→イルカ

③　鳥→象→チンパンジー→イルカ

④　チンパンジー→鳥→象→イルカ

⑤　チンパンジー→象→鳥→イルカ

⑥　イルカ→チンパンジー→象→鳥

　本文では，第4パラグラフで「人類の誕生以来」鳥の声に精通してきたこと，第2パラグラフで「何十年もの間」チンパンジーについて知っていることが述べられており，第3パラグラフで「20年前」に象についての研究が始まったこと，第1パラグラフで「新たな研究で」イルカが出す音について発見したことが述べられているので，鳥→チンパンジー→象→イルカという順番になる①が正解。

問2　19　正解②

「科学者たちは　19　ことを発見した」

①　鳥は音楽を通して質問し，答えることができる

②　チンパンジーは手話を学ぶことができる

③　イルカは多くの異なる種類の食べ物を食べる

④　象は，おそらく世界で最もうるさい動物である

第3回　実戦問題　*105*

　第2パラグラフの最終文に Some have ... simple sign language「単純な手話を使うことを教わっているチンパンジーもいます」とあるので，②が正解。

　①は第4パラグラフで different birds sing in order to communicate「様々な鳥たちがコミュニケーションのために歌う」とあるが，「音楽を通して質問し，答える」という記述はない。③は本文でイルカの食べ物の種類についての言及はない。④は第3パラグラフで most of the sounds they make cannot be heard by humans「象が発する音のほとんどは人間には聞くことができない」とあるので不適当。

問3　　20　　正解④

　「イルカのコミュニケーションは，他の動物とは，彼らが　20　という点で異なる」
① タッチし合うことで物事を議論する
② コミュニケーションをとるために歌い，音を出す
③ 危険を警告するために複雑なコードを使用する
④ 特定の個体に特定の音を使用する

　第5パラグラフ第1文 The big difference that scientists have discovered about dolphins that makes them so special, however, is that they use different sounds for individuals, and not just to communicate messages.「しかし，科学者がイルカについて発見した彼らを特別なものにする大きな違いは，彼らがメッセージを伝えるためだけでなく，個々に異なる音を使うことです」という記述から④が正解。他の選択肢が誤りとなる理由は以下の通り。
　①「タッチし合うこと」という記述は本文中にない。
　②コミュニケーションをとるために歌うのはイルカではなく鳥である。
　③危険を警告するために音を発するのはチンパンジーである。

第
3
回

第4問

解答

問1 21 ③ 問2 22 ③ 問3 23 ②
問4 24 ④   25 ① 問5 26 ①

全訳

授業で，高校生が下のグラフを見て，レポートを書いた。ツァウと仁が書いたものを見てください。

　以下は，日本のABCアカデミー語学学校の留学生の母国を示す図と，アメリカの100人の上級管理職が，留学が企業にどのようなメリットをもたらすのかについて答えた図です。

グラフ1：日本にいる留学生はどの国から来ているか(%)

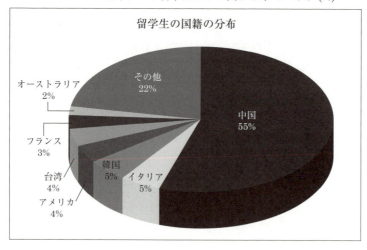

グラフ2：雇用者は学生が留学からどのようなスキルを得ると思っているか(%)

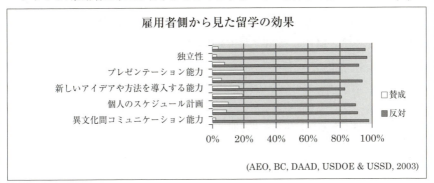

(AEO, BC, DAAD, USDOE & USSD, 2003)

ツァウ・ツァウ

　私は去年日本語を勉強するために日本に来ました。10年前には多くの中国の十代の若者たちにとって不可能なことでしたが，今，中国は経済的に豊かになっています。私のクラスには3人のオーストラリア人がいて，オーストラリアでは高校で日本語を勉強することがよくあるようです。

　今日，組織はグローバルになり，就職活動をする上で，国際的な意識を持っていることは有利なことだと思っていました。しかし，米国の経営者に対する調査によると，他の国についての知識と異文化の人々との良好なコミュニケーション能力は重要です。おそらく若い経営者たちは，そのような経験を持つ社員を欲しています。日本の学生はもっとグループワークをして，他の習慣や考えをクラスメートに紹介するべきです。

　最近は留学する日本人学生の数が減っています。費用が要因だと思いますが，近年は，オンラインで容易に外国人と友達になれて，語学練習もできます。外国の高校生の時間が空いているときに接続でき，さらには彼らと一緒にグループ課題までできる学校のスカイププログラムを提案したいと思います。

松本 仁

中国と韓国は日本の隣国なので，彼らがここにきて勉強する理由は明らかです。しかし，なぜ韓国人と同じくらい多くのイタリア人が日本語を勉強しているのでしょうか。

プレゼンテーションをする能力はアメリカ人に大いに評価されているようですが，日本の学生はプレゼンをする技術がない，あるいは慣れていません。日本の伝統的な教育では，学生は一般的に情報を丸暗記することを求められますが，これは最近変化してきており，良いことだと思います。経営者は1人で仕事をする能力をあまり尊重していないようです。最近，私たちの学校では『スマートボード』を使っていて，技術を使用して研究したトピックを提示することは楽しいです。

アメリカの上司たちが，革新的，つまり，新しいアイデアを思いつくのが得意で，変化を提案することを恐れないという社員を賞賛しているのは興味深いです。先生の講義を聞いて個別にノートを取るという授業ではなく，海外の人々とコンタクトをとり，話をするより多くの機会や，自分たちで考えを深められるように，学んだことを分かち合うクラス活動（アクティビティ）をもっと増やす授業を先生たちにお願いしたいと思います。

語句

☐ distribution「分布」
☐ nationality「国籍」
☐ employer「雇用者」
☐ gain「～を得る」
☐ cross cultural「文化間の」
☐ apparently「どうやら～，見たところ～（らしい）」
☐ organization「組織」
☐ internationally minded「国際的な意識を持った」
☐ advantage「利点」
☐ when（主語 + be動詞）job-searching「仕事を探しているとき」
☐ survey「調査」
☐ Skype「スカイプ」 ★インターネット電話。
☐ assignment「課題」
☐ value「～を評価する，～を重要視する」
☐ smart board「スマートボード，電子ボード」
☐ innovative「革新的な」

第3回　実戦問題　*109*

設問解説

問1　| 21 |　正解 ③

「日本の留学生がどこから来たのかについて，| 21 | は驚きを表した」

① ツァウと仁の両方
② ツァウ
③ 仁
④ ツァウでも仁でもない

仁のレポートの第1パラグラフでのみ留学生の出身国について言及しているので，③が正解。ツァウは第1パラグラフで自分の出身国の中国とオーストラリア人のことについては言及しているが，留学生の出身国については言及していないので①，②は不適当。

問2　| 22 |　正解 ③

「この2人の高校生のレポートの中で，| 22 |」（下のリストから最適な組み合わせ（①〜⑥）を選べ）

A. ツァウは，比較的若い上司は外国人同士の交流に価値を置いていると考えている
B. ツァウは，企業から留学のためのお金を集める特別なサポートがほしいと考えている
C. 仁は，テクノロジーは学生が自分の頭の中に事実を記憶するのに役立つと考えている
D. 仁は海外の人と話し，積極的に学ぶ機会がもっとほしいと思っている

ツァウのレポートの第2パラグラフに Perhaps younger managers … experience「おそらく若い経営者たちは，そのような（＝外国人同士の交流）経験を持つ社員を欲しています」とあることからAは正しい。Bについては記述がないので不適。仁のレポートの第2パラグラフ第2文に，「日本の伝統的な教育は丸暗記することであった」という記述と同パラグラフ最終文にスマートボードの記述があるが，この2つは別のことなのでCは不適。仁のレポートの第3パラグラフ最終文で「先生の講義を聞いて個別にノートを取るという授業ではなく，…クラス活動（アクティビティ）をもっと増やす授業を先生たちにお願いしたいと思います」とあるのでDも正しい。

したがって，正解は ③ A and D。

問3　| 23 |　正解 ②

「ツァウも仁も彼らのレポートで | 23 | について言及しなかった」

110

① 異文化間コミュニケーション能力
② 個人のスケジュール計画
③ プレゼンテーション能力
④ 新しいアイデアや方法を導入する能力

　①はツァウのレポートの第2・3パラグラフや仁のレポートの第3パラグラフ等で言及されており，③は仁のレポートの第2パラグラフ等で言及，④は仁のレポートの第3パラグラフ第1文で言及されているので，いずれも不適当。したがって正解は②。

問4　24　正解④　　25　正解①

　「レポートでは，ツァウは　24　を望んでいると言い，仁は　25　を望んでいると言っている」（それぞれの空欄に異なる選択肢を選べ）
① クラス活動（アクティビティ）をすること
② 仕事の経験をすること
③ より多くの言語を学習すること
④ 海外の学生とスカイプすること
⑤ 授業中のスマートフォンの使用

　ツァウのレポートの第3パラグラフ最終文でスカイププログラムについての記述があり，foreign high school students と繋がれるようにしてほしい，という提案から　24　は④が正解。また，仁のレポートの第3パラグラフ最終文で「講義を聞いて個別にノートを取るという授業ではなく，…クラス活動（アクティビティ）をもっと増やす授業を」とあるので　25　は①が正解。②，③，⑤については記述がないので不適当。

問5　26　正解①

　「キャリアアドバイスの本の中に4つの記事が掲載されていた。以下のタイトルから見て，ツァウと仁の両方の計画に最も役に立ちそうなのは『　26　』である」
① 異文化コミュニケーションで育つ
② あなた自身の完璧なスケジュールを計画する方法
③ 独立性は確固としたアイデアを築くことを可能にする
④ 革新：変化が成功のカギ

　ツァウのレポートの第3パラグラフ第2文で「近年は，オンラインで容易に外国人と友達になれて，語学練習もできます」とあることや，仁のレポートの第3パラグラフ最終文で… more opportunities to contact and talk to people overseas「海外の人々

とコンタクトをとり，話をするより多くの機会」について言及されていること等から，① が正解。② については 2 人のレポートに記述がないので不適当。仁のレポートの第 2 パラグラフで It looks like managers don't respect the ability to work alone so much.「経営者は 1 人で仕事をする能力をあまり尊重していないようです」と独立性に関連した記述があるが，「確固としたアイデアを築くこと」には記述がないので ③ は不適当。仁のレポートの第 3 パラグラフ第 1 文で innovative「革新的な」社員についての記述はあるが，成功のカギと関連付けていないので ④ は不適当。

第５問

解答

問1 　27　②　　28　⑤　　問2　29　④　　問3　30　①
問4 　31　・　32　・　33　　①・④・⑤

全訳

　2019 年 1 月 28 日に書かれた以下のニュース記事の情報を使って，大坂なおみ選手に関するプレゼンテーションの準備をしている。

　　大坂なおみは，土曜日の全豪オープン決勝で優勝した後，月曜日に世界 1 位の女子シングルスのテニス選手になった。 日本出身の 21 歳の大坂は，過去 2 回のグランドスラムで優勝し，男女ツアーにおいてのテニスランキングでトップに立つアジア初のシングルス選手である。

　　2018 年の全米オープンで初のグランドスラムタイトルを獲得した大坂は，世界 4 位としてグランドスラムの開幕となるメルボルンの全豪オープンに出場した。決勝でチェコ共和国のペトラ・クヴィトバを破り，ランキング 1 位に躍り出た。女子テニス協会（WTA）のホームページで「ずっとこのポジションを夢見ていたし，ランキング 1 位に達したエリートグループ選手の一員になれたことを光栄に思います」と語ったと伝えられている。

　　WTA によると，大坂は 26 人目の女子世界ランキング 1 位で，2010 年に 20 歳 92 日で首位だったキャロライン・ウォズニアッキに次ぐ若さで 1 位となった。歴代最高ランクのアジア人女性選手は，2014 年 2 月に 2 位になった元中国の名選手李娜だった。

　　大坂は，大阪生まれ米国育ち，日本人の母とハイチ人の父を持ち，テニス選手である姉のまりと一緒に幼い頃からテニスをしていた。2018 年 9 月，全米オープン決勝で子供の頃からの憧れのセリーナ・ウィリアムズを破り，男女を含め日本人選手として初めてシングルスのグランドスラム優勝を果たした。

　　大坂が世界一になったニュースは，母，環が育った日本北部の北海道根室市で，1 つのお祝い旋風を巻き起こした。市役所には，祖父，鉄夫に贈ったテニスラケットをはじめ，大坂の記念品がいくつか展示され，大坂の全豪オープン優勝の翌日の日曜日の朝に「優勝おめでとうございます」と書かれた横断幕を市は建物に掲げた。

　　他の多くの選手が競争心あふれる態度でテニスに取り組む一方で，大坂は試合後のインタビューで，テレビゲームや，カツ丼を含む日本食への愛情を公言するなど，明

るさとユーモアのセンスからファンやメディアに人気がある。

　大坂の勝利は，2015 年のウィリアムズ以来初の女性のメジャー連覇で，1998 年のマルティナ・ヒンギスに次ぐ最年少連覇となった。ウィリアムズは，12 ヵ月以内に 4 つのメジャーすべてを保持する 2 度目の「セリーナ・スラム」を達成したが，大坂は，全仏オープンとウィンブルドンで優勝して「ナオミ・スラム」を獲得するという見通しに興奮していた。「そのことを考えたことがないと嘘をつくつもりはないけど，何とも言えない。私としてはトーナメント 1 つ 1 つに集中するだけだし，しかも次は昨年優勝したインディアンウェルズ。その試合のことだけを考えようと思っている」と大坂は語った。

大坂なおみ

―2019 年 1 月に女子シングルス世界一になった偉大なテニス選手―

■生い立ち

　年齢：21 歳（2019 年 1 月現在）

　出生地：日本，大阪

　父：ハイチ人

　環：　27

　まり：　28

■なおみに関する個人的な情報

　▶　29

　▶すばらしいユーモアのセンスでよく好かれている。

　▶日本食がたいへん好きだ。

■なおみの戦績

　2018 年 9 月：　30

　2019 年 1 月：全豪オープンの決勝戦で優勝し，ランキング 1 位に。

　▶彼女は　31　。

　▶彼女は　32　。

　▶彼女は　33　。

114

語句

- □ in the wake of A「A をきっかけに」
- □ *be* honored to V「V して光栄に思う」
- □ former「元～」
- □ memorabilia「記念品」
- □ banner「旗」
- □ attitude「態度」
- □ sense of humor「ユーモアのセンス」
- □ profess「～を公言する」
- □ fry「～を揚げる」
- □ go on to V「次に V する」
- □ claim「～を獲得する」
- □ lie「嘘をつく」
- □ background「背景，プロフィール」

- □ quote「～を引用する」
- □ previously「以前に」
- □ defeat「～を破る，～を打ち負かす」」
- □ triumph「大勝利」
- □ hyper-competitive「競争心にあふれた」
- □ cheerfulness「明るさ」
- □ post-match「試合後の」
- □ video game「テレビゲーム」
- □ successive「連続した」
- □ prospect「見通し」
- □ crown「王冠」
- □ at a time「一度に」
- □ accomplishment「業績」

設問解説

問1 ‖27‖ **正解 ②** ‖28‖ **正解 ⑤**

「なおみの生い立ちとして ‖27‖ と ‖28‖ に入るのは以下のどれか」

① 母，ハイチ人，北海道在住。
② 母，日本人，北海道で育った。
③ 母，日本人，大阪出身。
④ 姉，もうテニスを辞めている。
⑤ 姉，今もテニスをしている。
⑥ 妹，ナオミを崇拝している。

‖27‖ は第5パラグラフ第1文に Hokkaido, … where her mother Tamaki grew up「母，環が育った北海道根室市」とあるので ② が正解。

‖28‖ は第4パラグラフ第1文に her older sister Mari, who is also a tennis player, 「彼女もテニス選手である姉のまり」とあるので ⑤ が正解。

問2 ‖29‖ **正解 ④**

「この記事に基づいて ‖29‖ に入れるのに最も良い記述を選べ」

① 彼女はテレビゲームに興味を持ったことがない。
② 彼女は大きな試合に勝とうと思ったことがない。
③ 彼女はインタビュー中でもとても真面目だ。

④　彼女は長い間，世界で 1 位のテニス選手になることを夢見ていた。

　　第 2 パラグラフの I've always dreamt of being in this position「ずっとこのポジション（世界ランキング 1 位）を夢見ていた」というなおみの発言から ④ が正解。
　　① は第 6 パラグラフに profess her love for video games and Japanese food,「テレビゲームや日本食への愛情を公言する」とあり，本文の内容と不一致。② は正解の ④ と正反対の内容。③ は第 6 パラグラフの内容と一致しない。

問 3　30　正解 ①
　　「30 に入れるのに次のどれが正しいか」
①　彼女は全米オープンで優勝して初のグランドスラムタイトルを獲得した。
②　彼女はセリーナ・ウィリアムズを破って世界ランキング 1 位に躍り出た。
③　彼女は全米オープンで世界ランキング 4 位の選手としてプレーした。
④　彼女は世界ランキング 1 位でアメリカのグランドスラムに出場した。

　　第 2 パラグラフ第 1 文に ... earned her first Grand Slam title at the U.S. Open in 2018「2018 年の全米オープンで初のグランドスラムタイトルを獲得した」とあるので ① が正解。
　　② は第 2 パラグラフに「世界 4 位としてグランドスラムの開幕となるメルボルンの全豪オープンに出場した。決勝でチェコ共和国のペトラ・クヴィトバを破り，ランキング 1 位に躍り出た」とあり，セリーナ・ウィリアムズを破って世界ランキング 1 位になったわけではないことがわかるので不適当。③ は第 2 パラグラフ冒頭に「2018 年の全米オープンで初のグランドスラムタイトルを獲得した大坂は，世界 4 位としてグランドスラムの開幕となるメルボルンの全豪オープンに出場した」とあるので，世界 4 位は全米オープンの後のランキングであるとわかるので不適当。④ は ③ と同じ箇所から，不適当だとわかる。

問 4　31 ・ 32 ・ 33　正解 ① ・ ④ ・ ⑤
　　「この記事に基づいて 31 ～ 33 に入れるのに最も適切な記述を選べ（<u>選択肢を 3 つ選べ。順不同</u>）」
①　シングルスでアジアで初めて 1 位になった選手だ
②　2 つのメジャー・ゲームを連覇した最初の女性だ
③　李娜に次いで世界ランキング 1 位になった 2 人目のアジア人選手だ
④　メジャー・ゲームを連覇した 2 番目に若い女性だ
⑤　ランキング 1 位になった 26 番目の女性だ

①は第 1 パラグラフ最終文で，大坂は the first singles player from Asia to top the tennis rankings「テニスランキングでトップに立つアジア初のシングルス選手」とあるので本文の内容に一致する。

②は最終パラグラフにヒンギスとウィリアムズがすでに連覇を達成しているとあるので，本文の内容と一致しない。in a row は「続けて」。

③は第 3 パラグラフ最終文で，アジア人で過去最高のランキングを達成した李娜について，who reached No. 2 in February 2014「2014 年 2 月に 2 位になった」とあるので本文の内容と一致しない。

④は最終パラグラフ第 1 文で，大坂の連覇について the youngest since Martina Hingis in 1998「1998 年のマルティナ・ヒンギスに次ぐ最年少」という記述があるので本文の内容に一致する。

⑤は第 3 パラグラフ第 1 文で Osaka is the 26th woman to hold the top ranking「大坂は 26 人目の女子世界ランキング 1 位」とあるので本文の内容に一致する。

第3回　実戦問題　**117**

第6問

A

解答

問1　34　④　　問2　35　③　　問3　36　②　　問4　37　①

全訳

　あなたは授業のために，プラスチック汚染に関するグループ・プレゼンテーションの準備をしている。以下の記事を見つけた。

スターバックス，海を脅かすと，プラスチックストロー廃止へ

2018年7月10日　キャンディス・チョウイ

[1]　月曜日に，コーヒーチェーンのスターバックスは，2年以内にすべての店でプラスチックストローの使用をやめると発表し，企業や都市が廃棄物を減らすべきだという要求が大きくなる中で，それを実施する最大の食品・飲料会社となった。ストローは海に流出する汚染のごく一部ではあるが，廃棄物を減らす簡単な方法と見なされ，この動きのきっかけを作っている。

[2]　地元シアトルがプラスチック製の飲料用ストローや器を禁止した1週間後，スターバックスは月曜日に，2020年までに紙などの生分解性材料から作られたストローと特別に設計されたフタを使用すると述べた。同社はすでにシアトルで代替ストローを提供している。ストローは小さくてリサイクルが難しいため，ゴミになることがよくある。フロリダ州のフォートマイヤーズビーチなど，他の都市では，プラスチックストローを禁止しており，同様の提案はニューヨークとサンフランシスコで検討されている。2015年にウミガメの鼻からストローを取り除く救助隊の詳細なグラフィック映像がインターネット上に流れ，その後，ストローを禁止しようという動きが世間の注目を受けた。

[3]　会社の役員室で廃棄物問題が持ち出されつつある。2月，ダンキンドーナツは，2020年までにポリスチレン発泡カップを店舗から排除すると発表した。マクドナルドは，来年までに英国とアイルランドで紙製のストローに切り替え，米国の一部の地域ではプラスチックストローの代替品を試用すると述べた。同ハンバーガーチェーンはまた，今年には冷たい飲み物のカップ，2025年までにはハッピー・ミールの箱やその他の包装に，リサイクルまたはその他環境に害の少ない材料のみを使用すると発表した。

［4］ プラスチックストローは，数の上ではプラスチックゴミの約4％を占めるにすぎず，重量はそれよりもはるかに少ない。ストローは，毎年，世界中の海域で集まる約900万トンのプラスチック廃棄物のうちの約2,000トンを占める。それでも，ある活動的なサポートグループは，一度しか使用されないプラスチック製品の上位5つは，ビニール袋，水のペットボトル，使い捨て容器，使い捨てカップ，ストローであると指摘している。近年は，ストローだけでなく，他のプラスチック製品にも取り組みがなされている。地方自治体の中には，ビニール袋の禁止と料金を制定しているところもある。大学のキャンパスやその他の場所で飲料用給水所ができ始め，再利用可能な水筒も，ペットボトルの使用を減らす方法として人気を集めている。

［5］ 大手チェーンが慣行を変えるのに時間がかかると言う理由の1つは，十分な供給を確保することが難しいということかもしれない。ニュージャージー州に拠点を置くフードサービスおよび清掃用品販売業者のインペリアル・デイドは，ここ数ヶ月で代替ストローの需要が大幅に増加したと言う。「私たちの最大の課題は，需要を満たすことができるように代替品を見つけることです」と，同社のマーケティング担当責任者，ローラ・クレイヴンは語った。クレイヴンはまた，障害を持つ人々やその他の人々が必要とするかもしれない曲がるストローのための特別な許可の必要性への認識も広まりつつある，とも言った。スターバックスは，そのニーズを満たす代替品に取り組んでいる，と述べている。

［6］ ストロー不要のフタは，この秋にシアトルとバンクーバーのスターバックスで使われ始め，来年には米国とカナダで徐々に使用が広がる。ストロー不要のフタは，フランスやオランダ，イギリスでも一部の店舗で使われるなど，ヨーロッパを皮切りに世界的に導入されるだろう。

語句

- □ plastic pollution「プラスチック汚染」
- □ threat「脅威」
- □ call「要求」
- □ flashpoint「発火点，起点」
- □ ban「～を禁止する」
- □ biodegradable「生分解性［自然に分解可能な］」
- □ material「材料」
- □ alternative「代替の，代替品」
- □ in detail「詳細に」
- □ boardroom「役員会，委員会」
- □ cite「～を引用する，～を挙げる」
- □ beverage「飲み物」
- □ account for A「A を占める」
- □ reduce「～を減らす」
- □ utensil「用具，用品」
- □ lid「蓋」
- □ proposal「提案」
- □ issue「（政治・教育・環境）問題」
- □ eliminate「～を取り除く」

第3回　実戦問題　**119**

- [ ] polystyrene foam cup「ポリスチレン発泡カップ」
- [ ] environmentally friendly「環境に害の少ない，環境にやさしい」
- [ ] add up to A「合計 A となる」
- [ ] single-use「一度しか使われない＜使い捨ての」
- [ ] to-go「持ち帰り用の＜使い捨ての」　　　□ container「容器」
- [ ] not only A but (also) B「A だけでなく B も」
- [ ] target「〜を標的とする，〜を狙いとする」
- [ ] enact「〜を制定する」　　　　　　　　□ fee「料金」
- [ ] popularity「人気」　　　　　　　　　　□ refill「〜を補充する」
- [ ] secure「〜を保証する，〜を確実にする」
- [ ] adequate「適切な」　　　　　　　　　　□ supplies＜supply「供給」
- [ ] distributor「販売業者，代理店＜供給・配達する者」
- [ ] demand「需要，要求」　　　　　　　　□ challenge「課題」
- [ ] satisfy「〜を満たす」　　　　　　　　□ awareness「認識」
- [ ] permission「許可」　　　　　　　　　□ bend「曲がる」
- [ ] disability「障害」　　　　　　　　　　□ strawless「ストロー不要の」
- [ ] gradual「徐々の，少しずつの」　　　　□ spread「広がり」
- [ ] introduction「導入」
- [ ] the Netherlands「オランダ」＝ Holland

第３回

設問解説

問1　| 34 |　**正解 ④**

「記事によると，スターバックスは | 34 | ことを決定した」

① 　2年以内に生分解性材料から作られたストローを発明する
② 　ウミガメの鼻からストローを取り除く救助隊のビデオを作る
③ 　米国の全都市の他企業にリサイクルストローを提供する
④ 　2年以内にすべての店でプラスチックストローの使用を中止する

　　第1パラグラフ第1文に「スターバックスは，2年以内にすべての店でプラスチックストローの使用をやめる」とあるので ④ が正解。第2パラグラフ第1文に，スターバックスは「2020年までに紙などの生分解性材料から作られたストローを使用する」ことが述べられているので ① は不適当。第2パラグラフ最終文にウミガメの映像が2015年にすでに流れたことが述べられており，スターバックスが作成した映像でもないので，② は不適当。第2パラグラフ第2文で The company already offers alternative straws in Seattle という記述があるが，代替ストローを提供しているのは客に対して

120

なので ③ は不適当。

問2　35　正解③

「マクドナルドは，35　ことを予定している」

① 　代替ストローと環境に優しいパッケージを排除する
② 　すべての店からポリスチレン発泡カップを排除する
③ 　カップ，パッケージをリサイクル可能または環境に害の少ないものにする
④ 　ストロー，カップ，その他のパッケージをリサイクル可能なものに置き換える

　　第3パラグラフ最終文に「今年には冷たい飲み物のカップ，2025年までにはハッピー・ミールの箱やその他の包装に，リサイクルまたはその他環境に害の少ない材料のみを使用する」とあるので ③ が正解。① はこの記事全体の趣旨とは正反対の内容で，記述がないので不適当。第3パラグラフ第2文で「ポリスチレン発泡カップを店舗から排除すると発表した」のはダンキンドーナツなので ② は不適当。④ は，ストロー，カップ，その他のパッケージでリサイクルできないものも使用されうるので不適当。

問3　36　正解②

「第4パラグラフでは，プラスチック問題に関する以下の事実の1つについて言及している：36　」

① 　ビニール袋，ストロー，ペットボトルの使用が禁止され，使用者は罰金を課される国もある
② 　ビニール袋やペットボトルも問題視され，両方とも一部の地域で取り組まれている
③ 　一度しか使用されないプラスチック製品の第1位はプラスチックストローで，最大900万トンにもなる
④ 　水のペットボトルを減らすために，学生は飲料用給水所でボランティアをしている

　　第4パラグラフ第5文の Several local governments ... でビニール袋への取り組み，次の文（最終文）でペットボトルを減らす取り組みについて述べられているので ② が正解。ビニール袋に対する禁止や料金については述べられているが，ストローやペットボトルの禁止や罰金については述べられていないので ① は不適当。fine は「罰金を課す」。第2文から，900万トンは海に集まるプラスチック廃棄物すべての重さなので ③ は不適当。学生がボランティアをしていることは述べられていないので ④ は不適当。

問4　37　正解①

「この記事を最も適切にまとめている文は，次のどれか」　37

① ストローに焦点を当てているスターバックスのような企業は，プラスチック製品を排除しつつある。

② プラスチックストローを排除することは，他の廃棄物が多すぎるため，何の意味もない。

③ 紙のストローとストロー不要のフタは，すべてのスターバックスの店舗で同時に使用され始める。

④ スターバックスは，曲がるストローを含むすべてのプラスチックストローを排除できると言っている。

　第3パラグラフでダンキンドーナツやマクドナルドの取り組みについても述べられていることから①が正解。第1パラグラフ最終文に「ストローは海に流出する汚染のごく一部ではあるが，廃棄物を減らす簡単な方法と見なされ，この動きのきっかけを作っている」とあることから②は不適当。第6パラグラフ第1文に with gradual spread …とあり，ストロー不要のフタは米国，カナダに徐々に広がり，ヨーロッパの国々へも展開していく様子が述べられているので③は不適当。第5パラグラフ最終文で「スターバックスは，その（曲がるストローの）ニーズを満たす代替品に取り組んでいる」とあるので④は不適当。

122

B

解答

問1 38 ③　問2 39 ①　問3 40 ・ 41 ①・④
問4 42 ①

全訳

　あなたは社会の動向について学習している。世界中の都市化に何が起こっているのかを理解するために，次の記事を読むところである。

　これまでの歴史では，世界の人口の大半は田舎に住んでいたが，最近この傾向は変わってきている。都市はますます成長し，いくつかの「都市」は 1,000 万人以上の巨大な人口のために「メガシティ」として再分類されている。現在，世界中で約 39 億人が都市部に居住しているが，2050 年までにその数は世界の人口の約 70%，63 億 4,000 万人に達すると予想されている。どのように都市を設計するかが重要である。人々は畑をコンクリートに変えつつあり，もし行動を起こさなければ貴重な食料供給を失うことになる。

　都市部への移住の最大の増加は，アジアとアフリカで予測されている。実際，この移住の 37% は中国，インド，ナイジェリアに集中するだろう。アフリカでは，都市部に住んでいる人々の 62% が非常に貧しく，しばしばゴミや安い材料を使用して作られた，安価で標準以下の住宅が広がる地域であるスラムに住んでおり，これらの低層住宅街は田園地帯にまで広がりつつある。アフリカの都市住民の数はすでに増加しつつあるが，2020 年から 2050 年までの間に今日の 3 倍の数にまで増える可能性がある。

　中国とエチオピアは，より発展することによって食料源を食い尽くす都市部拡張の問題に取り組んでいる。エチオピアの首都は今，巨大な建設現場のように見える。貴重な田園地帯とその資源を破壊しないように，政府は，市民のために手頃な価格の高層団地を建築している。さらに，都市部中心と他地域を結ぶ鉄道ネットワークにも資金を供給し，より便利にアクセスできるようになってきている。アジアでは，都市部の人口が今後 15 年間にわたって着実に増加し，その後安定するのだが，韓国の首都の市街を通る 8 車線のハイウェイが最近閉鎖された。これにより電車の利用が増え，都市部の空気が清浄になった。

　中国もまた高層建築に焦点を当てたが，重大な計画ミスを犯した。典型的なヨーロッパの都市を想像してみよう。ほとんどの建物が 6 階建てで，木々の並ぶ細い路地がレストランや店に囲まれた大きい広場につながっていて，すばらしい公共交通機関があ

第3回 実戦問題 *123*

る。近年，ヨーロッパの都市部の人口は減少しているにもかかわらず，生活の質は高い。中国では，環境汚染を生み出す車で渋滞している道路の中に巨大な高層団地が建てられ，近くに娯楽施設が全くない。中国政府はその過ちを認識し，移民によってすぐに再び都市部の人口が増える可能性があるヨーロッパの街の開発を見本として修正しようとしている。世界の課題は相変わらず，都市がストレスなしであることと自然環境への影響がほとんどないということを確実にするということである。

語句

□ trend「動向」
□ population「人口」
□ currently「現在」
□ valuable「貴重な」
□ predict「〜を予測する」
□ reside「住む」
□ substandard「標準以下の」
□ trash「ゴミ」
□ low-rise home「低層住宅」
□ urbanization「都市化」
□ reclassify「〜を再分類する」
□ vital「重要な」
□ migration「移住，移民者」
□ concentrate「〜を集中させる」
□ widespread「広がった，広範囲に及んでいる」
□ housing「住宅」
□ material「材料」
□ dweller「住民」
□ be likely to V「V する可能性がある，V しそうである」
□ escalate to triple「3 倍にまで増加［上昇］する」
□ tackle「〜に取り組む」
□ the problem of urban spread eating up ...「都市拡大が…を食い尽くすという問題」
　★ of は同格，urban spread は動名詞 eating の意味上の主語。
□ upwards「上方に」
□ precious「貴重な」
□ affordable「手頃な，手に入る」
□ fund「〜に資金を供給する」
□ steadily「着実に」
□ eight-lane「8 車線の」
□ typically「典型的に」
□ lead to「〜に至る，〜へ導く」
□ facility「設備，施設」
□ massive「巨大な」
□ pollution-producing「汚染を生み出す」
□ vehicle「乗り物」
□ construction site「建設現場」
□ resources「資源」
□ citizen「市民」
□ region「地域」
□ stable「安定した」
□ critical「重大な，決定的な」
□ line「〜を並べる」
□ square「広場」
□ the quality of living「生活の質」
□ jammed with 〜「〜で混み合った」
□ entertainment「娯楽」

- □ incidentally「ちなみに,ついでながら」
- □ ensure「~を確実にする,~を保証する」
- □ stressfree「ストレスのない」

設問解説

問1　**38**　正解③

「周囲の田園部へとアフリカの都市部が拡張する理由は　**38**　である」
① アフリカのほとんどの野菜は輸入されており,農業が必要ないこと
② 人々の迅速かつ効率的な移動のために公共交通機関が利用可能なこと
③ **安価な材料を使って隣接して建てられた住居建築**
④ 環境問題についての市民の知識不足

　第2パラグラフ第3文の widespread areas of cheap, substandard housing, often created using trash, or cheap materials, and these towns of low-rise homes are growing outwards into the countryside「ゴミや安い材料を使用して作られた,安価で標準以下の住宅が広がる地域であるスラムに住んでおり,これらの低層住宅街は田園地帯にまで広がりつつある」という部分から,③が正解。①については記述がない。②は第3パラグラフでエチオピアの鉄道についての記述はあるが,それが都市部拡張の原因とは書かれていないので不適当。④は本文に直接記述されていないので不適当。

問2　**39**　正解①

「次の4つのグラフの中で,最もよく状況を表しているものはどれか」　**39**

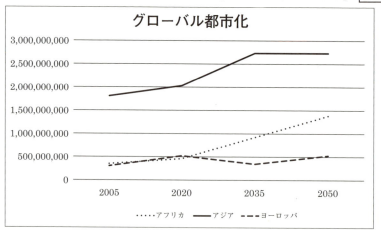

第3回　実戦問題　**125**

アフリカでは，第2パラグラフ最終文に the number of city dwellers in Africa ... to triple today's number「2020年から2050年までの間に今日の3倍の数にまで増える可能性がある」とあるので，2050年の都市部人口は2020年の3倍となる。**ア ジア**では，第3パラグラフ第5文に In Asia, ... become stable「都市部の人口が今後15年間にわたって着実に増加し，その後定着すると見込まれる」とあることから，都市部人口は増加し続け，2035年辺りから横ばいになる。**ヨーロッパ**では，第4パラグラフ第3文で Despite the number of people living in Europe's cities falling in recent years「近年，ヨーロッパの都市部の人口が減少しているにもかかわらず」とあり，さらに第5文に urban populations are likely to grow again soon due to immigration「移民によってすぐに再び都市部の人口が増える可能性がある」と記述があることより，2020年から下がり続けて，その後，ある時点からまた増加することが考えられる。以上の3点を満たすグラフは ① である。

問3　$\boxed{40}$ ・ $\boxed{41}$　**正解 ① ・ ④**

「この記事の内容によると，世界の現況を正しく記述しているのは次のどの2つか」（**2 つ選択**。順序は問わない）」　$\boxed{40}$ ・ $\boxed{41}$

① 中国では，生活をより快適にするために都市が再設計されている。
② 今日，アフリカのほとんどの都市には1,000万人以上の市民がいる。
③ 韓国の主要都市ソウルの中心部では，車は許可されていない。
④ おそらく，都市部への流入の3分の1以上は3国で起こるだろう。
⑤ 近年，より多くの食物が市の中心で栽培され生産されている。

① は第4パラグラフ第5文の The Chinese government realized its mistake, and is trying to fix it「中国政府はその過ちを認識し，…修正しようとしている」という記述と内容が一致。

② は第1パラグラフ第2文で「いくつかの『都市』は1,000万人以上の巨大な人口のために『メガシティ』として再分類されている」という記述があるが，アフリカのほとんどの都市については述べられていない。

③ は第3パラグラフ第5文で「韓国の首都の市街を通る8車線のハイウェイが最近閉鎖された」とあるが，首都のすべての道路が閉鎖されたり車が禁止されたということではないので不適当。

④ は第2パラグラフ第2文で Indeed 37% of this movement will be concentrated in China, India and Nigeria.「実際，この移住の37%は中国，インド，ナイジェリアに集中するだろう」という記述と内容が一致。

⑤ については本文に述べられていない。

126

問4 　42 　正解 ①

「この記事のタイトルとして最も適当なのは 42 」

① 移動人口の動向についての課題
② 次世代のための清浄な地球保持
③ 田舎を去る理由
④ 今，そして将来の最高の住処

　本文全体を通して書かれていることは，都市部への人口流入とその問題点なので，①が正解。第3パラグラフでエチオピア政府が「貴重な田園地帯とその資源を破壊しないように」高層団地を建設していること，最終文で韓国政府の政策で大気が清浄になったことや，第4パラグラフ最終文で「自然環境への影響がほとんどないということ」という記述等があるが，全体を通して描かれているのは清浄な地球保持についてではないので②は不適当。③について記述はなく，中国政府による住みやすい街についての計画が第4パラグラフで触れられているが，本文全体のテーマとはいえないので④は不適当。

第4回　実戦問題

解答一覧

(100 点満点)

問題番号（配点）	設問		解答番号	正解	配点	自己採点欄	問題番号（配点）	設問		解答番号	正解	配点	自己採点欄
第1問 (10)	A	1	1	③	2		第4問 (16)		1	21	②	3	
		2	2	③	2				2	22	④	3	
	B	1	3	③	2				3	23	①	4	
		2	4	①	2				4	24	①	3 *1	
		3	5	④	2					25	④		
小　計									5	26	①	3	
第2問 (20)	A	1	6	②	2		小　計						
		2	7	③	2		第5問 (20)		1	27	①	5 *1	
		3	8	①	2					28	②		
		4	9	④	2					29	⑤		
		5	10	③	2					30	③		
	B	1	11	②	2					31	④		
		2	12	①	2				2	32	⑧	5	
		3	13	④	2				3	33	④	5	
		4	14	②	2				4	34	⑤	5	
		5	15	④	2		小　計						
小　計							第6問 (24)	A	1	35	③	3	
第3問 (10)	A	1	16	④	2				2	36	①	3	
		2	17	③	2				3	37	③	3	
	B	1	18	①	2				4	38	③	3	
		2	19	②	2			B	1	39	①	3	
		3	20	③	2				2	40	④	3	
小　計									3	41 - 42	① - ⑤	3 *1	
									4	43	④	3	
							小　計						
							合　計						

(注)
1　＊1は，全部正解の場合のみ点を与える。
2　－（ハイフン）でつながれた正解は，順序を問わない。

128

第1問

A

解答

| 問1 | 1 | ③ | 問2 | 2 | ③ |

全訳

　あなたは国際友好クラブの会員だ。2人の新入生，台湾出身のリンとオーストラリア出身のアンディのための歓迎会を開こうとしている。寮の管理者でクラブ会長のトモヤからの短信を受け取った。

国際友好クラブの会員のみなさん

　春が来て，私たちは海外から2人の新入生を迎えます。リンとアンディは3月18日にこちらに着きます。2人にはできるだけ早くくつろいでもらえるといいと思いますので，18日の次の水曜か金曜に歓迎会を開きましょう。また，レストランを予約すべきか，構内の娯楽室を使えばいいのかも決める必要があります。今度の木曜の会議で細目を詰めましょう。会議に出席できないけど手伝ってくれる人は，僕にeメールを下さい。日取りと場所を決め次第，僕から先生方や他の学生に案内の連絡を出します。
よろしく。
トモヤ

語句

□ note「短信，メッセージ」
□ assistant「補佐役，援助係」
□ feel at home「くつろぐ」
□ whether to V「Vするべきかどうか」
□ work out「〈計画など〉をすっかり作り上げる」
□ detail「細目，詳細」
□ once + S + V ～「いったん～したら，～次第すぐに」
□ location「場所」
□ regards「〈手紙の終わりにつける語，複数形で使う〉よろしく」
□ resident「〈寮や施設の〉居住者」
□ president「…長」
□ as soon as possible「できるだけ早く」
□ reserve「～を予約する」
□ invitation「招待（状），案内（状）」

第4回　実戦問題　*129*

設問解説

問1 　1　　**正解 ③**

「会長は歓迎会を　1　開きたいと思っている」

① 彼らが帰国してしまう前に

② 新学期が始まる前の3月末までに

③ 新入生にくつろいでもらうために

④ クラブのメンバーだけで

　メールの第3文で「2人にはできるだけ早くくつろいでもらえるといいと思いますので，18日の次の水曜か金曜に歓迎会を開きましょう」と言っていることから③が正解。誰かが go home「帰国する」ことについても，新学期の始まりについても記述がないので①，②は不適当。最後の文で「先生方や他の学生に案内の連絡を出します」とあるので「会員だけで」という④も不適当。

問2 　2　　**正解 ③**

「会長は　2　ということも決めたいと思っている」

① パーティーでどんな食べ物を出すか

② いつ案内を出すか

③ どこでパーティーをするか

④ 誰が歓迎のあいさつをするか

　第4文で「また，レストランを予約すべきか，構内の娯楽室を使えばいいのかも決める必要があります」とあるので，③が正解。①，④については記述がない。案内を出すタイミングは，最後の文で「日取りと場所を決め次第，僕から先生方や他の学生に案内の連絡を出します」と言っているので改めて決める必要はないと考えられるので，②も不適当。

130

B

解答

| 問1 | 3 | ③ | 問2 | 4 | ① | 問3 | 5 | ④ |

全訳

　あなたはコミュニティセンターの英語のウェブサイトを開いて，興味深いメッセージを見つけた。

高齢の市民と高校生の夏季ルームメイト計画

　若者と年配者がお互いをよく知る機会をもっと多く持てればいいと私たちは考えます。コミュニティセンターは高校生がこの夏1週間，高齢者保護施設で高齢の市民と一緒に暮らすプログラムを主催します。

　やる気のある15歳から18歳の生徒で，違う世代の人々と話し合い，食事をし，遊んで楽しい時を過ごすことに興味のある人を30人募集しています。

プログラムのスケジュール

7月15日	オリエンテーション，歓迎会
7月16日	遠足：市民公園へ出かけます。
7月17日	芸能大会：お互いに音楽やダンスなどで才能を見せ合います。
7月18日	ビンゴの夜：一緒にビンゴゲームをやって商品を獲得しましょう。
7月19日	お話会：年配のルームメイトがあなたと自分の人生の経験を話し合います。
7月20日	一緒にお料理会：一緒に食事を作ります。
7月21日	遠足2：市立博物館へ「わが町」展覧会を見に行きます。
7月22日	お別れ会

- 生徒は自分の個室がありますが，一緒に過ごす高齢の「相棒」が割り当てられます。
- このプログラムに参加した時間は高校のある科目の成績に加算されることがあります。あなたの学校の事務室で確かめてください。

　このプログラムに参加するためには，ここをクリックしてください。5月30日午後5時まで。

コミュニティセンター　市民課

第4回　実戦問題　　*131*

語句

- □ opportunity「機会，チャンス」
- □ senior citizen「高齢者」
- □ retirement home「高齢者保護［療養］施設」
- □ enthusiastic「熱心な，やる気のある」
- □ assign「〜を割り当てる」
- □ administrative office「管理事務所」
- □ affair「ことがら，業務」
- □ host「〜を主催する」
- □ retirement「退職，引退，余生」
- □ generation「世代」
- □ buddy「相棒，パートナー」
- □ division「(官庁の) 局，課，事業部」

設問解説

問1　 3 　正解 ③

「この広告の目的は地元の高校に通う 10 代の若者で 3 人を見つけることである」

① 高齢の市民のために食事を作る
② 高齢者の日常の雑用を手助けする
③ ある期間年配者と一緒に暮らす
④ 高齢者について学校に出すレポートを書く

　　第2文で「コミュニティセンターは高校生がこの夏1週間，高齢者保護施設で高齢の市民と一緒に暮らすプログラムを主催します」とあることから③が正解。プログラムのスケジュールの中に「食事を作る」という日があるが，プログラムの目的ではないので①は不適当。②，④については記述がないので不適当。

問2　 4 　正解 ①

「このプログラムに参加中，生徒たちは 4 」

① 一緒に時間を過ごす「相棒」をもつ
② 施設の入居者のための活動を手配する
③ 施設の入居者と一緒の部屋に暮らす
④ 遠足をしてほとんどの時間を過ごす

　　スケジュールの下の但し書きに「生徒は自分の個室がありますが，一緒に過ごす高齢の『相棒』が割り当てられます」とあることから①が正解。また同じ個所から③は不適当とわかる。広告の見出しが「ルームメイト計画」とあるので，それだけしか読んでいないと混乱する可能性があるので注意。②については記述がない。プログラムのスケジュールの中に field trip という日が2日あるが，ほとんどの時間ではないので④は不適当。

第4回

語句
□ resident「(施設の) 入居者」

問3 5 正解 ④

「このプログラムは若い人にとっていい機会になるだろう。なぜなら彼らは 5 だろうから」

① 自分の健康と若さのありがたみを知る
② プログラムに参加している間の給料をもらう
③ 自分たちの町の歴史を知る
④ 自分よりずっと年上の人々と同じ経験を分かち合える

　第1文で「若者と年配者がお互いをよく知る機会をもっと多く持てればいいと私たちは考えます」とプログラムの目的と意義を明らかにしている。これは④に一致する。市立博物館見学で，町の歴史を知ることはできるが，これはプログラムの目的ではないので③は不適当。①，②については本文に記述はない。

語句
□ appreciate「～をありがたく思う，感謝する」

第4回 実戦問題　133

第2問

A
解答

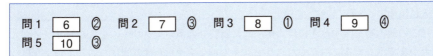

全訳

　あなたは学校の演劇クラブのメンバーで，クラブはクリスマスパーティーを開く予定である。インターネットで，パーティーのために作りたい季節の飲み物のレシピを見つけた。

クリスマスの季節の飲み物のレシピ
これは私たちのウェブサイトでベストテンに評価されている飲み物とデザートのレシピの1つです。この祝日のための飲み物で，みんなの気分はきっと明るくなりますよ。

家族みんなが楽しめるエッグノッグ
材料（12~16人分）
- 大きめの卵　6個
- 卵黄2コ
- 砂糖1/2カップ（＋大さじ2杯）
- 塩　小さじ1/4杯
- 全乳（乳脂肪を含むもの）カップ4杯
- バニラエッセンス　大さじ1/4杯
- 粉末ナツメグ　小さじ1/2杯
- ヘビークリーム（泡立てて）カップ1/4杯

作り方
第1段階
1. 材料をそろえる。
2. 卵，卵黄，砂糖，塩を平鍋の中で混ぜ，よくかき混ぜる。
3. 牛乳をゆっくりと注ぎ入れる間もかき回し続け，完全に混ぜ合わせる。

第2段階
1. コンロに点火して最も弱火にセットする。
2. コンロに鍋をかけ，混ぜたものを温度が70℃で，スプーンの背に液が十分粘りつくほどの濃さになるまでかき回す。この間，45分から1時間ほどかかるはず。

第3段階

1. 卵が熱で固まったダマなどを取り除くために，混ぜ合わせたものを大きなボールに漉して入れる。
2. バニラエッセンスとナツメグを入れる。かき混ぜる。
3. ガラスのピッチャーに注ぎ入れる。少なくとも4時間，最長3日間冷やしてから，人に出す。
4. この飲み物を出すときには，ボールに脂肪分の多い生クリームを入れ軽くツノがたつまで泡立てる。泡立てたクリームを冷たく冷やした飲み物に，切りこむようにしてざっと混ぜ込む。
5. 冷たく冷やしたカップにエッグノッグを入れ，ナツメグを散らして出す。

批評・評判

foodie@cookweb *2018年12月22日16時15分*

これを作ってパーティーに持っていきました。本当にクリスマス休日らしい気分が盛り上がりました。大人から子供までみんなが楽しめました。

美味しいもの大好き *2019年1月4日11時7分*

子どもの頃，私の家には毎年クリスマスになるとエッグノッグがありました。このレシピのおかげでなつかしい思い出がよみがえってきました。

語句

□ recipe「レシピ，（料理の）調理法」
□ seasonal「季節の」
□ beverage「飲み物」
□ rate「〜を評価する」
□ *be* sure to V「かならず V する」
□ brighten「〜を明るくする」
□ spirits「気分，精神」
□ eggnog「エッグノッグ」
□ ingredient「材料，成分」
□ serving「（飲食物の）1人分」
□ yolk「卵の黄身」
□ whole milk「全乳（脂肪分を取り除いてない完全乳）」
□ vanilla essence「バニラエッセンス」 □ grate「〈食べ物〉をおろす，小さくする」
□ nutmeg「ナツメグ（スパイスの一種）」
□ heavy cream「ヘビークリーム（乳脂肪分の多いクリーム）」
□ whip「〜を泡立てる」
□ instruction「作り方説明，使用説明（書）」
□ combine「〜を一緒にする」 □ pan「平鍋（片手で長い柄のものが普通）」

第4回　実戦問題　　*135*

□ stir「かき回す」　　　　　　　　　　□ pour「〜を注ぐ」
□ burner「バーナー（ガスレンジなどの火口）」
□ setting「設定」　　　　　　　　　　　□ degrees Celsius「摂氏〜度」
□ coat A「A を覆う」　　　　　　　　　□ strain「〈液体〉を（こし器などで）漉す」
□ remove「〜を取り除く」
□ pitcher「ピッチャー，水差し（耳形の取っ手と注ぎ口がついている）」
□ refrigerate「冷蔵［冷凍］する，冷却する」
□ serve「料理や飲み物を人に出す」　　　□ form「〜を形作る」
□ peak「とんがり，頂き」　　　　　　　□ chill「〜を冷やす」
□ sprinkle「〜をまき散らす」　　　　　□ review「論評」
□ comment「批評」

設問解説

問1　　6　　正解 ②
　「このレシピはあなたが　6　たいときにいいだろう」
① 寒い日に何か温かいものを楽しみ
② 季節の気分を味わい
③ 何か手早く準備し
④ 子どもたちに飲み物の作り方を教え

　レシピの最初に「この祝日のための飲み物で，みんなの気分はきっと明るくなりますよ」とあることから ② が正解。「冷やして出す」ので ① は不適当。作り方の項目にも「少なくとも 4 時間，最長 3 日間冷やす」とあり「手早くできる」とは言えないので ③ は不適当。子供たちに教えるという記述はないので ④ も不適当。

問2　　7　　正解 ③
　「指示に従うと，最短で　7　たてばこの飲み物は飲みごろになるはずだ」
① 45 分
② 60 分
③ 4 時間
④ 3 日

　作り方の第 3 段階の 3 に「少なくとも 4 時間，最長 3 日間冷やしてから」とあるので ③ が正解。

第4回

問3 8 **正解** ①

「家庭で開くクリスマスパーティーに行く人はこの飲み物を持っていくだろう。なぜなら 8 からだ」

① どんな年齢層の人にも飲める
② 冷蔵庫で何日も保存できる
③ 人々を驚かすような珍しい飲み物だ
④ 材料を 3，4 種類だけ使っている

　この飲料にはアルコールや強い香辛料も入っていない。またこのレシピのタイトルは Eggnog for the Whole Family「家族みんなが楽しめるエッグノッグ」なので ① が正解。② の保存期間については記述がない。伝統的なクリスマスシーズンの飲み物で unusual とは言えないので ③ は不適当。材料は 8 種類使っているので ④ は誤り。

問4 9 **正解** ④

「ウェブサイトによると，このレシピについての 1 つの**事実**（意見ではなく）はそれが 9 ということだ」

① 美味しくて健康によい
② 作りやすい
③ 子供用に作られている
④ 卵 8 個で作られる

　材料は 6 つの卵と 2 つの卵黄なので「卵 8 個」と言える。④ が正解。① の「美味しい，健康によい」は「意見」なので不適当。作りやすいかどうかも人によって異なる「意見」なので ② も不適当。特に子供のための飲み物ではなく「家族みんなが楽しめる」とあることから ③ は不適当。

問5 10 **正解** ③

「ウェブサイトによると，このレシピについての 1 つの**意見**（事実ではなく）は 10 ことだ」

① 子どもたちと一緒に作ると楽しい
② 最高のエッグノッグのレシピだ
③ 誰もが気分がよくなる
④ 材料が入手しやすい

　インターネットの批評欄に「本当にクリスマス休日らしい気分が盛り上がりました」とあるので ③ が正解。そのほかについては記述がない。

第4回 実戦問題 *137*

B

解答

問1 11 ② 問2 12 ① 問3 13 ④ 問4 14 ②
問5 15 ④

全訳

　あなたの英語の先生が次の授業でのディベートに向けた準備の役にたつようにと，ある記事をくれた。以下にこの記事の一部とコメントの1つが載っている。

アメリカのいくつかの学校でピーナッツが禁止される

ドンナ・チャン，ボストン在住
2018年9月5日・午後3時12分

　全国でいくつかの学校区がピーナッツとピーナッツ製品を禁止することに決めた。ピーナッツにアレルギーのある子どもの数がここ数年の間に倍増したからである。アレルギーは，かゆみ，皮膚の赤らみ，胸が締め付けられるような感じなどの反応を引き起こす。さらに，アレルギー反応の中には健康に害を与え，死亡という事態さえも引き起こす恐れがあるものがある。死に至るような事件はまれだが，アレルギー反応は教員や親の間で心配の種になっている。

　バージニア州の教育委員会のメンバーであるマイケル・サンプソンは次のように述べた。「すべてのピーナッツ製品を禁止するのは行き過ぎだと感じる人もいるかもしれません。しかし，すべての子どもにとって安全な環境を提供することが我々の責任だと思います。私たちの子どもたちを守るより良い方法が考えだされるまでは，後悔するよりは安全策を取る方がましです」

　しかし，ピーナッツを禁止することに賛成の人ばかりではない。親や教員の中には，禁止することはアレルギーを持っていない子どもに対して不公平になり，ピーナッツ抜きランチテーブルなど他の解決策の方が納得がいくと言う人たちもいる。またピーナッツ禁止はすべりやすい坂のようなもので，すぐにすべてが禁止の対象になるのではないかと心配する人も多い。家で猫を飼っている子供は，猫の毛が服についているかもしれないので学校に来られるのかと疑問に思う親もいる。

21 件のコメント

最新のもの

グレース・モーガン　35 歳　9 月 7 日・午後 7 時 28 分

すべてのピーナッツ製品を禁止するのはばかげています。私の息子はアレルギーを持っています。アレルギー反応が起きる場合に備えて，薬を持ったか確かめてから学校に行かせます。また，学校のほうでも息子の条件を承知しています。親と学校が適切な行動をとるように協力していくべきです。

語句

- [ ] article「記事」
- [ ] debate「討論（会）」
- [ ] ban「～を禁止する」
- [ ] district「地方」
- [ ] *be* allergic to ～「～にアレルギーがある」
- [ ] double「～を倍にする」
- [ ] allergy「アレルギー」
- [ ] cause「～を引き起こす，～の原因となる」
- [ ] reaction「（刺激に対する）反応」
- [ ] such as「（たとえば）～のような」
- [ ] itchiness「むずがゆさ」
- [ ] tightness「きついこと，締めつけられる感じ」
- [ ] chest「胸」
- [ ] harm「～を害する」
- [ ] incident「出来事，事件」
- [ ] concern「心配，懸念」
- [ ] amongst「～の間で」
- [ ] school board「（米国の）教育委員会」
- [ ] figure out「～を解決する，理解する」
- [ ] educator「教育者」
- [ ] argue「議論する，主張する」
- [ ] solution「解決策」
- [ ] peanut-free「ピーナッツの入っていない」
- [ ] peanut-free lunch tables「ピーナッツ抜きのランチテーブル」
  - ★A-free「A 抜きの」**（例）** salt-free「塩を加えない」，tax-free「免税の，非課税の」
  - ★米国の学校には持ってきたランチを食べる食堂があるが，そのうちのいくつかのテーブルに peanut-free table の表示を出して，そこではアレルギーの子どもだけが食事をする。アレルギーのある子どもの近くにアレルギーの元になる食品がないようにする方策。
- [ ] reasonable「納得がいく，理屈が通る」
- [ ] *be* concerned「心配する」
- [ ] slippery「つるつる滑る」
- [ ] silly「愚かしい」
- [ ] make sure「確認する」
- [ ] medicine「薬」
- [ ] in case「～する場合に備えて」
- [ ] take steps「措置を講ずる，行動を起こす」

□ proper「適切な」

設問解説

問1 　11 　正解②

「この記事によると，合衆国の学校の中には，11 という理由で学校の中でピーナッツを禁止しているところがある」

① ここ2, 3年の間にアレルギーによる死亡事故が倍増している
② 人々がアレルギーの危険について心配している
③ 収穫したてのピーナッツはさらにずっと有害である
④ 合衆国政府が学校にそうするように命令を出した

　第1パラグラフの冒頭で「全国でいくつかの学校区がピーナッツとピーナッツ製品を禁止することに決めた」と述べ，最終文で「死に至るような事件はまれだが，アレルギー反応は教員や親の間で心配の種になっている」とその理由を述べていることから②が正解。第1パラグラフ第1文後半で「アレルギーのある子どもの数がここ数年の間に倍増した」とあるが，倍増したのは死亡事故の数ではないので①は不適当。③, ④については本文に記述がないので誤り。

語句
□ risk「危険」　　　　　　　　　　□ harmful「有害な」

問2 　12 　正解①

「あなたのチームは『学校ではピーナッツやピーナッツ製品を禁止すべきだ』というディベートの論題に賛成の立場である。この記事の中の，あなたのチームにとって役にたつ意見（事実ではなく）は 12 というものである」

① 危険を冒すよりはピーナッツを抜きにしたほうがいい
② 多くの親たちがピーナッツを禁止していない学校があることに腹を立てている
③ 学校ではピーナッツ抜きのランチテーブルを作ることを考慮中だ
④ バージニアの教育委員会はピーナッツ禁止を主導している

　第2パラグラフでバージニア州の教育委員会のメンバーはピーナッツ禁止論を述べているが，そのことばの最終部分で「私たちの子どもたちを守るより良い方法が考えだされるまでは，後悔するよりは安全策を取る方がましだ」と述べている。これに一致する①が正解。②については本文中に言及がない。③は「禁止しなくてもいい」という反対の立場からの解決策なので不適当。④は事実であって意見ではない。

140

語句
□ lead「（討論など）を引っ張っていく，先導する」

問3　13　正解④

「もう1つのチームはこのディベートの論題に反対の立場に立つ。記事の中で，そのチームにとって役に立つ**意見**（事実ではなく）は　13　というものである」
① 禁止令はピーナッツバターが好きな子どもにとって不公平だ
② アレルギーを持っているこどもたちは家で勉強するべきだ
③ 親たちも先生たちも過剰反応している
④ 例えばピーナッツ抜きのランチ用のテーブルを設けるなど，他の解決法がある

　第3パラグラフの第2文に「ピーナッツ抜きランチテーブルなど他の解決策の方が納得がいくと言う人たちもいる」とあることから④が正解。②，③については記述がない。第3パラグラフの第2文に「禁止することはアレルギーを持っていない子どもに対して不公平になり…」とあるが「ピーナッツバターを好きな子に対して不公平」とは言っていないので，①は不適当。

語句
□ oppose「〜に反対する」　　　　□ overreact「過剰に反応する」

問4　14　正解②

「この記事の第3パラグラフで『ピーナッツを禁止することはすべりやすい坂のようなものである』と言っているのは　14　という意味である」
① 毎年ピーナッツがらみの事件が増えている
② 学校でどんどん多くのものが許されなくなるだろう
③ より多くの学校がピーナッツ禁止令に加わるだろう
④ 学校でのピーナッツの問題は難しい

　第3パラグラフの slippery slope という語のすぐ後に「すぐにすべてが禁止の対象になるのではないかと心配する人も多い」とあることから，②が正解。毎年増えているのはピーナッツアレルギーの子どもの数で「ピーナッツがらみの事件」ではないので①は不適当。③，④については記述がない。

語句
□ involve「〜を含む」

問5 15 正解 ④
「コメントによると，グレース・モーガンはピーナッツの禁止に 15 」
① 特に何の意見も持っていない
② 部分的には賛成である
③ 強く賛成している
④ **強く反対している**

　グレース・モーガンは冒頭で「すべてのピーナッツ製品を禁止するのはばかげている」と強い言葉でこの取り決めを否定しているので，④が正解。

□ particular「特別な」　　　　　　□ disagree「一致しない，意見が異なる」

第３問

A

解答

問1 　16 　④　　問2 　17 　③

全訳

　あなたは次のような話をあるブログの中に見つけた。それはあなたの学校にやってきた男子交換学生の書いたものだった。

運動会

5月25日，日曜

　僕の友人ユキの弟コータローは，小学生だ。先週の日曜，僕はユキの家族と一緒にコータローの学校の運動会を見に行った。アメリカでも運動会はある。それとどれぐらい似ているのかと興味があった。

　まず，日本の子どもたちの着るものだが，彼らは白いＴシャツと青いショートパンツをはいていた。またクラスによって違う色の帽子をかぶっていた。最初の種目は二人三脚だった。コータローとパートナーの子は２着だった。さらに２, ３の種目の後，僕たちは昼食を食べた。ユキのお母さんは美味しいおにぎりを作ってきていた。

　午後，各学年のクラスがリレーのレースをして，各学年でどのクラスが最も速いか競った。コータローは彼のチームの最終走者だったのでユキと僕は盛り上がった。そして彼のクラスが優勝した。僕らは彼に声援を送り続け，ゴールのラインを越えたときには抱きついた。最後の種目は，家族や友人を含めて誰もが参加する綱引きだった。僕たちの側は負けたが，とても楽しかった。

　日本の運動会は，アメリカのものよりも少しきちんと組織立っているということがわかったが，最も重要なことは，なかなか楽しいものだということだ。

語句

☐ exchange student「交換留学生」　　☐ elementary school「小学校」
☐ compare「似ている，匹敵する」
☐ wear「～を身に着けている，かぶっている，着ている」
☐ depending on A「Aに従って」　　☐ three-legged race「二人三脚」

第4回 実戦問題 **143**

□ grade「学年」　　　　　　　　　　□ cheer「～に声援を送る」
□ hug「抱きしめること」　　　　　　□ tug-of-war「綱引き」
□ including A「A を含めて」　　　　　□ lose「負ける」

設問解説
問1　16　正解④
　「学校の運動会では　16　」
① 家族は参加が許されない
② 低学年の子どもたちしか帽子をかぶらない
③ 学校が全員のための昼食を用意する
④ **最後に綱引きが行われた**

　第3パラグラフ第4文で「最後の種目は，家族や友人を含めて誰もが参加する綱引きだった」とあることから，④ が正解。綱引きには，「家族や友人を含めて誰もが参加」とあるので ① は誤り。第2パラグラフ第2文で「クラスによって違う色の帽子をかぶっていた」とある。低学年のみとは書いていないので，② は不適当。同パラグラフ最終文にユキのお母さんがおにぎりを作ってきたとの記述があるので ③ は誤り。

問2　17　正解③
　「このブログの書き手が　17　ということがわかった」
① 昼食のためにおにぎりを作って持ってきた
② アメリカの運動会の方がもっと楽しいと思っている
③ **友人の弟がレースに勝ったのでわくわくした**
④ 綱引きの試合に勝った
　第3パラグラフ第2，3文で「チームの最終走者だったのでユキと僕は盛り上がった。そして彼のクラスが優勝した。僕らは彼に声援を送り続け，ゴールのラインを越えたときには抱きついた」とあることから，③ が正解。第2パラグラフ最終文でユキのお母さんがおにぎりを作ってきたと書かれているので ① は不適当。第4パラグラフ最終文に日本の運動会について「楽しかった」と書かれているので ② は不適当。第3パラグラフ最終文で「綱引きには負けた」とあることから，④ は誤り。

第4回

144

B

解答

問1 18 ① 問2 19 ② 問3 20 ③

全訳

あなたは「留学マガジン」の中に次の記事を見つけた。

１杯のラーメンから日本の慣習を経験する

ジェニファー・マルチネス（英語講師）

　私はラーメンが大好きなので，日本で初めてラーメンを食べる機会を楽しみにしていた。もちろん，その麺料理は美味しかった。しかし，もっと重要なことに，私はたった一度の食事を通して日本文化についていくつかのことを学んだのだった。

　勤務先の高校で教え始めた最初の週の間に，私の指導教官である前田先生が昼食に学校のそばの彼のお気にいりのラーメン屋に連れて行ってくれた。店の引き戸を開けて中に入るとき私は期待でわくわくしていた。入り口に置いてある機械を見て戸惑った。それが券売機だということがわかった。日本では多くの安い値段のレストランでこのような機械が置いてあり，食べる前にお金を払う。物事をより便利にするために科学技術が上手く使われていることに感心した。

　私は箸を手に取りただちにラーメンを食べようとしたが，前田先生に止められた。彼によると，日本では食べる前に「いただきます」と言うことが礼儀なのだという。これは私の国でも取り入れたい良い習慣だと思う。次の驚きは，前田先生がスープと麺を口の中にすするときに立てる大きな音だった。すすることはスープと麺を冷ますのに役立つし，より風味が増すのだと，彼は説明してくれた。アメリカでは，食べるときに口で音をたてるのは無作法とされているので不快な気がした。

　食事が終わり，店を出るときに私たちは「ごちそうさま」と言った。この表現を口にすると，今食べた食事に対する感謝の気持ちをより強く感じた。私の初めてのラーメン屋訪問はただ単においしい食事だというだけでなく，たいそう勉強になる経験だった。

語句

□ noodle「麺」　★普通 noodles。

□ look forward to A「A を楽しみにする」

第4回 実戦問題 *145*

□ meal「食事」　　　　　　　　□ mentor「よき指導者，師匠」
□ anticipation「期待」　　　　　□ *be* confused「混乱する」
□ affordable「価格の安い」　　　□ immediately「ただちに，すぐに」
□ polite「礼儀正しい」　　　　　□ slurp「〜をすする」
□ rude「無作法な」　　　　　　　□ gratitude「感謝」

設問解説

問1　18　正解①

「この話によると，そのレストラン訪問に関するジェニファーの気持ちは次のような順番で変わった」18

① わくわく→戸惑っている→感心している→良い→不快だ→感謝している
② わくわく→戸惑っている→不快だ→感謝している→良い→感心している
③ わくわく→不快だ→感謝している→感心している→良い→戸惑っている
④ わくわく→不快だ→良い→感心している→戸惑っている→感謝している
⑤ わくわく→感謝している→戸惑っている→良い→感心している→不快だ
⑥ わくわく→感謝している→良い→不快だ→感心している→戸惑っている

　　まず第2パラグラフ第2文に I was excited「わくわくした」とあり，第3文では「入口に置いてある機械を見て戸惑った」とある。それが券売機とわかってからは感心し，第3パラグラフで実際の食事に入ってからは「いただきます」という挨拶について nice custom「良い習慣」と述べ，さらに音をたてることに不快感を示している。第4パラグラフ第2文で「この表現を口にすると，今食べた食事に対する感謝の気持ちをより強く感じた」とあることから，最後が「感謝」で終わっている ① が正解。

問2　19　正解②

「ジェニファーが食べ始めようとするのを前田先生が止めたのは　19　からである」
① 音をたてるのは無作法だ
② 彼女が食事の前に言うべき言葉を言っていなかった
③ 彼女が箸の持ち方を間違えていた
④ スープが熱かった

　　第3パラグラフ第2文で「彼によると，日本では食べる前に『いただきます』と言うことが礼儀なのだという」とあることから，② が正解。

146

問3 　20　　正解 ③

「この話から，ジェニファーが 　20　 ということがわかった」

① 日本の食べ物の周辺の習慣や作法について他の人に教えることに興味がある

② 日本の食事の習慣について多くのことを知っているが，まだ少しだけ知らないこともある

③ 日本の食べ物が大好きだが，日本の食事の習慣や規則については知らないことが多い

④ 日本食について学ぶために前田先生にあるレストランに連れて行ってもらった

　第1パラグラフで彼女はラーメンが大好きだと言っている。しかし第2パラグラフで食事の前にチケットを買うことに当惑し，第3パラグラフでは食事の前に「いただきます」という習慣を知り，ラーメンを食べるときに指導教官が立てる音に驚いたとある。これに一致する ③ が正解。④ については，第2パラグラフ第1文にラーメン屋に連れて行ってもらったのは for lunch「昼食を食べるため」とあるが「日本食について学ぶため」とは書かれていないので，不適当。

第4問

第4回　実戦問題　**147**

第
4
回

解答

問1 $\boxed{21}$ ②　問2 $\boxed{22}$ ④　問3 $\boxed{23}$ ①
問4 $\boxed{24}$ ①　$\boxed{25}$ ④　問5 $\boxed{26}$ ①

全訳

あなたは家事と若者について調べ物をしていて，2つの記事を見つけた。

家事の手伝い　　　　　　　　　　　　　　　　著者　カシュミラ・タタ
2017年9月

　子供たちに家事の手伝いをさせることは，今彼らのためになるだけでなく，将来彼らがより良い大人になるという結果をもたらし得る。日々の雑用をしている子供たちは，自分が家族というチームの一員だと感じ，長期的に重要な生活の技能を学ぶことにもなるということが，調査によってわかった。子供たちが家庭で仕事をするとき，彼らは任務を果たす能力に自信を持つようになるということを研究は示した。さらに，子供が両親や兄弟姉妹と一緒に家事をすることで，他の人との協働という，大人の生活の中で非常に役に立つもう1つの技術を学ぶ助けになる。しかし，バランスということが欠かせない。子供時代は短いのだから，若者は自分の同年配の人と遊ぶ機会を持ち，スポーツや余暇もまた楽しまなくてはならない。

　2017年の国際的な調査の結果，5か国の13歳から17歳までの子供が毎日家事をするのに費やす時間の量がわかっている。国によってその時間は大きく異なり，ある国では大きな男女差が示された。

　全体的に見て，2005年に行われた前回の調査以来，家事をする時間は減った。平均して10代の子供たちが日常の決まった雑用に費やす時間は，10年前の1日2時間に比べて，今では1.8時間になっている。女子の結果は18％減り，男子の結果は意外なことに7％増えている。これらの変化が生じた理由の1つは，ゲームやソーシャルメディアのような時間を食う現代の活動に魅力があることが挙げられる。また，もう1つの理由は家事労働をずっと楽なものにする家電の普及である。またさらに，伝統的な男女の役割の区別が現代社会では消えつつあることもある。最後に，子供が教育を受ける権利と個人の自由を支援する点で，発展途上国における広報活動や慈善活動が功を奏したこともある。

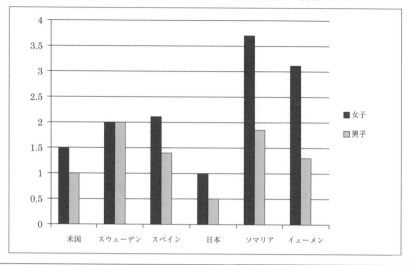

1日に家事をするのに費やす時間の平均（単位：時間）2017

「家事の手伝い」についての意見

F・M著
2017年10月

　国際的な保育士として，私は世界中あちこちで暮らし，様々な種類の子供たちの日常生活を見てきた。今日でさえも，いくつかの貧しい国で若い人たちが非常に難しい家事をして多くの時間を過ごしているのを見ると，私は悲しい気持ちになる。このような事例では，幼い兄弟姉妹の世話をすることまで含まれている。もし10代の子供たちが忙しく家族の世話ばかりしていたら，彼らの全将来に影響を及ぼしかねない貴重な学校の時間を失うことになるだろう。

　しかし，私は自分自身の国での結果を見てうれしかった。この結果は社会のあらゆる分野で高いレベルの平等が実現できているためだと思う。ここでは，妻が夫と同じだけの時間働き，同じような給料を得る。家に帰ってからは日常の決まった雑用を一緒にして，子供たちも必ず加わるようにする。このことは子供の中に責任感をつちかうだけでなく，またできるだけ多くの時間を毎日家族一緒に過ごせるということにもなる。

　これらの例はさておき，私としては男子女子ともに家事をする時間の少ない国々でもっと（家事をする）時間を増やしてほしいと思う。若い人たちには家事をすることなど退屈に思われるかもしれないが，大学でひとりで生活したりするときや，就職し

第4回　実戦問題　**149**

結婚したときの準備の助けになるかもしれない。親としては当然，子供たちのために何でもやってやることが，彼らへの愛を示す一番の方法だと思うだろう。だが実際は，物事を自力でする方法を教えることもまた，可愛いわが子に与える非常に価値ある贈り物になりうるのだ。

語句

- □ housework「家事」
- □ lead to A「A（結果）につながる」
- □ take part in A「A に参加する」
- □ chore「（日常の定期的な）雑用，家事」
- □ skill「技術，技能」
- □ confidence「自信」
- □ perform「～を遂行する」
- □ furthermore「さらに」
- □ learn to V「V できるようになる」
- □ essential「本質的な，欠くことのできない，重要な」
- □ opportunity「機会」
- □ as well「～もまた」
- □ certain「ある～」　★名詞の前で。
- □ gender gap 「男女差，性差，ジェンダーギャップ」
- □ overall「全般的に言えば」
- □ on average「平均して」
- □ actually「実際に」
- □ appeal「（人の心を動かす）魅力」
- □ time-consuming「時間を浪費するような」
- □ social media 「ソーシャルメディア」
  ★ブログ，SNS，ツイッターなどオンライン上の双方向なサービスの総称。
- □ technology「科学技術」
- □ role「役割，役目」
- □ charity「慈善（活動・団体）」
- □ support「～を支援する」
- □ individual「個人の」

- □ benefit「～のためになる」
- □ adult「おとな，成人」
- □ daily 「毎日の」
- □ long-term「長期（間）の」
- □ develop「～を発達させる，持ち始める」
- □ ability「能力」
- □ task「仕事，任務」
- □ sibling「兄弟姉妹」

- □ peer「年齢などが同等の人，仲間」
- □ vary「変わる」

- □ decrease「減る」
- □ drop「急激に減る，落ち込む」
- □ increase「増える」

- □ traditional「伝統的な」
- □ campaign「（政治的，社会的）運動」
- □ developing nation「発展途上国」
- □ education「教育」
- □ freedom「自由」

＊＊＊

- □ childminder「保育士，チャイルドマインダー」
  ★親が働いている間，有料で子供を預かる人。多くは自宅で預かる。主に《英》。

150

- □ observe「～を観察する」
- □ challenging「難しい」
- □ care for A「A の世話をする」
- □ affect「～に影響する」
- □ join in「参加する，加わる」
- □ aside from ～「～はさておき，～のほかに」
- □ contribution「貢献，発言」
- □ on one's own「1 人で，独力で」
- □ in fact「実際は」

- □ sadden「～を悲しませる」
- □ case「場合」
- □ valuable「価値のある，大切な」
- □ similar「同じような」

- □ boring「退屈な」
- □ naturally「当然，自然に」

設問解説

問1　21　正解②

「カシュミラ・タタもこの保育士も　21　について言及していない」

① 社会の中での男女の地位の変化
② 片親のみの家庭の増加
③ 現代の機械の便利さ
④ 勉強時間を持つ必要性

「2 人とも言及して**ない**」ことを選ぶ点に注意。②の片親の増加については，どちらも述べていないので正解。①はカシュミラ・タタが第 3 パラグラフ第 6 文で，男女の社会の中での役割が変化してきたことを指摘している。③は第 3 パラグラフの第 5 文で家電の普及について述べている。④は保育士が，若者が勉強時間を持つ必要性について第 1 パラグラフ最終文で述べている。

問2　22　正解④

「この保育士の国での性差は　22　」

① 減りつつある
② 2 倍である
③ 増えつつある
④ ない

　F・M 氏は第 2 パラグラフ冒頭で「私は自分自身の国での結果を見てうれしかった。この結果は社会のあらゆる分野で高いレベルの平等が実現できているためだと思う」と述べている。スウェーデン以外の国では女子の家事労働時間の方がずっと長いので，「自分の国」とはスウェーデンのことを指すと考えられる。グラフでは男女の時間に差はな

いので ④ が正解。

問3 23 **正解①**

　「2つの記事によると， 23 という点から家事をすることは子供にプラスの影響がある。（下のリストから最適な組み合わせ（①～⑥）を選べ）」

A. **他の人たちとの協力**

B. **責任感の発達**

C. 将来の結婚相手

D. スポーツをする能力

　A. は，他の人との協働について，カシュミラ・タタが第1パラグラフ第4文で価値を認めているので，適切。B. は，責任感について，カシュミラ・タタが第1パラグラフ第2文で，保育士が第2パラグラフ最終文で評価しているので，適切。C. についてはどちらにも記述がない。D. のスポーツについては，カシュミラ・タタが第1パラグラフ最終文で「若者にはスポーツを楽しむ時間も必要」と述べているが，家事をすることによるプラス効果としては述べられていないので不適当。したがって，正解は ① A and B。

語句

□ positive「積極的な，プラスの」　　　□ effect「結果」

□ in terms of A「A に関しては」　　　□ collaborate「協力する」

問4 24 **正解①** 25 **正解④**

　「カシュミラ・タタは，子供たちの中には 24 子もおり，保育士は 25 子もいると述べている」

① **家事をするよりもインターネットを使う方を選ぶ**

② 大学へ行ったときには家事をしない

③ もっと愛情にあふれた家庭生活を必要としている

④ **家庭で親の役をしている**

⑤ 国際的な慈善活動に参加する

　カシュミラ・タタは第3パラグラフ第4文で，女子の家事手伝いの時間が減った理由などを「これらの変化が生じた理由の1つは，ゲームやソーシャルメディアのような時間を食う現代の活動に魅力があることが挙げられる」と述べているので，24 は ① が正解。

　保育士は第1パラグラフ第2，3文で「今日でさえも，いくつかの貧しい国で若い人

152

たちが非常に難しい家事をして多くの時間を過ごしている…このような事例では，幼い兄弟姉妹の世話をすることまで含まれている」と述べていることから，| 25 | には④が入る。②，③，⑤については，どちらの記事にも記述がないので不適当。

問5 | 26 | **正解①**

　「あなたは2つの記事の情報に基づいて宿題のレポートを書こうとしている。そのレポートのタイトルとして最も適しているのは『| 26 |』だろう」

① 　家事の手伝いは一生続く良い習慣をつけさせる
② 　家事のやり方を発展途上国からどう学ぶか
③ 　昔より多くの10代の若者が家事をしている
④ 　今学校は生徒に家事のやり方を教える

　カシュミラ・タタが第1パラグラフ第2文で「毎日定期的な雑用をしている子供たちは…長期的に重要な生活の技能を学ぶことにもなるということが，調査によってわかった」と述べ，また保育士は第3パラグラフ第2文で「若い人たちには家事をすることなど退屈に思われるかもしれないが，大学でひとりで生活したりするときや，就職し結婚したときの準備の助けになる」と述べていることから，①が正解。③はカシュミラ・タタが第3パラグラフ第1文で「全体的に見て，2005年に行われた前回の調査以来，子供が家事をする時間は減った」と指摘しているのと矛盾するので，不適当。②，④についてはどちらの記事にも記述がない。

第4回　実戦問題　153

第5問

解答

全訳

あなたは雑誌の情報を使って，大きな影響を及ぼしたアメリカ人についてパワーポイントの発表を準備している。

　マーティン・ルーサー・キング・ジュニアは，1950年代から1960年代にかけてアフリカ系アメリカ人の公民権を求める運動を率いた重要な社会活動家だった。彼は，モンゴメリーでのバスボイコット運動や「私には夢がある」という彼の象徴ともいえる演説を含めて，アメリカの黒人の歴史の流れを変えるような多くの出来事の中でかなめとなる人物だった。

　マーティン・ルーサー・キング・ジュニアは1929年ジョージア州アトランタで生まれた。幼いころからキングは学校でも群を抜いて優秀だった。9年生と11年生は飛び級で進級した。25歳になるまでに彼はボストン大学で博士号をとっていた。ちょうどその1年後の1955年，彼の公民権運動の活動家としての最初の重要な事件が起きた。ローザ・パークスという名のアフリカ系アメリカ人の女性が，長い1日の仕事の後で疲れ果てていたので，バスの中で立っていた白人男性に席を譲るのを拒んだのだ。彼女が逮捕された後，公民権運動の団体が，マーティン・ルーサー・キング・ジュニアをモンゴメリー市のバスをボイコットする運動の指導者に選んだ。彼は1957年にも引き続きその運動で指導者としての力を発揮した。そしてその年，南部キリスト教指導者会議（SCLC）という名の団体を設立した。その団体は多くの活動の中でもとりわけ，アフリカ系アメリカ人の選挙での投票を後押しすることに関わった。SCLCの助けを得て，マーティン・ルーサー・キング・ジュニアは1950年代後半から1960年代前半に，公民権の重要な催しを指導者として率い続けた。

　マーティン・ルーサー・キング・ジュニアは奮闘して非常に苦しんだ。社会の中で黒人と白人を分離しておきたいと思う人々から不当に扱われることも多かった。1963年，彼はアラバマ州バーミンガムでのデモ行進の際に逮捕された。デモでは警察が，抗議運動の参加者に犬をけしかけたり，消防のホースで水を浴びせかけたりして不当に扱った。牢屋からマーティン・ルーサー・キング・ジュニアは有名な手紙を送り，非暴力抗議の重要性を説いた。同じ年の8月，ワシントン大行進で彼は力強い

演説を行った。「私には夢がある」というタイトルのその演説の中で，マーティン・ルーサー・キング・ジュニアは，人々がもはや肌の色によって判断されず，人種に関係なく兄弟姉妹としてともに働くことができる将来像を示した。

　悲しい事態の成り行きで，マーティン・ルーサー・キング・ジュニアは1968年4月，テネシー州メンフィスでこれも有名な演説を行った後，泊まっていたホテルのバルコニーに立っているときに暗殺されてしまった。彼の暗殺は全国で暴動を引き起こした。暗殺者とされるジェイムズ・アール・レイは1969年に牢獄に送られ，そこで残りの人生を送った。

　今日，マーティン・ルーサー・キング・ジュニアはアフリカ系アメリカ人の公民権獲得の前進において，もっとも重要な人物と考えられている。彼の「私には夢がある」演説は国中の学校で学ばれている。それは公民権の歴史にとって重要だからというだけでなく，その力強い表現のためでもある。この公民権運動の指導者にちなんで名付けられた通りや建物や施設はアメリカ中にある。1983年に1月の第3月曜日はマーティン・ルーサー・キングの日と名付けられ，彼の残した業績が国の祭日として毎年祝われている。

公民権運動の象徴的存在の生涯

■ マーティン・ルーサー・キング・ジュニアの生涯の出来事年表

1929 年	ジョージア州アトランタに生まれる。
1950 年代	27
	28
1960 年代	29
	30
	31

■ 公民権運動について
・南部キリスト教指導者会議を設立した。
・次の行動を通じて運動を率いた： 32

■ "I Have a Dream" という演説について
・1963 年に "I Have a Dream" という演説をした。
・彼が夢見た社会は 33

■ 彼の及ぼした影響について
・彼の影響は今でも合衆国で見られる： 34

第4回 実戦問題 *155*

語句

☐ influential「大きな影響力のある」　　☐ activist「活動家」

☐ African American「アフリカ系アメリカ人」

☐ Civil Rights「公民権」　　☐ key figure「重要人物」

☐ including A「A を含めて」　　☐ Montgomery「米国アラバマ州の州都」

☐ iconic「偶像の，偶像的な」　　☐ excel「衆に抜きんでる，他よりすぐれる」

☐ skip「～を飛び級する，一足飛びに進級する」

☐ earn「～を得る」　　☐ doctorate degree「博士号」

☐ *be* exhausted「くたびれきる」　　☐ refuse「拒否する，断る」

☐ arrest「～を逮捕する」　　☐ continue「続ける」

☐ the SCLC「南部キリスト教指導者会議」　☐ vote「投票する」

☐ suffer「苦しむ」　　☐ abuse「～を虐待する，不当に扱う」

☐ segregate「～を分離する，差別する」　　☐ demonstration「デモ，示威運動」

☐ protestor「抗議する人，抗議運動の参加者」

☐ spray「～をまき散らす」　　☐ hose「ホース」

☐ jail「刑務所，牢屋」　　☐ preach「説教をする」

☐ non-violent「非暴力主義の」　　☐ protest「抗議運動」

☐ present「～を差し出す，示す」　　☐ vision「未来図，想像図」

☐ regardless of A「A にかかわらず，A に関係なく」

☐ race「人種」　　☐ assassinate「暗殺する」

☐ assassination「暗殺」　　☐ spark「～を引きおこす」

☐ riot「暴動」　　☐ alleged「疑わしい，申し立てられた」

☐ assassin「暗殺者」　　☐ *be* sentenced to A「A を宣告される」

☐ prison「刑務所」　　☐ rest「残り」

☐ advancement「前進」　　☐ wording「言葉づかい，表現」

☐ institution「施設，協会，団体」　　☐ legacy「遺産」

☐ celebrate「～をほめたたえる」　　☐ federal「連邦政府の，アメリカ合衆国の」

☐ icon「象徴，偶像」　　☐ found「創立する，設立する」

☐ deliver「（演説を）する」　　☐ influence「影響（力）」

第4回

156

設問解説

問1　$\boxed{27}$　正解 ①　　$\boxed{28}$　正解 ②　　$\boxed{29}$　正解 ⑤

　　　$\boxed{30}$　正解 ③　　$\boxed{31}$　正解 ④

　「下の出来事を起きた順番に $\boxed{27}$ から $\boxed{31}$ の空所に入れて，マーティン・ルーサー・キング・ジュニアの生涯の年表を完成させよ」

① キングはバスボイコット運動を率いた。

② キングは黒人のための団体を組織した。

③ キングは未来像について語った。

④ キングは銃撃されて命を落とした。

⑤ キングは投獄された。

① 1955年から1957年のバスボイコットを指導する。（第2パラグラフ第5文〜第7文）

② 1957年南部キリスト教指導者会議が設立された。（第2パラグラフ第7文）

③ 1963年8月ワシントン大行進で演説 "I Have a Dream" をした。（第3パラグラフ第5文）

④ 1968年4月銃撃されて命を落とした。（第4パラグラフ第1文）

⑤ 1963年アラバマ州バーミンガムでのデモ行進で逮捕された。（第3パラグラフ第3文）

年代順に古いものから，① → ② → ⑤ → ③ → ④ となる。

問2　$\boxed{32}$　正解 ⑧

　「プレゼンテーションを完成するのにもっとも適した記述を選べ。（下のリストから最適な組み合わせ（① 〜 ⑨）を選べ）」$\boxed{32}$

A.　キングは警察に襲われるのを避けるための独特な方法を考案した。

B.　キングはボストン大学で若い人々の教育に携わった。

C.　キングは非暴力抵抗運動の重要性を強調した。

D.　キングはバスを使わない運動を率いた。

E.　キングはアフリカ系アメリカ人の投票権獲得のための運動を推し進めた。

F.　キングはアメリカの黒人の状況を変えるために白人の指導者との強い連携を築こうとした。

　A. キングの説いた非暴力の抗議運動は警察の攻撃を避けるためのものとは述べられていないので，不適当。

　B. ボストン大学はキングが博士号を取得したところだが（第2パラグラフ第4文），

そこで教鞭をとったとは述べられていないので不適当。

C．第3パラグラフ第4文に「牢屋からマーティン・ルーサー・キング・ジュニアは有名な手紙を送り，非暴力抗議の重要性を説いた」とあるのと一致する。

D．第2パラグラフ第6文に「彼女が逮捕された後，公民権運動の団体が，マーティン・ルーサー・キング・ジュニアをモンゴメリー市のバスをボイコットする運動の指導者に選んだ」とあるのと一致する。バスボイコットを「バスを使わない運動」と言い換えてある。

E．第2パラグラフ第8文に「その団体（キングが設立した南部キリスト教指導者会議）は多くの活動の中でもとりわけ，アフリカ系アメリカ人の選挙での投票を後押しすることに関わった」とあるのと一致する。

F．白人の指導者との連携についての記述はないので，不適当。この記事に書いてあることからのみ判断することが求められている。

以上のことから，⑧ C, D, and E が正解。

- avoid「～を避ける」
- emphasize「強調する」
- campaign「（社会的）運動」
- promote「～を促進する，推し進める」
- tie「絆，結びつき，連携」

問3　33　正解④

「マーティン・ルーサー・キング・ジュニアの夢見た社会をもっともよく表しているのは次のどれか」33
① アフリカ系アメリカ人がよりよくバスを利用できる社会。
② 肌の色に応じて人々が仕事を選ぶことのできる社会。
③ 人々が兄弟姉妹と一緒に商売をすることのできる社会。
④ **人種に関係なく人々が協調して働いたり暮らしたりできる社会。**

キングの夢見た社会は第3パラグラフ最終文に I Have a Dream という演説の内容として書かれている。そこで「人々がもはや肌の色によって判断されず，人種に関係なく兄弟姉妹としてともに働くことができる」と述べているので ④ が正解。

- available「利用できる」
- according to A「A に応じて，A に従って」
- run a business「商売をする」
- in harmony「調和して，協調して」

158

問4　34　正解⑤

「プレゼンテーションを完成するのにもっとも適した記述を選べ。（下のリストから最適な組み合わせ（①〜⑨）を選べ）」34

A.　キングの貢献に敬意を表すために全国的な祭日が作られた。

B.　今では多くのアフリカ系アメリカ人の政治家がいる。

C.　抗議のデモ行進が４月に全国で行われる。

D.　演説の草稿を書く仕事は一般的な仕事になった。

E.　キングの「私には夢がある」という演説を生徒たちが教えられている。

F.　多くの場所の名前がキングと関連している。

　A. 第５パラグラフ最終文で「1983年に１月の第３月曜日はマーティン・ルーサー・キングの日と名付けられ，彼の残した業績が国の祭日として毎年祝われている」とあるのと一致する。

　B. 本文に述べられていない。

　C. 本文に述べられていない。

　D. 本文に述べられていない。

　E. 第５パラグラフ第２文で「彼の『私には夢がある』演説は国中の学校で学ばれている」とあるのと一致する。

　F. 第５パラグラフ第３文で「この公民権運動の指導者にちなんで名付けられた通りや建物や施設はアメリカ中にある」とあるのと一致する。

　以上のことから，⑤ A, E, and F が正解。

語句

□ honor「敬意を表する」　　　　　□ contribution「貢献」

□ politician「政治家」　　　　　　□ take place「起きる，行われる」

□ *be* associated with A「Aと関連する」

第4回　実戦問題　**159**

第６問

A

解答

問１　35　③　問２　36　①　問３　37　③　問４　38　③

全訳

　あなたは授業で捜索救助活動（SAR）についてグループ発表をするために準備中です。次のような記事を見つけました。

人々を救助する犬

[1]　捜索・救助（SAR）チームは世界中で人々の捜索の任務にあたっている。SARは犯罪現場，自然災害，地震，雪崩，建物の倒壊，水難事故，行方不明者の捜索にあたって，法の執行機関を助けている。これらの高度な訓練を積んだチームにはSAR犬とその訓練士が入っているのが特徴になっている。捜索・救助にあたる活動で，１頭の犬が１日に担当できる範囲は，人間が同じ量の仕事をするなら，30人を必要とすることになるだろう。

[2]　SARで活躍できる犬種は，特定の種類とはかぎらない。概して，ほとんどのSAR犬は狩猟犬や牧羊犬の血をひいている。多くのSAR犬は雑種である。犬種よりも重要なのは，その犬のSARに適した必須の性質だ。SAR犬はエリートの運動選手と思われているが，忍耐力や機敏さや訓練に耐える性質を示さなくてはいけない。訓練を始めるときには犬は十分に成犬になっていなくてはならないが，ほとんどの訓練士は，人懐っこさ（物怖じするようではいけない），活力，好奇心，独立心と集中力といった基本的な特徴を示す仔犬を探すことから始める。さらに加えて，訓練士たちはもう１つの重要な特質を探す。それは遊びの衝動を持っていることだ。遊びの強い欲求こそは犬を捜索の仕事に集中させるものである。また，その欲求があれば，捜索の仕事は動物にとってとても楽しいゲームになるのだ。

[3]　SAR犬は仕事が大好きだ。なぜなら彼らにとって仕事は好きなゲームをすることだからだ。犬に任務を遂行し続けてもらうためには，うまくできた時には褒美をやる必要がある。動物によってその褒美は異なる。特別のごちそうがほしくて捜索ゲームを頑張る犬もいる。また捜索の終わった後にボールをキャッチするなどの楽しい活動が待っていると一生懸命働く犬もいる。その犬が何を望むのか，何があれば犬のやる気が持続するのかを考えるのはトレーナーの仕事である。

[4]　SAR犬はエアセンティング（空気をかぎ取ること）とトレイリング（足跡をたどること）の, 主に2種類に分類される。その違いは訓練の仕方や仕事の仕方にある。トラッキングともよく呼ばれるトレイリングでは, 犬たちが地面に鼻をつけて働くことになる。犬は, 探し出そうとする相手が地面に残した臭いの跡をたどるのである。トレイリング犬は出発点を必要とする。それはいなくなった人が最後に目撃された場所や, 何かその人の臭いがついている物であることがふつうである。また犬には, 他の人に踏まれて汚染されたりしていない臭いの跡が必要である。人の失踪した現場にすぐにトラッキング犬が呼ばれたときは, その人を発見するのに成功する確率がずっと高い。

[5]　エアセント犬は鼻を空中に向けて作業する。彼らは臭いをかぎとり, それをたどってその臭いが最も強くなるところ, つまりその臭いの元へ追っていく。エアセンティング犬は水中や雪の中にある人間の遺体を捜すのを専門にしている場合もある。

[6]　SAR犬にはすべて人間のトレーナー, 訓練士がついている。彼らは, 犬と自分がSARの任務を遂行できるようになるために, 約1,000時間と30,000ドルを使う。報酬をもらってSARに携わるケースはめったにない。SARチームはボランティアの広大なネットワークを作り上げていて, 1日24時間, 1週間に7日出動に備えているのである。

語句

- [ ] article「記事」
- [ ] mission「任務」
- [ ] law enforcement「法の執行機関, 警察や検察」
- [ ] crime scenes「犯罪現場」
- [ ] weather-related「天候に関連した」
- [ ] avalanche「雪崩」
- [ ] collapse「崩れ落ちる」
- [ ] drown「溺れる, 溺れかける」
- [ ] feature「〜を特徴にする」
- [ ] handler「扱う人」
- [ ] require「〜を必要とする, 要する」
- [ ] *be* limited to A「Aに限られる」
- [ ] breed「血統, 種類」
- [ ] in general「概して」
- [ ] herding「牧羊（犬）の」
- [ ] characteristic「特徴」
- [ ] suitable for A「Aに適した」
- [ ] elite「エリート, 選ばれた者」
- [ ] demonstrate「〜を示す」
- [ ] endurance「忍耐（力）」
- [ ] agility「敏捷さ」
- [ ] trainability「訓練できること」
- [ ] trait「特性」
- [ ] curiosity「好奇心」
- [ ] independence「独立（心）」
- [ ] focus「集中（力）」
- [ ] in addition「加えて」
- [ ] play drive「遊ぶ意欲」
- [ ] reward「〜に褒美をやる, 報いる」
- [ ] vary「異なる」
- [ ] treat「ごちそう」

第4回　実戦問題　**161**

□ figure out「考え出す」　　　　　　　□ motivate「〜にやる気を起こさせる」
□ primary「主な，基本的な」　　　　　□ classification「分類」
□ air-scenting「空気の匂いを嗅ぐ」　　□ trailing「足跡をたどること」
□ tracking「足跡をたどること」　　　　□ contaminate「〜を汚す」
□ immediately「直ちに，すぐに」　　　□ origin「元 , 源」
□ specialize in A「A を専門とする」　　□ remains「遺体」
□ vast「広大な」　　　　　　　　　　□ on call「呼び出しに応じられる , 待機して」

設問解説

問1 ⎡35⎤ **正解 ③**

「この記事によると，捜索・救助（SAR）に最適な種類の犬は ⎡35⎤ である」

① 非常に幼いころから訓練されたもの
② ある特定の犬種に由来するもの
③ **ある重要な性質をもっているもの**
④ 野生動物を狩りで仕留める訓練も受けたもの

　　第2パラグラフ第4文で「犬種よりも重要なのは，SAR に適した必須の性質だ」と述べているので③が正解。①は第2パラグラフ第6文に「訓練を始めるときには犬は十分に成犬になっていなくてはならないが，…」とあるので，不適当。②は第2パラグラフ第1文で「SAR で活躍できる犬種は，特定の種類とはかぎらない」と述べているので不適当。④については本文に記述がない。

問2 ⎡36⎤ **正解 ①**

「この記事によれば，犬が SAR の仕事を好きなのは ⎡36⎤ からである」

① **その仕事は自分の好きなゲームととてもよく似ている**
② 自分の訓練士との絆が非常に強い
③ 仕事がうまくいくといつも褒美がもらえる
④ SAR の仕事は興奮するし注目されるので好きだ

　　第2パラグラフ最終文で「その欲求があれば，捜索の仕事は動物にとってとても楽しいゲームになる」，また第3パラグラフ第1文で「SAR 犬は仕事が大好きだ。なぜなら彼らにとって仕事は好きなゲームをすることだからだ」と述べていることから，①が正解。③については第3パラグラフ第2文に「犬に任務を遂行し続けてもらうためには，うまくできた時には褒美をやる必要がある」とあるが，「いつも褒美をもらえるから仕事が好きだ」とは書かれていない。②，④については記述がないので不適当。

162

問3 　37 　**正解 ③**

「第4，5パラグラフで著者は 37 ということを説明している」

① エアセント犬は捜索するとき地面に近い所の臭いをたどる

② エアセント犬はトレイリング犬よりも成功率が低い

③ **トレイリング犬はすぐさま現場に呼ばれたときに最も効果的だ**

④ トレイリング犬は臭いを追跡中に他の臭いによって邪魔されることが多い

第4パラグラフ最終文で「人の失踪した現場にすぐにトラッキング犬が呼ばれたときは，その人を発見するのに成功する確率がずっと高い」と述べているので ③ が正解。① は第5パラグラフの第1文で「エアセント犬は鼻を空中に向けて作業する」と述べているので不適当。② はエアセント犬とトレイリング犬を比較した記述はないので不適当。④ は第4パラグラフ第6文で「他の人に踏まれて汚染されたりしていない臭いの跡が必要である」と述べているが，追跡中に邪魔されることについては記述がないので不適当。

問4 　38 　**正解 ③**

「本文によれば，SAR に関してどれが正しいか」 38

① SAR 犬は仕事への集中力を失うもとになるような気を散らすものから慎重に保護されなくてはならない。

② SAR は地域社会のボランティアがたいていは退職後にする楽しい仕事である。

③ **SAR チームを準備するのに必要な仕事は，特に彼らが報酬抜きであることを考えると，かなり大変なものである。**

④ SAR 犬には多くの種類があり，それぞれがトレーナーの技量に応じて特定の任務を遂行するように訓練されている。

第6パラグラフ第1文で「彼らは，犬と自分が SAR の任務を遂行できるようになるために，約1,000時間と30,000ドルを使う」と述べていることから ③ が正解。① は本文に記述なし。② は第6パラグラフ最終文で「1日24時間，1週間に7日出動に備えている」と述べて SAR は厳しい仕事とわかるので不適当。また，「退職後にする」という記述もない。④ は第4パラグラフ第1文で「SAR 犬は…（中略）…主に2種類に分類される」とあるので不適当。

第4回 実戦問題 **163**

B

解答

問1 39 ① 問2 40 ④ 問3 41 · 42 ①・⑤
問4 43 ④

第4回

全訳

　あなたはインターネットで様々なビジネスモデルを調べている。あなたは次の記事を読んで，人々がプロジェクトのための資金集めにどうやって大きな集団を使っているかを理解しようとしている。

　伝統的には，人が何かを作りたいがその金がないというときには，投資してくれる人を見つけなくてはならなかったものだ。もしあなたが，たとえば，映画を作りたければ，まずは援助してくれるように映画の製作会社を説得する必要があるだろう。もしあなたが発明品を持っているとしたら，その製作にかかる費用を喜んで払ってくれる人が誰か必要だろう。何が作られて何が作られないかの決定は，ほんのわずかの人の手に握られていたのだ。これは「クラウドファンディング」の発明によって変わった。それはインターネットで大勢の人からの寄付をつのるものだ。クラウドファンディングでは，人々は自分のアイディアが価値のあるものだと投資家を説得しようとするのではなく，自分のアイディアを直接にお客に届けることができる。

　クラウドファンディングの性質は，少数だが情熱的な支持者があるようなプロジェクトに特に向いている。かつては人気がないと思われたものごとがクラウドファンディングのもとで新しい命を見出す。この人気の一部は好きなものが長い間手に入らなかったファンたちと関係がある。例えばもし誰かが，もう作られなくなって長い間経ったタイプのモデルカーのファンだとすると，そういう人はそのモデルを手に入れるためなら標準以上のお金でも進んで払うかもしれない。クラウドファンディングの初期には，自分の応援するプロジェクト1つにつき平均50ドル出す寄贈者が15,000人いた。

　クラウドファンディングの成功に昔からの実業家たちさえも関心を持った。数人の映像作家はクラウドファンディングを使って自分たちの最新の映画を作った。このシステムはクラウドファンディングの本来の精神に反することだと考える人たちもいる。それは本来規模の小さいクリエーターたちを助けるためのもので，既に成功してお金も工面できるであろう人々のためのものではないと。有名人たちの陰になって小規模な利用者たちに関心が向かなくなってしまうのではないかという心配もある。また他方では，有名人の名声のおかげでクラウドファンディングに関心を持つ人たちが

164

増え，その人たちはあまり知られていないクリエーターにも出資するようになるのではないかと言う人もいる。このことはその後の年に示されているように見える。クラウドファンディングを利用する人は 2016 年に 50,000 人，2017 年に 65,000 人にのぼった。その 2 年の間ユーザーが出した平均金額は以前より少なかったが，ユーザー数が非常に多いので，合計するとそれでも前より大きい金額になったのである。

　クラウドファンディングについての興奮は最近ではかなり治まった。世間の注目を集めたいくつかのプロジェクトが期待外れの結果に終わってしまった。このことでクラウドファンディングという考え方に興味を失った人たちもおり，最新の追跡調査では，ユーザー数が 60,000 人に減った。しかし，ユーザー 1 人当たりの平均出資額は，プロジェクト 1 つ当たり 45 ドルに上る。興奮は過ぎ去ったかもしれないが，しかしクラウドファンディングは何か新しいものを創造したいという人々にとって，依然として現実味のある資金集めの源なのである。

語句

□ traditionally「伝統的には」
□ convince「〜を説得する，納得させる」
□ (be) willing to V「喜んで V する」
□ in the hands of A「A の思いのままで」
□ directly「直接に」
□ worthwhile「やりがいのある」
□ passionate「情熱的な」
□ have to do with A「A に関係がある」
□ donor「寄付する人」
□ latest「最新の」
□ fame「名声」
□ subsequent「その後の，続いて起こる」
□ end up Ving「V するという結果に終わる」
□ turn A off B「A の B に対する興味を失わせる」
□ concept「概念，考え方」
□ practical「実現可能な，現実味のある」

□ investor「投資する人」
□ invention「発明」
□ manufacturing cost「製造費」
□ donation「寄付」
□ instead of A「A でなく」
□ nature「性質，本質」
□ following「支持者」
□ normal「通常の，標準の」
□ filmmaker「映像作家」
□ concern「心配」
□ reflect「〜を反映する，映る」
□ high-profile「世間の注目を浴びる」
□ amount「金額」

設問解説

問 1　　39　　正解 ①

　「クラウドファンディングに参加するユーザーの数の増加は　39　の結果であった」

① 有名なクリエーターが自分の新しいプロジェクトのためにその機会を使ったこと

② クラウドファンディングの利点を語るニュース報道にますます取り上げられるようになったこと
③ いくつかのプロジェクトの製品がうまく機能しなかったという世間の注目を集めた失敗
④ かつては人気のなくなったものを復活させている昔ながらの投資家

　第3パラグラフ第6文～第7文で「…有名人の名声のおかげでクラウドファンディングに関心を持つ人たちが増え，その人たちはあまり知られていないクリエーターにも出資する…（中略）クラウドファンディングを利用する人は2016年に50,000人，2017年に65,000人にのぼった」と述べているので①が正解。②は本文にニュース報道で取り上げられたという記述はないので不適当。③はプロジェクトの失敗はユーザーの増加にはつながらないので不適当。④は traditional investors「昔ながらの投資家」が不適当。

問2　40　正解 ④
「次の4つのグラフのうち，状況をもっともよく表しているのはどれか」 40

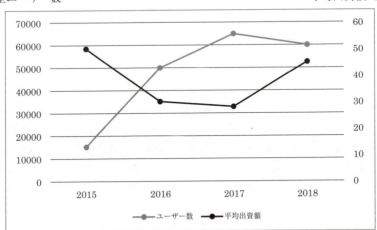

グレー色の線：ユーザー数。人数は左の縦軸に表示されている。
黒の線：平均出資額。額は右側の縦軸に表示されている。単位はドル。

ユーザーの数と1人当たりの平均出資額という数字についてふれている箇所に注目する。最も特徴的なのは第3パラグラフ第7,8文で「…クラウドファンディングを利用する人は2016年に50,000人,2017年に65,000人にのぼった。その2年の間ユーザーが出した平均金額は以前より少なかったが,ユーザー数が非常に多いので…」と述べている。2016年から2017年にユーザー数が伸び,平均出資額が下降しているグラフは④だけなのでこれが正解である。他にも第4パラグラフ第3,4文で「…最新の追跡調査では,ユーザー数が60,000人に減った。しかし,ユーザー1人当たりの平均出資額は,プロジェクト1つ当たり45ドルに上る」と述べていることも④のグラフに当てはまる。平均出資額だけに注目し,初期に50ドルで,2016～2017年に下がって,最近の額が45ドルに持ち直したというグラフを探しても正解につながる。

問3 　41 ・ 42 　正解①・⑤
「記事によると次の記述のどの2つがクラウドファンディングについて正しく伝えているか」(<u>2つ選べ</u>。順番は問わない) 41 ・ 42
① ユーザー数が少し減少した時期もあった。
② 電子機器を製造するのにはまだ使われていない。
③ 資金集めの通常の方法を上回ってしまった。
④ それをするには相当高いコンピューター技術が必要である。
⑤ どういう人がそれを使っていいかということについて議論があった。

　第4パラグラフ第3文で「このこと(あるプロジェクトの失敗)でクラウドファンディングという考え方に興味を失った人たちもおり,最新の追跡調査では,ユーザー数が60,000人に減った」と述べているのと一致するので①が正解。第3パラグラフ第4文で「それは本来規模の小さいクリエーターたちを助けるためのもので,既に成功してお金も工面できるであろう人々のためのものではない」という議論を紹介しているのと一致するので⑤も正解。
　②は物を製造するプロジェクトについて触れているが,特に電子機器について述べた箇所はないので不適当。③はクラウドファンディングが従来の資金集めの方法を上回ったという記述はないので不適当。④はコンピューター技術についての記述はないので不適当。

問4 　43 　正解④
「この記事に最も適切なタイトルは 43 である」
① あなたのファンに最もアピールする方法
② 映画のための資金集めの将来

③ クラウドファンディングのゆっくりした衰退
④ **オンラインのクラウドファンディングの動向**

　記事全体の構成を見ると，第1パラグラフはクラウドファンディングの基本的な性質，第2パラグラフはその初期，第3パラグラフはその成長期，第4パラグラフはその現状となっている。これはクラウドファンディングの trends「動向」を示したものといえるので④が正解。プロジェクトを興す人がアピールしたい相手はファンとは限らないので①は不適当。この方法で資金を募るプロジェクトは映画だけではなく製造業もあるので②も不適当。第4パラグラフ最終文に「興奮は過ぎ去ったかもしれないが，しかしクラウドファンディングは何か新しいものを創造したいという人々にとって，依然として現実味のある資金集めの源なのである」とあり，decline「衰退」とは述べていないので③は不適当。

［英文出典・参考］

写真提供・協力：ユニフォトプレス

Apparently Texting While Walking Is a Real Concern by Steve Annear, Boston Magazine, June 11, 2013. Copyright ©2013 Boston Magazine. Reprinted by Permission of Boston Magazine c/o the YGS group.

History of the Paralympic Movement from International Paralympic Committee Website. Copyright ©2020 International Paralympic Committee. Reprinted by Permission.

Naomi Osaka becomes world No.1 in woman's single tennis ranking, Japan Times Jan 28, 2019. Kyodo. JIJI-AFP. Reprinted by permission

Population Education, The History of Us, Unit 1 Student Reading. Copyright ©2017 Population Connection. Printed by courtesy of Population Education

Saitama firm seeks to spawn salmon-farming revolution, The Japan Times, March 2, 2018. Copyright ©AFP-JIJI 2018. Reprinted by permission.

Starbucks, citing ocean threat, is ditching plastic, The Associated Press, July 9, 2018. Reprinted by permission of The Associated Press through Wright's Media.

Texting While Walking is Dangerous by Sean Banville, Breaking Newsenglish.com. March 12, 2014 Copyright ©2014 Sean Banville. Reprinted by permission of Sean Banville.

http://www.gender.go.jp
https://en.wikipedia.org/wiki/Animal_language
https://ksumba.wordpress.com/2010/08/29/benefits-of-studying-abroad/
https://www.biography.com/people/martin-luther-king-jr-9365086
https://www.dogonews.com/2018/6/16/male-bottlenose-dolphins-use-names-to-identify-
    friends-and-rivals
https://www.jpss.jp/en/studyabroad/1/
https://www.libertymutual.com/
https://www.livraphone.com/audio-books-versus-paper-books/
https://www.mertonccg.nhs.uk/Your-Health/Pages/Protect-yourself-and-your-family-
    against-Flu.aspx
https://www.populationeducation.org/
https://www.populationof.net/
https://www.theguardian.com/cities/2016/jul/12/urban-sprawl-how-cities-grow-change-
    sustainability-urban-age
https://www.theguardian.com/science/2015/sep/08/start-school-later-11am-students-
    sleep

短期攻略　大学入学共通テスト
英語リーディング

監　修　者	霜　　康　司
発　行　者	山　﨑　良　子
印刷・製本	株式会社日本制作センター
ＤＴＰ組版	株式会社エディット
発　行　所	駿台文庫株式会社

〒101-0062　東京都千代田区神田駿河台1-7-4
小畑ビル内
TEL. 編集 03(5259)3302
販売 03(5259)3301
《①−336pp.》

©Yasushi Shimo 2020
落丁・乱丁がございましたら，送料小社負担にてお取
替えいたします。
ISBN978-4-7961-2333-4　　　Printed in Japan

駿台文庫 web サイト
https://www.sundaibunko.jp

駿台受験シリーズ

短期攻略

大学入学共通テスト

英語リーディング

共通テスト

英語リーディング試験㊙攻略法

◙駿台文庫

もくじ

共通テスト 英語リーディング試験㊙攻略法

PART 1 データで迫る！ 共通テスト英語リーディングの戦い方 2

PART 2 新傾向の問題形式を探る！

1. 具体的な場面・状況設定を重視 10

2. 設問のリードがヒント！〜本文を読まなくてもわかるかも 11

3. 複数の視点に注意！ 12

4. 事実か意見か，それが問題だ！ 14

5. 本文の流れを確認させる問題 16

6. グラフ・図表は必出！ 18

7. 複数の意見から情報を読み取る 25

8. 時系列に沿わせる問題 26

9. 複数回答の問題形式 28

10. パラグラフの構成 29

11. 初めて見る資料，未知の情報が思考力を養う 33

2018年度プレテスト 概要・出題形式分析 35

共通テスト 英語リーディング試験㊙攻略法

PART 1 データで迫る！ 共通テスト英語リーディングの戦い方

　共通テスト英語リーディング対策のポイントは，ズバリ「**未知に備える**」ということです。共通テスト英語では，実際の日常生活，社会生活，アカデミックな話題など，英語を使って様々な情報を処理し，考える力が問われます。考える，という作業には必ず未知の情報をどう処理するかというプロセスが含まれています。

　では，どのような状況・場面で，どのようなことに気を配って情報を扱えばよいのでしょうか。プレテストを分析しながら，未知の問題に備えましょう。

1．共通テスト英語リーディングの配点

　共通テスト英語リーディングは80分のテストで100点満点，リスニングは30分のテストで100点満点です。ただし，リーディングとリスニングの配点は，各大学の判断で異なります。たとえば，リーディングとリスニングの配点を1：1の比率で利用する大学もあれば，3：1や4：1で利用する大学もありえます。

2．共通テストとセンター試験はどう違う？

①　共通テストはインターネットの素材が多い？

　共通テストでは，社会生活や日常生活の中から課題を発見し解決方法を構想する場面，資料やデータ等をもとに考察する場面など，**学習の過**

程を意識した**問題の場面設定**を重視する事になっています。その結果共通テスト英語リーディングのプレテストでは，**インターネットの情報**を扱う問題が数多く出題されました。

　たいていのインターネットの情報は一字一句を精読して味わうためにあるというよりは，むしろ，大雑把に重要な情報をつまみ取ることが大切になります。『ざっと目を通す』ことを skimming と言いますが，それができるためにはどんな情報を知りたいか明確にしておく必要があります。別の言い方をすると，**インターネットのウェブサイトが素材の問題には，先に設問文のリード部分を読むのが特に効果的**です。

> *Tips!* 　ウェブサイトが問題文ならまず設問のリードを読め！

② 　**共通テストには発音問題，短文空所補充問題，語句整序問題が出ない？**

　大学入試センターによると，共通テスト英語リーディングでは，センター試験のような発音問題，短文空所補充問題，語句整序問題が出題されません。これは，①でも述べたように，共通テストは実際のコミュニケーションを想定した明確な場面，目的，状況の設定を重視するからです。

対策 発音，文法の学習は必須！

　発音だけに焦点を当てた発音問題が出題されなくなったからといって，英語の発音を学ばなくてもよいわけではありません。リスニング，スピーキングのためだけでなく，リーディングや単語を記憶するためにも音声が鍵を握るのです。特に音声とリーディングの関係は次の項でも触れますが，読む，聞く，話す，書くの4技能は密接につながっていて，切り離すことはできません。

同じように**英文法を学ばずに，正確なリーディングはできませんし，正しい英語を書けるようにもなりません**。発音や英文法の知識は，それを使って実際にコミュニケーションの中で実践的に使えるようになることが重要なのです。まずは1文1文を正しく理解できることが，長文を理解する最初の1歩であることは言うまでもありません。

> *Tips!* 発音と文法が英語の第1歩！

③ **分量はセンター試験より 1,000 語増加！**

共通テスト英語リーディングのプレテストの本文と選択肢を合わせると**約 5,300 語**で，センター試験よりも 1,000 語程度多くなっています。

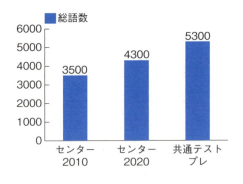

これだけ英文の量が増えると，当然のことながら最後まで行きつかない受験生が多くなります。実際，2018 年度プレテストの**最後の問題（解答番号 43 ）では無回答率が 15.6%** と最大になりました（2017 年度は 5.7% が無回答）。今後プレテストと同じ語数が維持されるかどうかは不明ですが，少なくともセンター試験よりも分量が増えることは間違いないでしょう。

5,300 語を 80 分で割ると，1 分につき 66.3 語になりますが，実際にはマークを塗る時間なども必要ですから，最低でも**約 70 語 / 分で英文を処理することが必要**になります。センター試験でも受験生の多くが時間が足りなかったことを考えると，時間を意識した対策が必要になるのは言うまでもありません。

対策　速読は音声で鍛える！

　速く読めるようになるには，音声を使って学習することが何よりの近道です。

　まずはセンター試験のデータを見てください。リスニング試験の得点と，筆記試験の得点の相関関係を調べてみました。

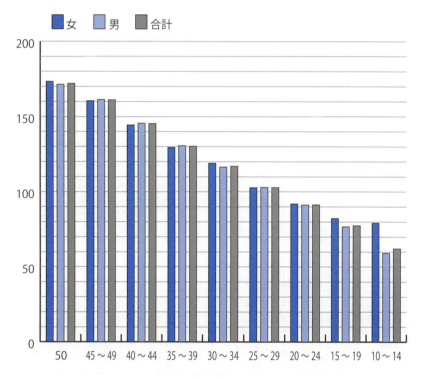

　上のグラフはリスニング試験（50点満点）の得点層別の筆記試験（200点満点）の平均点です。たとえばリスニングで40～44点の人の筆記試験平均点は145.3点だったということです。これを見れば一目でリスニング試験と筆記試験のスコアは正比例していることがわかります。

　実はリーディングで求められているスピードより，音声で読み上げ

られるスピードの方がはるかに速いのです。ほとんどの英語教材で**読み上げられるスピードは約140語/分以上**ですから，普段からリスニングしながら英文に目を通したり，シャドウイングしたり音読したりする訓練を積むことが，読む速さに直結するのです。

> **Tips!** 速読は音声で鍛える！

3．共通テスト英語リーディングの語彙レベル

共通テスト英語リーディングプレテストの語彙レベルを調べてみましょう。≪表1≫はプレテスト2回における英単語の出現数です。

≪表1≫

単語	出現数	単語	出現数	単語	出現数
the	523	student	78	this	50
be	347	you	76	about	49
to	295	on	66	read	49
a	268	it	62	their	49
of	239	with	62	by	47
in	229	not	58	at	46
and	208	as	56	I	45
for	129	work	55	do	44
have	111	they	54	good	44
that	84	from	52	⋮	⋮

≪表2≫

	1,000語	2,000語	3,000語	4,000語	5,000語	6,000語	7,000語	8,000語
センター	81.4%	92.6%	97.0%	98.4%	99.0%	99.1%	99.3%	99.8%
共通	80.4%	92.1%	96.0%	97.3%	98.0%	98.2%	98.4%	98.5%

≪表2≫はどれぐらいの語彙レベル*があれば，共通テストの何%の単語をカバーできるか，というデータです。比較のためにセンター試験読解問題のデータを並べています。たとえば，基本1,000語を覚えていれば，共通テスト英語リーディングの80.4%，センター試験の81.4%をカバーできることになります。

*語彙レベルの決定には大学入試問題1万回分を使用しています。

対策 — 共通テスト英語リーディングの語彙はセンター試験よりも難化！

センター試験と比較して，共通テスト英語リーディングの語彙レベルはかなり高く設定されています。一般に，英文の**98%以上が既知語（未知語が2%以下）**であれば，**全体の文脈を無理なく把握**できると言われています。ということは，センター試験ならば3,000〜4,000語レベルの語彙力があればよかったのですが，**共通テストでは5,000語レベル**の語彙力が必要になりますから，かなり難化したと言えます。

具体的に言うと，epidemic「（病気の）流行，伝染病」，remedy「治療法」，paradigm「パラダイム，理論的枠組」など，やや難しい単語も若干登場します。しかし，国公立大学の2次試験や私立大学の個別試験と比べると，その比率は極めて低く，検定教科書レベルをマスターしていれば，難単語をたくさん覚える必要はありません（『システム英単語〈5訂版〉』の第2章 Essential Stage まででカバー率99%）。

Tips! 語彙レベルはセンター試験以上だが，個別試験よりはカンタン！

4．大問別レベル設定と平均得点率

　プレテスト（2018）の**全体の平均得点率は51.25％**で，センター試験よりもかなり難度の高い問題になっています。これは上に述べたように全体の語数が多いことが大きな原因の１つになっていると考えられます。

　大学入試センターによるプレテストの≪問題のねらい≫には，大問別の設定されている CEFR レベルが書かれています（A1 ⇒ A2 ⇒ B1 と，右に行く方が難度が高くなります）。プレテストでの正答率も公表されており，まとめると下の表のようになります。

大問（配点）	CEFR レベル	正答率
第１問（10）	A1, A2	76.2%
第２問（20）	A1, A2	64.6%
第３問（10）	A1, A2	69.0%
第４問（16）	B1	59.2%
第５問（20）	B1	22.5%
第６問（24）	B1	41.1%

　第４問以降の B1 レベルの問題の正答率が，前半の A1，A2 レベルに比べてはっきりと低くなっていますから，設定されている CEFR のレベル通りの難易度になっていると言えます。中でも第５問，第６問の正答率がかなり低くなっていますが，小問別に見ると**第５問問２が8.7％**で最低，**第６問Ｂ問３が17.5％**で２番目に低く，**第５問問４が19.2％**で３番目に正答率が低い設問でした。センター試験の読解問題で，これだけ低い正答率の問題は出題されたことがありません。共通テスト英語リーディングではこうした難問が出題されると予想されますが，**次の作戦をしっかり頭に入れておけば難問を怖がる必要はありません。**

共通テスト英語リーディング試験㊙攻略法　**9**

対策　正答率から考える目標と難問

　まず大問別にみると，第１～３問の正答率が高くなっているのがわかります。まずはこの<u>第１～３問（40 点）を確実にゲット</u>するのが，高得点へのファースト・ステップです。それができれば，<u>残りの第４～６問（60 点）の半分を得点できれば，得点率は 70%</u> になります。この得点率 70%という数字は，<u>偏差値で 60</u> くらいに相当します。あるいは平均点 120 点の<u>センター試験なら，160 点（得点率 80%）</u>の価値があります。

> ### Tips!　前半は確実に得点し，後半は半分でも OK ！

　前半を確実に得点するには，前半の問題に時間をしっかり割くことです。カンタンだからサッサとすまして，間違える，というのが最悪です。難しい問題に時間をかけるより，成果を上げられる問題に時間をかけてください。正答率が 40%以下の設問を全部間違えても，他の問題を確実にゲットすれば得点率は 70% を超えるはずです。

10

PART 2　新傾向の問題形式を探る！

　ここからは共通テスト英語リーディングの新しい形式を取り上げます。

1．具体的な場面・状況設定を重視

　共通テスト英語リーディングの問題の特徴の１つは，設問の**状況や場面設定**が明確に書かれていることです。まずはその状況・場面をしっかり確認しましょう。

　第１問を見てみましょう。　＊以下はプレテスト（2018）から引用しています。

第１問（配点　10）

A　You are a member of the English club.　You are going to have a farewell party for one of the members, Yasmin from Malaysia.　You have received a note from Amelia, an Assistant Language Teacher（ALT）and the club advisor.

ココに状況設定があるのでまず確認

Dear members of the English club,
　It's about time we decide when to have the English club farewell party for Yasmin. She's leaving Japan on December 15, so the club members should meet sometime next week. Can you ask Yasmin which day is convenient for her to come to the party and let me know? When the day is fixed, I'll help you by planning a few nice surprises. Also, is it all right if I invite other students? I know some students from the tennis team who want to take part because they really had a good time playing tennis with her over the past six months.

Best wishes,
Amelia

特に，**誰が誰に対して何を伝えたいか**，それを頭に入れておけば，設問を解きすすめやすくなります。

> **Tips!** 状況・場面設定をイメージせよ！

2．設問のリードがヒント！〜本文を読まなくてもわかるかも

　原則的には本文を読まないと問題は解けないように設問は作られているはずです。けれども，いつもそうだとは限りません。たとえば，下のプレテストの第1問Bを確認してみてください。

問3　The meeting will be a good communication opportunity because all of the students will 　5　 .

① be divided into different age groups
② have Japanese and English lessons
③ speak with one another in English
④ stay with families from the three sister cities

訳　問3　この会がコミュニケーションのいい機会になるのは，全ての生徒たちが 　5　 からである。

① 年齢別のグループに分けられる
② 日本語と英語のレッスンを受ける
③ 英語でお互いに話をする
④ 3つの姉妹都市から来た家族と滞在する

この設問は，この会がa good communication opportunity「コミュニケーションのいい機会」となる理由を尋ねています。「コミュニケーションの機会」ですから，③ speak with one another「お互いに話をする」が正解ではないか，とカンタンに推定できますね。

もちろん，いつもこのようにうまくいくわけではありませんが，本文に気を取られて，設問のリードを読み飛ばしてはいけません。**設問のリード部分**をしっかり頭に入れることが正解への近道です。

> **Tips!**　設問のリードが大ヒント！

3．複数の視点に注意！

1つの問題の中に複数の人の異なる意見や，複数の視点が存在するのも，共通テスト英語リーディングの特徴の1つです。

第２問 （配点 20）

A You are a member of the cooking club at school, and you want to make something different. On a website, you found a recipe for a dish that looks good.

EASY OVEN RECIPES
Here is one of the top 10 oven-baked dishes as rated on our website. You will find this dish healthy and satisfying.

Meat and Potato Pie

Ingredients (serves about 4)

A	1 onion	2 carrots	500g minced beef
	🥄 × 2 flour	🥄 × 1 tomato paste	🥄 × 1 Worcestershire sauce
	🥄 × 1 vegetable oil	🥛 × 2 soup stock	salt & pepper
B	3 boiled potatoes	40g butter	
C	sliced cheese		

Instructions

Step 1: Make **A**
1. Cut the vegetables into small pieces, heat the oil, and cook for 5 minutes.
2. Add the meat and cook until it changes color.
3. Add the flour and stir for 2 minutes.
4. Add the soup stock, Worcestershire sauce, and tomato paste. Cook for about 30 minutes.
5. Season with salt and pepper.

Step 2: Make **B**
1. Meanwhile, cut the potatoes into thin slices.
2. Heat the pan and melt the butter. Add the potatoes and cook for 3 minutes.

Step 3: Put **A**, **B**, and **C** together, and bake
1. Heat the oven to 200℃.
2. Put **A** into a baking dish, cover it with **B**, and top with **C**.
3. Bake for 10 minutes. Serve hot.

Enjoy!

～～～～～～～～～～～～～～～～～～～～～～～～～～～～

REVIEW & COMMENTS

cooking@master *January 15, 2018 at 15:14*
This is really delicious! Perfect on a snowy day.

Seaside Kitchen *February 3, 2018 at 10:03*
My children love this dish. It's not at all difficult to make, and I have made it so many times for my kids.

4．事実か意見か，それが問題だ！

　共通テスト英語リーディングでは次のように事実と意見を区別させる設問が登場しました。慣れないと戸惑うかもしれませんが，慣れれば大丈夫です。

問 4　According to the website, one **fact** (not an opinion) about this recipe is that it is ⬚9⬚ .

①　highly ranked on the website
②　made for vegetarians
③　perfect for taking to parties
④　very delicious

訳　**問4**　このウェブサイトによると，このレシピに関する（意見ではなく）事実はそれが ⬚9⬚ ということだ。

①　ウェブサイトで高く評価されている
②　菜食主義者のために作られている
③　パーティーに持って行くのに最適である　　⇐意見
④　とてもおいしい　　　　　　　　　　　　⇐意見

　これも本文を読まなくてもかなり絞り込める問題です。正解は①ですが，③ perfect や④ delicious は人によって判断が異なるだろうと考えられますから，どんな本文であろうと，読まなくても事実というより意見だろうと推察でき，避けることができます。

　もう1問見てみましょう。

共通テスト英語リーディング試験㊙攻略法　　**15**

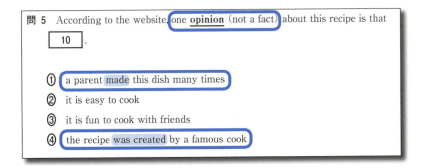

訳　**問5**　このウェブサイトによると，このレシピに関する（事実ではなく）意見はそれが　10　ということだ。

① ある親が何度もこの料理を作った　　←事実
② 調理しやすい
③ 友達と作ると楽しい
④ このレシピはある有名な料理人によって創られた　←事実

　リードの部分は現在時制なのに①と④が過去時制になっているのに気がつきましたか？　これは過去の事実を述べているので，過去時制にせざるを得なかったのでしょうね。だとすると，②か③の現在時制の方が意見として選べそうですね。（正解は②）

Tips!　事実と意見の違いを見極めよ！

5．本文の流れを確認させる問題

B　You found the following story in a study-abroad magazine.

Flowers and Their Hidden Meanings

Naoko Maeyama (Teaching Assistant)

Giving flowers is definitely a nice thing to do. However, when you are in a foreign country, you should be aware of cultural differences.

Deborah, who was at our school in Japan for a three-week language program, was nervous at first because there were no students from Canada, her home country. But she soon made many friends and was having a great time inside and outside the classroom. One day she heard that her Japanese teacher, Mr. Hayashi, was in the hospital after falling down some stairs at the station. She was really surprised and upset, and wanted to see him as soon as possible. Deborah decided to go to the hospital with her classmates and brought a red begonia in a flower pot to make her teacher happy. When they entered the hospital room, he welcomed them with a big smile. However, his expression suddenly changed when Deborah gave the red flower to him. Deborah was a little puzzled, but she didn't ask the reason because she didn't want to trouble him.

Later, in her elementary Japanese and with the help of a dictionary, Deborah told me about her visit to the hospital, and how her teacher's expression changed when she gave him the begonia. Deborah said, "It's my favorite flower because red is the color of passion. I thought my teacher, who was always passionate about teaching, would surely love it, too."

Unfortunately, flowers growing in a pot are something we shouldn't take to a hospital in Japan. This is because a plant in a pot has roots, and so it cannot be moved easily. In Japanese culture some people associate these facts with remaining in the hospital. Soon after Deborah heard the hidden meaning of the potted begonia, she visited Mr. Hayashi again to apologize.

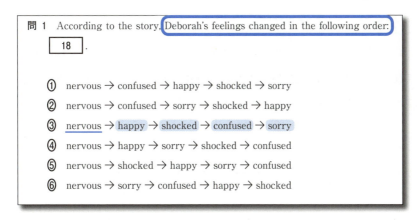

設問文には,「この話によると,デボラの感情は**次のような順序で変わった**」とあります。こういう問題は本文の該当箇所が複数にわたるため,本文を一読する前に設問を頭に入れて,感情を追いかける方がすばやく正解にたどり着けます。もし設問文をチェックせずにいきなり本文を読んでしまうと,この設問を見て,もう一度最初から本文を読む羽目になります。流れを追わせる問題は,先にチェックしておいた方が圧倒的に有利です。

◇**本文と選択肢の対応関係**

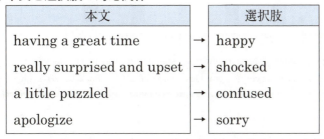

Tips! まず設問をチェック,流れを追わせる問題を見極めよ!

6. グラフ・図表は必出！

共通テスト英語リーディングでは，グラフ・図表を含む問題が必ず出題されます。まず最初にその**グラフ・図表が何を表しているのか，最初に把握**しておくと，本文の理解にも役立ちます。

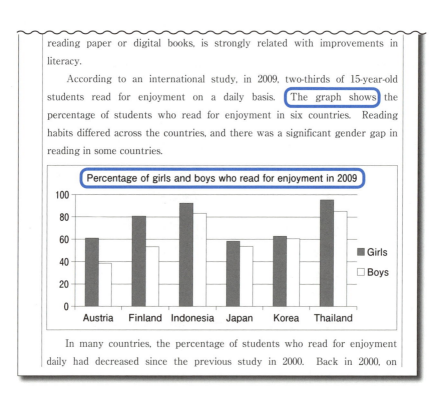

> Tips! グラフ・図表のタイトルも理解を早める！

共通テスト英語リーディング試験㊙攻略法　**19**

表・グラフ問題の重要表現

数量・時間表現のまとめ

《1. 間違いやすい数》

☐	14 —— fourteen ［fɔːrtíːn］ 40 —— forty　　［fɔ́ːrti］	※つづりに注意
☐	**a million**	「100 万」
☐	**a billion**	「10 億」
☐	**a trillion**	「1 兆」
☐	**one thousand and first**	「1001 番目」 = 1,001st
☐	**the second** ＋最上級	「2 番目に〜」

例　In 1990 newspapers were still **the second most frequently**
　　used of the media.
　　「1990 年，メディアの中で新聞はまだ 2 番目によく使われていた」

《2. 数・量の多少》

☐	**plenty of A**	「（じゅうぶんに）たくさんの A」 = a lot of
☐	**a number of A**	「多数の A，いくつかの A」 = many, several
		cf.　**the number of A**　「A の数」
☐	**a couple of A**	「①2 つの A　②2，3 の A」
☐	**quite a few A**	「かなり多数の A」
☐	**a few A**	「いくつかの A」 cf. few A「A がほとんどない」

★only a few A は a をつけない few A とほぼ同じ意味。

20

《3. 分数の表し方》

- ☐ **half of A** 「A の 2 分の 1」
- ☐ **a quarter of A** 「A の 4 分の 1」
- ☐ **half as much [many] A as ～** 「～の半分の A」
- ☐ **one third** 1 / 3 = a third
- ☐ **two thirds** 2 / 3

例 He ate **three quarters** of the cake.

「彼はケーキの 4 分の 3 を食べた」

例 He earns **half as much** money **as** she does.

「彼の稼ぎは彼女の半分だ」

例 **Slightly less than a quarter** relied on magazines.

「4 分の 1 より少し少数の人が雑誌に頼っていた」

例 By the end of the study, **two thirds** were making use of television.

「この調査の最後の頃には，3 分の 2 の人がテレビを利用していた」

★この 2 つの例のように，a quarter, two thirds など数量を表す言葉が名詞として使われることがある。

〈関連表現〉

少数は以下のように表す。

3.14 = three point one four = three point fourteen

0.003 = zero point zero zero three

《4. 増減を表す語句》

☐ **rise** 「増加（する）／上がる」= go up，increase

☐ **fall** 「減少（する）／下がる」= go down，decrease

☐ **decline** 「下がる」

☐ **double** 「2倍になる／2倍の」

☐ **reduce** 「～を減らす／減少する」→ 名 reduction

☐ **remain constant**「一定のままである」

☐ **steadily** 「絶えず／ずっと／着々と」= constantly

☐ **sharply** 「急に／突然に」

例 These continued to **rise** for two years before showing the slight **fall**.

「これらは少し減少する前に，2年間増加し続けた」

《5. 差の表現》

☐ 時間の差＋ before [after] ～

☐ 差＋比較級＋ than ～

☐ by ＋差

☐ **more than A** 「A より多い」 ★「A 以上」ではないので注意！

☐ **less than A, fewer than A** 「A より少ない／ A 未満」

★「A 以下」ではないので注意！

★before や after の前に時間を表す言葉があれば，それは時間差を表す。

例 I saw him **a week after** the accident.

「その事故の1週間後に彼に会った」

I saw him **a week after** he returned home.

「彼が家に帰って1週間後に私は彼に会った」

We missed the train **by** five minutes.

「我々は5分差でその列車をのがした」

★比較級の前におかれた数量を表す言葉が，比較の程度差を表す。

例 He had to fly **several miles** higher than usual.

「彼はいつもより何マイルか高く飛ばねばならなかった」

During these ten years, the percentage of imports represented by manufactured goods rose **by** 16%.

「この10年の間に工業製品の輸入率は16％上昇した」

《6. 倍数表現》

□ **X times as A as 〜** 「〜よりX倍A」　★Aは形容詞か副詞。

□ **X times as many [much] A as 〜**「〜よりX倍多くのA」

　★Aは名詞。

★X times の他に half, twice「2倍」なども使われる。

例 He has **three times as** much money **as** she has.

「彼は彼女の3倍のお金を持っている」

★half, twice や X times は直接名詞の前に置かれることがある。

例 It is just **five times** the weight of Himawari 1.

「それはひまわり1号のちょうど5倍の重さである」

《7. 時刻・日付の表し方》

□ 9:45　　　**quarter to ten, quarter before ten, nine forty five**＊

□ 1950年代に　　　**in the 1950s [nineteen fifties]**

□ 2020年4月1日に　　**on April 1st [first] 2020**＊

共通テスト英語リーディング試験㊙攻略法　**23**

＊ 8:20 なら twenty past eight, twenty after eight, eight twenty。

＊ 2020 の前にカンマを入れることもある。別の表現で on 1st [the first of] April 2020 というものもある。

《**8. 時間の重要表現**》

- ☐ **It takes A 時間 to V**　　「A が V するのに時間がかかる」
- ☐ **It is not until ... that ～**　「…して初めて～」
- ☐ **in two days**　　　　　　「2 日後に」
- ☐ **two days later**　　　　　「2 日後に」＝ **after two days**

例　**It took** Brian **about five minutes to** walk from the terminal to his office.

「ブライアンが駅からオフィスまで歩いて行くのに約 5 分かかった」

It was not until five o'clock **that** the pub opened.

「5 時になってようやくそのパブが開いた」

★ in は未来のことを述べる場合に，after は過去のことを述べる場合に用いられることが多い。

I'll see you **in** a week.　　「1 週間後にお会いしましょう」

I saw him **after** a week.　「1 週間後に彼に会った」

《**9. 平均・割合など**》

- ☐ **on (an [the]) average**　「平均して」
- ☐ **at the rate of A**　　　「A の割合で」
- ☐ **every five minutes**　　「5 分ごとに」
- ☐ **three times a day**　　　「1 日に 3 回」

24

例　A：How often do the buses come?

B：There should be one **every** seven minutes.

　　　A「バスは何分おきにきますか」

　　　B「7分おきにくるはずです」

A：How often do you go to the theatre?

B：Once or twice **a** week.

　　　A「どれくらい芝居を見にいらっしゃいますか」

　　　B「週に1，2回です」　　　※この a は per「～ごとに」の意味。

7．複数の意見から情報を読み取る

　共通テスト英語リーディングでは，複数の作者による異なる文章を読ませて，その両方にかかわる問題が出題されます。こういう場合も，設問のリード部分を先読みして，問われていることを頭に入れてから本文を読み進めると，手早く作業できます。

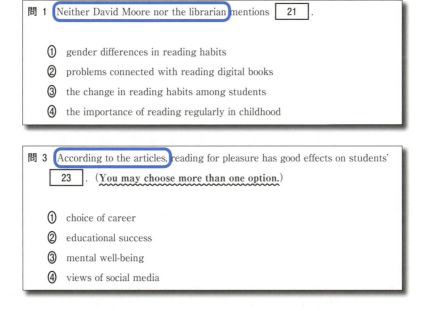

　問1では，**Neither** David Moore **nor** the librarian と書かれて，「2人がどちらも述べていないこと」を選ばなければなりません。2人の意見を読みながら，選択肢を1つずつ消去することになります。

　問3では，According to the articles と，複数形になっているところがポイントです。つまり，この問題も両方の文を読みながら，「楽しんで読むことの良い影響」を1つずつ確認して進めると楽です。

Tips! 　複数意見も設問のリード部分に注意！

26

8. 時系列に沿わせる問題

　すでに≪5．本文の流れを確認させる問題≫で確認しましたが，本文中の複数の該当箇所を確認しないと正解にたどり着けない問題は，難しくなる可能性が高くなります。特に下の問題は非常に正答率が低かった問題（約20％）です。

第5問　（配点　20）

　Your group is preparing a poster presentation entitled "The Person Who Revolutionized American Journalism," using information from the magazine article below.

　Benjamin Day, a printer from New England, changed American journalism forever when he started a New York City newspaper, *The Sun*. Benjamin Day was born in Springfield, Massachusetts, on April 10, 1810. He worked for a printer as a teenager, and at the age of 20 he began working in print shops and newspaper offices in New York. In 1831, when he had saved enough money, he started his own printing business, which began to struggle when the city was hit by a cholera epidemic the following year. In an attempt to prevent his business from going under, Day decided to start a newspaper.

　In 1833, there were 650 weekly and 65 daily American newspapers, with average sales of around 1,200. Although there were cheap newspapers in other parts of the country, in New York a newspaper usually cost as much as six cents. Day believed that many working-class people were able to read newspapers, but chose not to buy them because they did not address their interests and were too expensive. On September 3, 1833, Day launched *The Sun* with a copy costing just one cent. The introduction of the "penny press," as cheap newspapers became known, was an important milestone in American journalism history.

　Day's newspaper articles were different from those of other newspapers at the time. Instead of reporting on politics and reviews of books or the theater, *The Sun* focused on people's everyday lives. It was the first newspaper to report personal events and crimes. It led to a paradigm shift in

The Person Who Revolutionized American Journalism

■ The Life of Benjamin Day

Period	Events
1810s	Day spent his childhood in Springfield
1820s	27
1830s and beyond	28 ↓ 29 ↓ 30 ↓ 31

Benjamin Day

問1 Members of your group listed important events in Day's life. Put the events into the boxes 27 ～ 31 in the order that they happened.

① Day created other publications
② Day established a printing company
③ Day gained experience as a printer in his local area
④ Day started a newspaper business
⑤ Day's business was threatened by a deadly disease

正解 27 ③   28 ②   29 ⑤   30 ④   31 ①

　この問題では 27 ～ 31 の全部が正解の場合にのみ得点が与えられました（完全解答）。そのため正答率が低くなったと考えられます。

　こうした時系列を意識させる問題では，当然ながら**時間を表す表現**をチェックしながら読み進めると良いでしょう。

> **Tips!** 時系列を意識するには，時間の表現をマーク！

9. 複数回答の問題形式

プレテストでは，下のように複数の回答を求める問題が出題されていました。

問2 Choose the best statement(s) to complete the poster. (**You may choose more than one option.**)　[32]

① Day focused on improving the literacy levels of the working class.

② Day introduced a new way of distributing newspapers.

③ Day realized the potential demand for an affordable newspaper.

④ Day reported political affairs in a way that was easy to understand.

⑤ Day supplied a large number of newspapers to every household.

⑥ Day understood what kind of articles would attract readers.

「2個以上の選択肢を選んでも良い」とわざわざ書かれていると言うことは，少なくとも2つは正解があると考えるのが妥当でしょう。もし2個とわかっていたら，2個選んだところで思考を打ち切りやすいのですが，2個なのか，3個なのか，4個なのかはわかりませんから，そこが迷うポイントになってしまいます。

でも，安心してください。この形式はマークリーダーの問題で，当面は出題されないことになったようです。代わりに大学入試センターは次のような出題方法を検討しているようです。

```
【第2回試行調査の問題（当てはまる選択肢を全て選択する問題）】
    ･･･を満たすものを，次の①～⑧のうちからすべて選べ。
```

```
【出題形式例①】
    次の①～⑧のうち，･･･を満たす値は全部で  ア  個あり，そのうち，最大と
  なる値の番号は  イ  であり，最小となる値の番号は  ウ  である。
【出題形式例②】
    次のA～Gの各値について，･･･を満たすものをすべて挙げたものとして正しい
  組合せを下の①～⑥の中から一つ選べ。
      ① A D          ② B G          ③ B C D
      ④ A E G        ⑤ C D E G      ⑥ A E F G
```

　もちろん，本書でもこのような形式を採用していますから，安心して取り組んでください。

10. パラグラフの構成

　≪ハンバーガー・エッセイ≫などと呼ばれる，アカデミック・ライティングの書き方，パラグラフ展開の基本を頭に入れておきましょう。そうすればややこしい論説文もスッキリ頭に入ります。特に気をつけたいのは**第1パラグラフと最終パラグラフ**です。

> *Tips!*　第1パラグラフと最終パラグラフは要注意！

第6問 (配点 24)

A　You are preparing for a group presentation on gender and career development for your class. You have found the article below.

Introduction

Can Female Pilots Solve Asia's Pilot Crisis?

[1]　　With the rapid growth of airline travel in Asia, the shortage of airline pilots is becoming an issue of serious concern. Statistics show that the number of passengers flying in Asia is currently increasing by about 100,000,000 a year. If this trend continues, 226,000 new pilots will be required in this region over the next two decades. To fill all of these jobs, airlines will need to hire more women, who currently account for 3% of all pilots worldwide, and only 1% in Asian countries such as Japan and Singapore. To find so many new pilots, factors that explain such a low number of female pilots must be examined, and possible solutions have to be sought.

Hook

↓

Background
Information

↓

Thesis
Statement

⋮

　　第1パラグラフ Introduction ≪導入部≫は文章全体を支配します。たいてい，最初に Hook と呼ばれる≪話題の導入≫があります。さらに，Background Information ≪背景説明≫が続き，**第1パラグラフの最後に Thesis Statement と言われる≪主題文≫**が現れます。従って，第1パラグラフの最後は格別の注意を払って，読んでください。

> *Tips!*　　論説文はまず Thesis Statement ≪主題文≫を捉えよ！

共通テスト英語リーディング試験㊙攻略法　*31*

⋮

[5]　　When young passengers see a woman flying their plane, they come to accept female pilots as a natural phenomenon.　Today's female pilots are good role models for breaking down stereotypical views and traditional practices, such as the need to stay home with their families.　Offering flexible work arrangements, as has already been done by Vietnam Airlines, may help increase the number of female pilots and encourage them to stay in the profession.

Conclusion

[6]　　It seems that men and women can work equally well as airline pilots. A strong message must be sent to younger generations about this point in order to eliminate the unfounded belief that airline pilots should be men.

Restatement

　上は第 6 問 A の最終パラグラフです。最終パラグラフには Conclusion《結論》が述べられますが，これは第 1 パラグラフの Thesis Statement と同じ内容を，別の表現で述べた Restatement が置かれることになっています。

　この文章の Thesis Statement と Restatement の和訳と，| 38 | の「この記事を最も良く**要約**している記述」を選ばせる正解の選択肢を下に並べてみましょう。

[1]　Thesis Statement

　「新しいパイロットをたくさん見つけるためには，これほど女性パイロットの数が少ないことを説明する要因が調査されるべきで，可能な解決策が模索されるべきである」

[6]　Restatement

　「エアラインのパイロットとして男性も女性も平等に働くことができ

るようである。エアラインのパイロットは男であるべきだという根拠の
ない考えを取り除くために，この点について若い世代に強いメッセージ
を送るべきだ」

① 女性パイロットに対する否定的意見にもかかわらず，彼女たちは男
性パイロットと同じように成功できる。

こうして並べて読めば，要約問題で間違えることはないでしょう。

> **Tips!** 要約文選択問題は Thesis & Restatement で《主題文》を
> 捉えよ！

共通テスト英語リーディング試験㊙攻略法　　**33**

11. 初めて見る資料，未知の情報が思考力を養う

▶ 未知との出会いを楽しむには

　　冒頭にも述べましたが，既知のことについては何も考えなくても答え
を出せるでしょうが，未知のことだからこそ，考える必要が出てきます。
共通テスト英語リーディング問題でも，**新しい形式，新しい情報，未知
の表現が必ず出題**されます。それらを知っているかどうかよりも，既知
のことを使いながら，**解決策を発見し，構想してゆく**ことが求められて
います。ということは，ここにまとめたこととは異なる新しい事態も出
現することになるでしょう。しかし，まずは**知っていることや既知の情
報を整理すること以外に，未知の世界を切り開く方法はありません。**

▶ 時間配分について

　　問題集の中には大問別の目標時間を書き，形式別に演習させる本も
ありますが，この本ではそういうことをしませんでした。その理由は，
PART 1 で見たように，前半と後半の難易度がまるで違うので，センター
試験のように全員同じペースで解くことは不可能だからです。それぞれ
が解答の過程で自分にとっての最適のペースを見つけてゆくしかないの
です。もちろん，**自分の最適のペースを知ることは大切です。問題集を
解くときには，大問１問ずつに自分がどれくらい時間をかけたか，記録
を取ってください。** 共通テストでは大問ごとにレベルが違っていますか
ら，たとえば，第４問は自分は何分ぐらいかかる，というように自分の
現状のスピードを把握しておきましょう。おそらく様々な問題を解いて
いるうちに，だんだんそのスピードが上がってくるはずです。

　　もちろん，これからも新しい形式，未知の設問が必ず出題されること
になるでしょう。そういう状況で，あらかじめ決めた時間配分に無理に

合わせることに何の意味もありません。そのときの問題に合わせて時間を調整する柔軟さを身につける必要がありますが，そのためには様々な問題に出会い，英語を使い続けるしかありません。

▶ 英語の知識を増やすこと

　ここからは本書の問題を利用して，皆さんが自分の頭で考えてください。直前の時期であれば模擬テストのように80分テストで解いてみてもいいですし，まだまだテストになれていない時期であれば，第1問だけを4題やって次に第2問を4題やる，というような進め方でも良いでしょう。もちろん，解き進めるには英語の語彙力，読解力など，必須の知識が必要となります。時に本書から離れて，語彙，文法などを確認することが必要になるかもしれませんが，どうかその手間を惜しまず，自分のペースで学習を進めてください。

共通テスト英語リーディング試験㊙攻略法　*35*

2018 年度プレテスト　概要・出題形式分析

			配点	導入・設問文語数	素材文・選択肢語数	選択肢の数	形式・備考
第1問 （10）	A			**40**	**111**		**手紙／総語数 232**
		問1	2	7	6～9	4	
		問2	2	7	6～11	4	
	B			**11**	**207**		**WEB 掲示／総語数 325**
		問1	2	14	5～6	4	
		問2	2	8	5～7	4	
		問3	2	14	5～8	4	
第2問 （20）	A			**30**	**241**		**調理レシピとコメント（2人）／総語数 430**
		問1	2	9	3～8	4	
		問2	2	14	2～4	4	
		問3	2	12	4～6	4	
		問4	2	16	2～5	4	意見ではなく「事実」を選ぶ
		問5	2	14	5～8	4	事実ではなく「意見」を選ぶ
	B			**31**	**254**		**新聞記事とコメント／総語数 549**
		問1	2	20	6～10	4	
		問2	2	29	8～12	4	事実ではなく「意見」を選ぶ
		問3	2	22	9～15	4	事実ではなく「意見」を選ぶ
		問4	2	17	4～9	4	
		問5	2	12	3～5	4	
第3問 （10）	A			**17**	**186**		**日記（ブログ）／総語数 296**
		問1	2	4	8～11	4	
		問2	2	8	9～12	4	
	B			**9**	**307**		**雑誌の記事／総語数 447**
		問1	2	11	各5	6	人物の感情の変化を時系列に並べる
		問2	2	13	1～3	4	
		問3	2	7	14～17	4	

		配点	導入・ 設問文語数	素材文・ 選択肢語数	選択肢 の数	形式・備考
第4問 （16）			**12**	**275 + 223**		**1つのテーマについての記事2 つ（グラフ1点）／総語数 684**
	問1	3	7	5 ～ 7	4	
	問2	3	4	各1	4	
	問3	4	19	2 ～ 4	4	過不足なく解答（4つ中2つ正解）
	問4	3	18	5 ～ 6	5	全部正解（文補充・空所2）
	問5	3	24	8 ～ 10	4	2つの記事の内容を総合したタイト ル選択
第5問 （20）			**21**	**532 + 72**		**雑誌記事＋内容まとめメモ／ 総語数 855**
	問1	5	22	4 ～ 10	5	全部正解（選択肢並べ替え）
	問2	5	15	8 ～ 12	6	過不足なく解答（6つ中3つ正解）
	問3	5	13	5 ～ 7	4	
	問4	5	15	7 ～ 12	6	過不足なく解答（6つ中3つ正解）
第6問 （24）	A		**21**	**529**		**論説（6段落）／総語数 794**
		問1	3	15	11 ～ 14	4	
		問2	3	13	7 ～ 9	4	
		問3	3	20	8 ～ 11	4	
		問4	3	9	14 ～ 19	4	要約文選択
	B		**24**	**428**		**論説（4段落）／総語数 643**
		問1	3	14	12 ～ 14	4	
		問2	3	12		4	内容に合うグラフ選択
		問3	3	26	9 ～ 13	5	全部正解（順不同で2つ選択）
		問4	3	7	5 ～ 8	4	記事のタイトル選択

① 20200506